我們為何從眾，何時又不？

從經濟學、社會心理學、神經科學、演化生物學、行為生態學等角度剖析群聚與反群聚行為

Copycats and Contrarians

Why We Follow Others…and When We Don't

蜜雪兒・貝德利｜Michelle Baddeley

洪夏天——譯

〈導讀〉

該當跟隨者還是領導者呢？

——國立成功大學經濟學系助理教授　翁明宏

「如果你置身於鬱金香狂熱之中，你的最佳策略就是迅速跟隨其他投機者湧進鬱金香市場，但一旦他們退出市場，你也得毫不猶豫的離開。」

這兩年最熱門的莫過於人工智慧，學生一窩蜂修讀相關系所與科目，連老師的科研計畫也多希望能沾上邊；與此同時，來自宏都拉斯的許多貧困家庭，亦追隨多年前中東難民逃向歐洲的模式，一步一步踏上他們的美國夢。這些追隨眾人選擇的決定，或甚至刻意的反向選擇，即本書所謂之群聚行為。作者或許無能回答這些選擇是否理想，但她開了一扇窗，引領我們窺見背後可能的原因並預期可見之影響。

書中部分論述雖新，猶待更多驗證，但已吸引越來越多來自經濟、心理、社會與神經科學等領域的支持者投入相關研究；而這過程中，贏得諾貝爾經濟獎殊榮的經濟心理學家丹尼爾．康納曼是其中極重要推手；而其所著《快思慢想》闡述之大腦兩種重要運作模式，亦為本書背後之主要理論。與此同時，拜各種心智活動之偵測技術與儀器之持續進步，尤其是使用功能性核磁共振儀之腦成像技術日益成熟，讓我們能藉由生理證據檢驗相關論述的合理性，並探索感性與理性的二維運作，是如何在大腦的決策過程中競爭或整合以形成最後的行為依據。一般而言，腦島或杏仁核等腦區較偏向感性迴路，反應較為即時，讓我們有辦法面對危險時迅速因應；而前額葉等大腦皮質則協助紋狀體等大腦獎酬中心處理外在誘因資訊，相對耗時；而前扣帶迴，則相對扮演折衝與協調的要角。

作者首先以理性分析的層面，解釋資訊影響、群體優勢、信號放送、名聲等誘因，如何造成個人選擇模仿他人或形成自利群聚；所以，我們喜歡造訪需要排隊的餐館，或透過網路評價篩選週末要去看的電影、西瓜偎大邊、青少年不再經營臉書而改為使用ＩＧ、大公司總是投入公益不落人後等。作者在書中列舉了更多有趣的類似例子，並合理解釋選擇背後的自利思維。不過，這些選擇並不一定總是能帶來最後的好處，所以也有些決策者專門走與別人不同的路；你看喬治．索羅斯和華倫．巴菲特之類的知名投資人士，不都是用極為危險的標新立異策略來賺錢的嗎？

當然利益絕對不會是行為的唯一解釋，作者在第二章則偏重從心理學和社會學的角度看待群聚行為。從亨利．泰弗爾所提社會認同理論的內、外團體差異、到行為經濟學社會參照點的比較、社會心理學的歸屬感以及同儕壓力等，作者透過介紹一些著名的認知實驗與實例，讓讀者能輕易理解集體群眾或暴民形成的個體心路歷程。而在第三章中，作者進一步介紹工程師—律師、最後通牒賽局、社會資訊與投資選擇等經濟行為與認知實驗的研究成果，以闡述感性與理性等兩股趨力，是如何以不同之神經迴路，像柏拉圖預言般共同引領大腦這馬車行進。作者除以企鵝跳水等實例生動點出兩決策模式之各自優缺點，並透過南非夸祖魯長尾猴的玉米選擇等實驗成果，闡述社會文化如何無意識地影響行為及其背後的演化基礎。

然而，不同於一般人僅著重於解釋跟隨與群聚行為，作者更以類似的道理詮釋了為什麼有些人會傾向於與眾不同的選擇，而成為標新立異者、反叛者，甚至領袖人物。相對於另一位諾貝爾獎得主賀伯．西蒙所提的順從性，使跟隨者形成群體的穩定基礎；標新立異者就像生物突變般，雖然他們也帶來風險，但也確保了群體繼續進步的機會。易言之，他們雖是短期不穩定的來源，但也是長期穩定發展所不可或缺之要素。循此，另一個重要的延伸問題便是如何解釋個體間迥異的選擇，為什麼有些成為領導者而有些卻成為跟隨者呢？作者巧妙地將這道理類比於經濟學家描述人們面臨風險時可能有的不同選擇，即個人風險態度之差異。雖然目前部分腦造影研究結果，傾向以生理差異解釋個人不同的風險態度，某種程度上暗示領導者與跟隨者亦可能是造物者的抉擇。然而，讀者也不用太灰心；晚近的許多神經科學研究，亦相繼證實了大腦的高度可塑性，即部分腦區能夠透過自我訓練或教育來增生或強化；代表領導者，亦極可能透過後天來養成。

作者也花了許多篇幅闡述反叛領袖的成功之道，如蘇格拉底、伽利略、馬丁・路德・金和尼爾森・曼德拉等。反叛者其實需要敏銳的社會智能，覺察身邊群眾的情緒；因為他們與模仿者一樣仰賴群眾，甚至必須有智慧地運用群眾。而作者也藉由普遍的市場泡沫現象點出傳統經濟學的困境，如一六三七年的鬱金香狂熱，以及政治場域上的風潮，這些看似非理性的追逐，透過群聚效應，或都能找到背後可能的合理詮釋。經濟學看待風險市場背後仰賴的效率市場假說和理性預期假說，都奠基於極端理性之假設；但是，不完整資訊和不確定性等重要的市場失靈現象，正是金融市場的特色；而這些，相對是傳統經濟領域較忽略的，故也相對無法解釋現今群聚效應扮演更重要角色的市場的變化。

群聚之力足以載舟，亦可覆舟，作者也提醒我們謹慎處理群聚資訊可能產生之影響。因為客觀事實不是無法取得就是不可靠，我們可能也經常受到臉書按讚人數或假新聞等社群資訊的無形影響，就像受到諾貝爾獎得主理查・塞勒以及凱斯・桑思坦所描述的輕推。個人如何在此挑戰下慎思明辨而謹行，主政者又如何化消相關不利影響與人為操弄，甚至擬定妥善策略、利用群聚資訊以輕推政策，都是未來的嚴峻課題。

本書不僅是介紹有關群聚研究最新發展的科普書，它同時亦是一本傑出的哲學書籍。究竟我們該當一個跟隨者還是領導者？作者或許未給予明確答案，但她引領讀者思考，如何能在群體之中有智慧地走出自己的路。

〈推薦序〉

你該追隨多數人相信的嗎？

——輔仁大學心理學系副教授 黃揚名

身為一位教育者，特別又是教導心理學的教育者，我最常提醒同學不要人云亦云，面對任何論述，都必須多方評估，再選擇是否要相信這樣的論述。以前資訊量有限、世界變動的步調沒有那麼快，人們只要願意，都有足夠的時間可以去做思辨。但是，現在不一樣了，我們每天面對多到無法處理的訊息量，真的、假的、以假亂真的、以真亂假的都有。面對這樣的狀況，有多少人真的有辦法可以去篩選每一則資訊，在深入思辨之後，理出一個自己認為最真實的論述呢？

你如果對這樣的事情感到無力，不要擔心，因為你並不是孤獨的。各式各樣的懶人包、知識型網紅的誕生，就是在補足這樣的區塊，他們嘗試把複雜的訊息簡化，讓你可以搞清楚到底該相信什麼。雖然這些素材感覺上是好的，但仔細想想，其實他們就是在帶風向，希望引導多一點人相信自己的論點。更諷刺的是，有些人以為自己沒有跟著主流意見起舞，就是有獨立思考，殊不知追隨反對立場的一方，也是一種群聚行為，甚至是更糟糕的一種。

為什麼會這樣說呢？因為很多時候這些非主流的支持者，只顧著批判主流意見的支持者盲從，而自己就不是，因為他們沒有追隨主流的意見。但是，作者在書中就提到了，這些叛逆者的行為，其實也是某種群聚行為，只是我們往往忽略了這件事情。我任教的科系，讓我針對這件事情有很好的觀察，因為輔大心理系常常是站在非主流的一方，不論是日日春或是樂生療養院等等。對於弱勢族群被壓榨，我固然是難受的，但我同時也會憂心，當學生們站在反對那一方的時候，他是否真的知道自己在捍衛什麼樣的價值，還是只是另一種的「主流」追隨。

不過，在這個年代，到底什麼是主流？這恐怕不是輕易回答的問題，因為人們本來就容易察覺與自己理念相符合的訊息，再加上社交媒體的智慧運算方式，我們很容易放大一個訊息的聲量。更糟糕的是，同一則訊息很容易在不同管道流傳，如果他們又被重新編輯、換了標題，我們很容易誤以為眾多媒體都提出了某一個論述，然而事實上來源只有一個。我就舉個例子來說，很多人可能都聽過女人一天講的話大約兩萬字，男人一天講的話大約七千字的說法，因為這個描述吻合大家的刻板印象，所以沒有什麼人懷疑，甚至有人因為腦科學專家也這麼說，就更加相信了。但是，各位知道這個源頭一點都不科學，是來自於一本婚姻輔導的小冊子，完全沒有理論依據。不過，只因為一位專家把這個論述寫在她的書中，這個說法就被廣為流傳，而且大家會認定這是有科學依據的說法。

那我們該怎麼辦？我認為，只要你想清楚了，願意認同哪一種說法，就勇敢的認同，千萬不要覺得認同了就是從眾，就是一種罪惡。但是，如果你沒有想清楚，那麼其實你沒有必要逼自己做決定，畢竟在這思想自由多元的年代，越來越多的事情並沒有一個真正對的答案，沒有人該被告知，只有某一種信念才是對的。很遺憾的是，社會氛圍甚至你的大腦，都不希望你搖擺不定。我只能說，做人真是越來越難啊！

在書中作者分析了為什麼人們會有群聚的行為，以及反群聚的行為，我認為大家若能夠搞清楚這背後的原因，就能夠系統性地審視自己的行為，或許有機會看清楚一些自身行為的荒謬、不合理之處。你若是一個反骨的人，你也可以藉機問問自己，到底你是真的一派清流，還是你其實也是渴望可以帶方向，只是還沒有機會get這個成就呢？

過去，我是一個反骨的人，我也鼓勵大家可以勇敢做自己。但是我逐漸發現，這個社會如果每個人都只是做自己，而沒有去思考自己與他人之間的連結，那麼是很可惜的。所以，現在的我，其實鼓勵大家可以有自己的想法，但也可以多包容，從別人的角度來思考，或許你也會有不同的發現。畢竟言論自由的美好，不在於每個人都能表達自我，而是在於我們能夠彼此尊重且願意嘗試了解。不論你想當一個跟隨群眾的人也好，反叛的人也好、標新立異的人也好，我都希望你能夠記得，我們沒有任何立場認為別人的選擇比較不好，只要他們的選擇是深思熟慮過的，那麼對他來說就是最好的。

目錄

謹以滿滿的謝意，將此書獻給我的父母。

讓我們勇敢的蔑視所有模仿，就算它像早晨一樣優雅而芬芳；讓我們全心培養創意，雖然一開始，它可能像松樹的瘤節一樣粗糙醜陋。

——梅爾維爾（Herman Melville），
《霍桑與他的蘚類植物》（*Hawthorne and His Mosses*, 1850）

俗世智慧帶給我們的教訓就是，因遵循前人而聲名掃地，比特立獨行而聲名大噪要好得多。

——凱恩斯（John Maynard Keynes），
《就業、利息與貨幣通論》（*The General Theory of Employment, Interest and Money*, 1936）

前言

威爾斯王妃黛安娜的葬禮於一九九七年九月六日舉行。這一天，超過三百萬名民眾齊聚倫敦只為送她最後一程。而在全球各地，逼近三十億的觀眾也為了她守在電視機前。在她過世後的數週間，在白金漢宮大門前和其故居肯辛頓宮外，堆滿了哀悼民眾獻給她的花朵、詩篇、泰迪熊和其他感情豐沛的禮物，各種追思紀念品堆了足足數公尺高，成了二十世紀最具代表性的影像之一。上百萬民眾彼此模仿，爭相露出哀慟欲絕的表情（即使有時轉瞬即逝），全為了一個素未謀面而今長眠地下的人。為什麼那麼多人為了王妃之死悲痛欲絕，毫不猶豫的加入其他人，集體表達內心的哀傷？彼此依偎的民眾，就像一群心痛的羊群，在國際媒體的渲染下，從全球各地集結起來。這場無遠弗屆的集體歇斯底里看起來毫無理智且不受控制。但真是如此嗎？

人們的群聚行為（herding）並不只是場戲劇化的演出，其實，人類互相模仿的傾向是改善生活和促進演化機會的合理策略。同時，群聚也是人與動物共通的本能。行為生態學家在許多動物身上都觀察到這種精明的模仿行為，不管是人類的近親或遠親。專家也在研究袋鼬時發現群聚行為的實例。袋鼬是一種澳洲小型有袋動物，但牠們卻受到外來生物海蟾蜍的威脅。原來在一九三〇年代，甘蔗甲蟲大肆破壞甘蔗田，於是人們從美洲引入海蟾蜍來防治甘蔗甲蟲，卻不知這麼做是飲鴆止渴。袋鼬看到一隻隻美味誘人的蟾蜍，沒想到牠們居然有毒，一口吞下蟾蜍的袋鼬紛紛一命嗚呼，數量快速減少。行為生態學家利用袋鼬的模仿本能，發展出一套聰明的解決方案。他們先訓練一小群袋鼬，透過厭惡療法（aversion therapy）讓袋鼬對蟾蜍產生警覺：餵食袋鼬一種蟾蜍香腸，裡面摻了無害但會引起噁心感的化學物質，讓袋鼬對蟾蜍失去興趣。受過蟾蜍特訓的袋鼬被野放後，就把求生新知傳授給下一代，其他的袋鼬則經由社會學習（social learning）過程來模仿。當每一隻新生袋鼬學會避開毒蟾蜍，個體存活率和全體生存率都增加了。生態學家活用袋鼬與生俱來的模仿直覺，把人類干預降到最低，同時有效拯救了袋鼬。[1]

追悼黛安娜的廣大民眾和對蟾蜍產生警覺的袋鼬，這兩個例子都指出，社會動物具備模仿與從眾的強烈本能。正是這種本能幫助許多物種（包括人類）生存下來並繁榮興旺。但這只是一半的真相而已。人類並不全是墨守陳規的人，世上有很多反抗者和逆向操作者，其中有些人不只改變了我們的生活，甚至改變了歷史。蘇格拉底就是著名的例子：西元前三九九年，被判死刑的他必須服下毒芹汁，只因他拒絕膜拜雅典人崇拜的神祇，支持斯巴達人，並自命為雅典的批評者，甚至自詡為牛虻。臨死的蘇格拉底雖然遭雅典人唾棄，但他的貢獻徹底改變了人類思想史。同理，如果少了那些無懼風險、特立獨行的人物，現在的世界絕不會是我們熟悉的樣子。從哥白尼、伽利略、達爾文，到弗朗西斯・克里克（Francis Crick）[2]、詹姆斯・沃森（James Watson）[3]、約翰・貝爾德（John Baird）[4]和約瑟夫・李斯特（Joseph Lister）[5]，都是如此。在科學史上，這些偉人和其他許多專家以嚴謹考量和深思熟慮，大膽提出迥異他人的看法，引導人類走上全新的道路，完全出乎當時人們的想像，且引爆了激烈爭議。勇於承擔風險的他們，深遠的改變了人類生命的長度與品質。

---

1 原注：Oliver Milman (2015), 'Cane Toad Sausages on Menu in Attempt to Save Kimberley's Northern Quolls', *Guardian*, 20 September. https://www.theguardian.com/australia-news/2015/sep/10/cane-toad-sausages-on-menu-in-attempt-to-save-kimberleys-northern-quolls; Angela Heathcote (2017), 'Toad Sausages are Saving Our Quolls', *Australian Geographic*, 31 August. http://www.australiangeographic.com.au/topics/wildlife/2017/08/toad-sausages-are-saving-our-quolls.亦可參考Jonathan Webb, Sarah Legge, Katherine Tuft, Teigan Cremona and Caitlin Austin (2015), 'Can We Mitigate Cane Toad Impacts on Northern Quolls?', Charles Darwin University. http://www.nespnorthern.edu.au/wp-content/uploads/2015/10/4.1.35_can_we_mitigate_cane_toad_impacts_on_northern_quolls_-_final_report. pdf (accessed 30 September 2017).

2 譯注：一九一六～二〇〇四，英國生物、物理、神經學家。

3 譯注：一九二三～，美國分子生物、遺傳、動物學家。與克里克一同發現ＤＮＡ雙螺旋結構。

4 譯注：一九八八～一九四六，蘇格蘭工程學家、發明家，發明電動機械電視和彩色電視系統、光纖等等。

5 譯注：一八二七～一九一二，英國外科醫生，發明並推廣外科手術消毒技術。

定義群聚行為與反群聚行為

到底什麼是群聚行為？而它的反面又是什麼？以群聚行為主題的文獻資料繁多，但與其對立的逆向操作者卻沒有得到太多關注。群聚行為受到各界的廣泛研究與分析，但難以定下通用的定義。不過，觀察我們自己和身邊的模仿者，群聚的概念可用三種常見脈絡來解釋。第一種，也是最明顯的一種，就是群聚行為中包含了模仿。第二，群聚是種集體現象：一個人模仿另一個人並不是群聚；許多人模仿同一個人（很多人模仿很多人）才是群聚。第三，有時群聚現象是由潛意識動機所激發（後面我們會看到相關實例），但這並不是種隨機行為。有意識和潛意識的力量都會鼓勵人們系統化的遵從群體。結合這三種脈絡，我們可以把群聚定義為，一個群體中，人們有系統的選擇模仿他人。考量自身利益的個體能透過群聚得到好處。當個體加入身邊同伴，以群體甚或物種的利益為考量時，也可能帶來整體優勢。

了解群聚現象中的模仿者，能幫助我們了解他們的對立面，也就是反群聚的逆向操作者。反群聚[6]的人可定義為，選擇**不**在團體中模仿他人的人。反群聚和群聚之間的差異可能比我們想像的小得多。反群聚其實也是種團體行為，而且不是隨機行為，它是模仿行為的鏡像反射，反群聚的逆向操作者不遵循團體作法，反其道而行。更甚者，反群聚和上面提到的群聚，其實有兩、三項共通特色，只是多了點變化。反群聚經常是種團體現象，它不在乎與團體無關或隨機的行為。逆向操作者並非隱士，他們也擔心他人的看法，卻刻意做出和群體相反的行徑；有時他們轉而成為團體的領導者，而不是追隨者。和群聚一樣，反群聚不是隨機的，而是有系統的行為。而且，如果他們是在有意識下刻意做出和團體相反的決定，那麼反群聚比群聚還**更加系統化**。不管如何，反群聚的逆向操作者和群聚的模仿者，兩者相輔相成，可能互相傷害，也可能互有助益。

群聚的另一個關鍵特徵是，它是種社會行為。人類歷經演化成為社會動物，而演化之道灌輸我們緊密相連、組成團體的直覺。在嬰幼兒及童年時期學得的社會技巧，更增強這種本能。我們相信別人、習於合作，就算對方是名數里之外的陌生人。我們經常懷抱利他主義與博愛之心，即使在別人眼中，我們的善行同時具備利己與慷慨的性質。畢竟，這是種雙向互動。別人對我們友善，我們就會回報。當我們回報時，無形中建立了信任感——不僅是家人、朋友或社群之間的信任感，也包括商業往來的信賴。人類大部分的日常活動，包括如工作、購物之類的經濟活動，都必須仰賴信賴與互惠，不然就無法成立。這些現象都和人類外在、外向的特質有關。心理學、神經科學、行為經濟學界有成千上萬的實驗，都證明人類具

---

6 原注：我所找到最早使用「反群聚」（anti-herding）一詞的資料，是經濟學家卡尼斯．本德加斯特（Canice Prendergast）和拉斯．史托爾（Lars Stole），他們用這個詞來代表名聲響亮的逆向操作者。請參見Canice Prendergast and Lars Stole (1996), 'Impetuous Youngsters and Jaded Old-Timers: Acquiring a Reputation for Learning', *Journal of Political Economy* 104(6), pp. 1105–34. 自此之後，探討群聚的學術文獻遠多於反群聚。

備慷慨、信任、互惠的強烈本能，這種本能不但跨越國家、文化差異，也普遍存在於動物物種之間，連我們的靈長類表親都具備。

這跟模仿者和逆向操作者有什麼關係呢？複製、群聚與模仿都是社會化的一個面向，而群聚傾向和社會化的其他面向相輔相成。比方說，在政治抗議集會上，一群想法近似的人會聚在一起，因為他們共享某種程度的互信基礎，可能因為他們認同某項主張或支持某位領導者，而彼此信任。雖然這群人興奮的聚在一起，但他們可絕不願意加入另一派意見相左的人，因為欠缺互信基礎。行銷與廣告業者深知，若消費者認為某些名人值得信任，就很容易跟隨他們，買下他們推薦的產品。本地或社區活動，從蛋糕義賣到慈善拍賣，都是我們展現慷慨、互惠本性和加入團體的渴望，而群聚一堂的實例。

為什麼群聚？

乍看之下，黛安娜的哀悼者、袋鼬和蘇格拉底的行為，似乎大不相同。但只要我們深入探討，就會發現三者之間的確有些共通性。它們指出我們為什麼又如何模仿他人，以及為何在某些時候，我們不模仿他人。很多跨足社會科學與行為科學的群聚研究者，聚焦於人類群聚傾向下潛藏的社會影響力。社會影響可約略分為兩大類：**資訊性影響力**（informational

根本沒想過插隊，更不會大搖大擺的越過人龍直接走到前面。就算考量自身利益，再加上挨罰機率微乎其微，他們也不會這麼做。《倫敦標準晚報》（*London Evening Standard*）曾報導一個很有趣的例子：歌手紅髮艾德（Ed Sheeran）二〇一七年的倫敦演唱會引起一陣網路搶票熱潮，而幸運買到其中一場票的兩百名死忠歌迷，早早就在演唱會現場外，冷靜且完全出於自願的排起隊來，完全不需要半個工作人員出聲指示，也沒有實體的圍欄和警察管制。[7]

就像這些熱愛紅髮艾德的歌迷，我們不用深思熟慮也明白，若在隊伍中推擠或插隊，優先考量自己的渴望，忽略其他人，我們就違反了社會規範，會引起陌生人的不滿。排在隊伍中的人，有些人樂意排隊且耐性十足，有些人則努力控制心裡渴望插隊的侵略性直覺。不管他們怎麼想，排隊是降低眾人不滿的最佳合作方案。

規範性影響力的種類繁多，不但廣泛又難以量化（甚至無法量化），但它們和資訊性影響力同樣重要。規範性影響力已經內化，我們常常不加思索的自動反應，不會有意識的察覺它的存在，因此可能比資訊性影響力更加重要。也許和多數人的直覺相反，規範性影響力也

---

7 原注：Liz Connor (2017), ‘British People Display Amazing Queue Etiquette Without Being Told’, *Evening Standard*, 2 May. https://www.standard.co.uk/lifestyle/london-life/british-people-display-amazing-queuing- etiquette-without-being-told-a3528366.html (accessed 5 September 2017).

能解釋逆向操作的行為：舉止不同於常人的人，乍看之下行為特異，但有時只是遵守他們認同的一小群邊緣團體的行為規範罷了。

結果

不管反叛還是遵守常規，都不是絕對的好事，也不是絕對的壞事。舉例來說，房價上漲時，若我們跟著他人買下房子，就能隨著價格上升，從房地產市場中獲利。當人滿為患的足球場倒塌，若我們跟隨他人，爭先恐後的往外衝，卻可能因而喪命。火災時，我們若帶領他人逃出失火的建築物，可能會倖存下來。如果逆向操作者引導他人加入戰爭、恐怖主義或幫派暴力，也許會賠上他人甚或自己的性命。就連世人都讚賞的美德，我們也難以下個明確的結論。剝削利用團體歸依感和貢獻度的拉据戰，常是刺激模仿者和逆向操作者的動力。複製和群聚的型態非常多元，比如：一群個體依自身利益而一起行動；一群為同樣目標而努力的人組成互助合作的團體；一群瘋狂群眾形成一個好像自有打算、具備與眾不同生命力的整體，其中每個人都可被取代或拋棄。而且每個人的行為常前後不一，我們都能在某些情況下當個模仿者，換個情況就改當逆向操作者。在我們的生活中，每個人在社會或文化面向，都具備不同的認同感，處在不同的脈絡，扮演不同的社會角色，這些都會影響我們選擇成為模仿者或逆向操作者。就像《化身博士》（*Dr Jekyll and Mr Hyde*），白天他是個遵守常規、勤奮且專業的醫生，晚上搖身一變，成了一個難以控制、渴望反抗又愛破壞的人。

我們該從何處開始認識這些複雜的交互作用呢？最簡單的方法，就是觀察以自利為優先的每個個體，受到哪一種驅力而模仿彼此和加入團體。經濟學家已廣泛研究這個主題，特別是社會學習和其他刺激人們加入群體的合理動機，這一部分將在第一章中介紹。之後，我們會參考社會學和生物學，發掘其他的見解，彌補簡易的經濟模型沒有指出的疏漏，藉此解釋人類模仿和逆向操作的天性。

群聚和反群聚對我們的日常生活有哪些潛在意義呢？有些影響令人擔憂。人類經過演化發展而來的本能、個性，甚至智能天資，都能解釋我們對模仿和逆向操作的態度、選擇和行為。但這些演化而來的特質，在今日的世界並不一定能通行無阻。不管是數位或全球層面上，如今的人們都處在一個彼此緊密相連的時代，這是一個世紀前的先人都無法想像的世界，更何況現代人類可是經歷了長達數萬年的演化。一個團體，從哪兒開始，又在哪兒結束？何時該遵從隱藏在團體行為中的資訊，何時又該忽略它們？在人造的現代世界，遠古演化而成的動物行為仍運作不歇，甚至發展出包括群聚的一系列特異行為。在一呼百應的社群媒體、反覆無常的股市，或者誇大渲染、刺激點擊率的新聞報導，政治民粹主義還有資訊過載等等情況下，人們的模仿或反抗本能可能不再適用。

許多研究群聚和逆向操作行為的研究文獻與書籍中，作者和學者都全心關注於特定領域的問題。本書並非如此。本書橫跨許多領域，集結各界研究的成果。有些經濟理論研究身為重視自身利益的個體特別傾向群聚或反叛。而從心理學或社會學來看，潛意識的社會影響力非常強大，但模仿他人並不一定能帶來好處。神經科學、演化生物學、行為生態學幫助我們了解，人的模仿和逆向操作本能來自何處，又如何展現在我們的日常生活中。這些真知灼見能幫助我們回答一些迫在眉睫的問題。我們的模仿和逆向操作本能和傾向是什麼？模仿者和逆向操作者如何互動？我們的模仿和逆向操作本能，在現代世界還有用嗎？而最重要的問題可能是：我們能做什麼？

第一章　機智的模仿

模仿者是聰明人嗎？或者他們其實愚昧又不理性，只會跟著別人做，完全沒用自主權和智力來做決定？我們要如何分辨盲從與機智模仿的差異？說實話，要分辨這兩者還真不容易。

日常生活中就有不少實例。想像一下，一場會議中有個你沒興趣或沒有足夠資訊的議題，而你卻必須參與投票。當你看到幾名同事都舉手同意，你也舉起了手。你是因為懶散而照做不誤嗎？還是同儕壓力？也許都有。但也可能對你來說，同事的行為是另一種取得資訊的管道。看到他們高舉的手，你認為他們知道某些你欠缺的資訊。如果你知道他們所知道的資訊，你可能也會做出相同決定。在這樣的場合中，跟隨別人當然不是愚昧的表現，就算你幾乎沒有動腦思考。

有時，我們認為別人知道的比我們多，跟著他們行動很容易。我們困惑時，跟隨人群來摸索方向是合理的決定。我們觀察並跟隨他人行動之餘，也在搜集各種訊號、資訊和指引，這些都能幫助我們做出更好的決策。這就是自利群聚現象。人們群聚，因為能獲得有益自己的好處。

榮獲諾貝爾獎的美國經濟學家蓋瑞・貝克（Gary Becker）在一九七〇年代發展了**理性選擇理論**（Rational choice theory），深入探討個體追隨人群或加入團體的動機。[1]貝克認為，個體很擅長為自己下決定，而他人或組織無法透過理性分析來優先考量特定個體的利益。貝克和其同事認為，這個假設解釋了眾多的人類決策和難題，從結婚、離婚到成癮、歧視，無所不包。經濟學家經常運用貝克的理性選擇概念來架設各種經濟模型，解釋理性的個體如何透過決策來幫助自己，好似大家都受到某個精準數學法則的指引。雖然如此，貝克倒也提及，社交互動對人類也有重大影響。他認為，我們的社會環境具備貨幣價值：透過與身邊他人的互動關係，能產生他所說的「社會所得」（social income）。[2]職場人際關係就是個實例：同事、主管對我們的看法，若能增加我們加薪的機會，那的確具有貨幣價值。

為了解釋自利群聚，經濟學家先探討每個人從別人身上能夠獲得的明確益處。一個自利的人並不在乎促進團體的利益。從經濟學家的角度來看，人們群聚，並不是為了增加團體利益，而是為了促進自身利益。藉由群聚，我們從他人身上學習。有時，跟隨他人還能改善個人的名聲。以團體之名行動，會得到比個人行動更多的優勢。從經濟動機和誘因的角度來看，這些優點都很好理解。複製和合作是實現目的的手段，而目的就是幫助我們自己。

人群中的經濟人

經濟學家如何將人的理性選擇能力和社會行為結合起來？義大利著名學者維弗列多・帕雷托（Vilfredo Pareto）[3]原本受的是工程師教育，後來卻在經濟學、社會學和政治學領域做出卓越貢獻，且提出許多影響後世的重要概念。他常被尊稱為現代新古典經濟學的重要人士。他和許多重要人物，包括左右派許多令人歎服的思想家，都為偉大的義大利經濟分析傳統做出重要貢獻。[4]經濟學學生都熟知帕雷托的名字，一提到他，就會想到經濟學最重要的概念之一：帕雷托最適境界（Pareto optimality）。當自願的交易行為無法進一步提高整體福利，就會產生帕雷托最適境界，此時，若個體想要增加個人利益，就不得不損及某人的利益。

1 原注：Gary S. Becker (1976), *The Economic Approach to Human Behavior*, University of Chicago Press. 在許多以大眾為目標讀者的書中也提過這些理性選擇的基本原則，如Steven E. Landsburg (1995/2012), *The Armchair Economist: Economics and Everyday Life*, New York: Free Press, 及Steven D. Levitt and Stephen J. Dubner (2007), *Freakonomics: A Rogue Economist Explores the Hidden Side of Everything*, London: Penguin Books.

2 原注：GaryS.Becker(1974),'A Theory of SocialInteractions', *Journal of Political Economy* 82(6), pp. 1063–93.

3 譯注：一八四八～一九二三，義大利知名經濟學家、社會學家。

4 原注：新古典經濟學派是現代主流經濟學中，最具領導地位但也備受爭議的學派，其基本概念是，自由市場是確保人類福祉的最佳方法。至少在主流經濟學家中，比較少人知曉帕雷托和其社會學觀點。想了解帕雷托及其看法，請參考Vilfredo Pareto (1935), *The Mind and Society* [*Trattato di Sociologia Generale*], trans. Arthur Livingston, New York: Harcourt, Brace and Company.

為了達到這個簡單（有人會說過度簡化的）結果，帕雷托假想了一個特殊物種：**經濟人**（*Homo economicus*）。[5]經濟人做的選擇都是理性的。**經濟人**是聰明且重視自我利益的個人主義者，透過嚴密分析來做出決策——他們尋找各種方法，好獲得最佳利益。但經濟人並非不會犯錯。他們也會犯錯，但很快就會修正，避免重蹈覆轍。經濟人並不在乎對他人造成的影響，但他們仍有一部分的社會認知。他們明白別人的選擇或決策過程，都可能帶來有益資訊，也會運用社會資訊來引導自己的選擇。但他們不一定會擔心自己的行動會為別人的福祉造成哪些影響。

對整體經濟來說，這會有什麼樣的影響呢？經常引用現代經濟學之父亞當斯密（Adam Smith）[6]言論的新古典經濟學家認為會帶來正面影響。一七七六年出版的《國富論》（*An Inquiry into the Nature and Causes of the Wealth of Nations*）中，亞當斯密觀察到：

> 屠夫、釀酒者和麵包師傅並不是因為在乎別人的晚餐而工作；他們其實只想到自己的利益。我們不向他們乞求仁慈，而是訴諸他們的自利心；我們從來不向他們談論自己的需要，只談論他們所能獲得的好處……他藉由追逐個人的利益，常常也促進了社會利益，而且其效果往往比他真心想促進社會效益時還要好。那些宣稱為了公共利益而干預貿易的人，我從來沒聽說他們真成就了哪些好事。商人不常出手干預。不需要多費唇舌，就

能勸退他們……[7]

亞當斯密精準解釋了人們如何透過自利行為來幫助他人，而現代經濟學運用一系列假設和相對簡單的數學演算來證實此一論點。怎麼說呢？亞當斯密的著名譬喻「看不見的手」（Invisible Hand），闡釋每個人為了自利做出的選擇，在市場中，透過價格的浮動，讓每個人都達到最佳利益。價格機制（price mechanism）並非有形也不是具體的。我們眼前並沒有一群急著買進和賣出的人群，但價格的漲跌自然反映出賣家與買主間不斷變動的平衡。在這些不具名的市場裡，臆測他人的選擇並沒有幫助，我們最好的策略就是自私的專注於自身利益，讓價格機制這隻「看不見的手」協調每個人的選擇。最終，價格將忠實反映出每個人的交易意願。

當然，這種價格浮動說法有很多問題。常有人批評，經濟學家總是以極為僵硬且違背

5 原注：Vilfredo Pareto (1906/1980), *Manual of Political Economy*, trans. A.S. Schweir, New York: Augustus M. Kelley. 想了解此名詞的歷史，亦可參考 J. Persky (1995), 'Retrospectives: The Ethology of *Homo economicus*', *Journal of Economic Perspectives* 9(2), pp. 221–31.

6 譯注：一七二三～一七九〇，蘇格蘭經濟學家、哲學家，蘇格蘭啟蒙運動的重要人物。

7 原注：Adam Smith (1776), *An Inquiry in the Nature and Causes of the Wealth of Nations*, Book I, ch. II, pp. 26–7.

現實的角度來研究人類行為。而且亞當斯密對人類社交生活觀察入微，遠比區區幾段引文還要複雜得多。大體而言，經濟學家從複雜的真實世界中擷取片段，來做出不太合乎現實的假設。有些經濟學家反駁，看似過度簡單的假設能幫助我們簡化問題，藉此掌握人類行為的本質。當人們透過模仿和群聚行為來互動，其中的關係更是錯綜複雜。因此經濟學家之所以將**經濟人**帶入模型，並不是因為他們真認為一般人完全依循邏輯和數學觀念來行動，而是因為它能簡化分析過程，特別是在探討為數眾多的人類之間的各種繁雜互動。

這種情況在總體經濟學特別明顯：總體經濟學研究的是由眾多群體組成的一大群人。分析一小群人中的團體和群聚行為已經夠難了，而總體經濟學面對的是更艱難的考驗。為了了解一個經濟體中人與人之間的各種互動，總體經濟學家依循常規，依據**代表性主體**（representative agents）的假設將**經濟人**分成不同種類。這些代表性主體展現了經濟體中關鍵決策者的定型行為，也包含代表性勞動者—消費者（worker-consumers），和代表性生產者—雇主（producer-employers）兩者。傳統總體經濟學理論中，代表性勞動者—消費者權衡收入能購買多少自己喜歡的產品或服務，及工作帶來的勞累與不便，再決定自己的工作量。勞動者與代表性雇主—生產者之間有著彼此依存的共生關係，雇主為了得到最大利益，會盡量用最低工資來生產所有勞動者—消費者渴望購買的產品。如果這些代表性主體都以相同模式行動，經濟學家分析起總體經濟現象就容易多了，只要透過相對容易的運算法，把每個代表性主體的選擇相加起來即可。

這和群聚有什麼關係呢？群聚行為的經濟模型在其技術性的數學分析中，利用同樣的代表性主體，來了解人們如何模仿身邊的人和背後的原因。在自利群聚行為中，群體中的每個成員都是理性的，以自己的方式追求自身的利益——他們自問：「若加入這群人，我能獲得什麼好處？」若跟隨別人的好主意和聰明選擇，我們能做出更好的選擇，就能得到立即見效的益處。有些好處可能沒那麼直接，或需要經過一段時間才會顯現。有時，我們加入團體是因為相信與人合作將為自身帶來長期報酬。許多長期合作和關係，初期都必須耐心的持續付出成本，才能在最後得到豐富的收益。不管目的是為了短期或長期的利益，人們都有意識的根據個人認知做出決定。他們受到合作互助的精神啟發，同時也符合重視自利與理性選擇的原則。

社會學習

經濟學家的代表性主體還有另一個特質：他們不但非常理智，而且精明的運用資訊，透過複雜的數學公式，有效率的處理資訊。群聚就是聰明的資訊搜集策略。理性的群聚者在利用資訊做出選擇時，用群聚行為將搜集資訊的成本降到最低，並比較**私人資訊**（private information）和**社會資訊**（social information）。私人資訊包括所有別人不知道而我們知道的資訊，因為這些資訊無法透過觀察來獲取，人們也不具備讀心術，因此別人無法得知它們的內容。社會資訊則是透過觀察他人行為而搜集到的資訊，我們藉此來推測其行為背後的原因。別人無法透過觀看我們的行為得知我們內心的想法；同理，我們也無法透過觀察他人就確知別人握有的私人資訊。但觀察他人的決定時，我們可以臆測他們的誘因、動機和意圖。在群聚的脈絡下，我們可以下一個結論（雖然這結論不算完全正確）：他人的行為反映了他們可能具備而我們欠缺的知識或專長。很多情況下，我們不會知道，甚至永遠也無法確定別人的知識是否真的比我們豐富。讓我們回想一下本章一開始提到的投票表決會議。經過合理評估後，如果你認為同事握有的資訊比自己豐富，那麼遵循他人、對一項動議投下支持票，就是一個合理的決策，此時仿效他人可能會為我們帶來好處。社會資訊也讓我們不斷學習：觀察他人選擇，和其選擇後衍生的回報或代價，我們就知道怎麼做對自己最好。[8]當資訊短缺或不確定性很高，社會學習格外重要。為什麼？當我們所知極為有限，透過觀察他人的行為和選擇所獲得的資訊，可能就是我們所能掌握的最佳情報。

資訊瀑布效應

一九九〇年代早期，經濟學家對群聚現象產生熱切的興趣，發展了一系列的理論和實驗來探索奠基於社會學習原則的理性群聚行為。他們很想明白人們如何理性權衡私人資訊和社會資訊，以及如何在種種考量下，決定做出自利群聚行為。一群加州大學的經濟學者，包括蘇施爾・比卡盛達尼（Sushil Bikhchandani）、大衛・赫舒勒費（David Hirshleifer）、伊佛・渥許（Ivo Welch）等人，做出一系列領先各界的群聚研究。[9]他們把自利群聚行為形容為一個循序漸進的社會學習過程，在此過程中，每個人都試圖在自己知道的資訊和觀察到的他人行為間取得平衡。當每個人低估自己握有的私人資訊，決定跟隨其他人時，就形成一個不斷壯大的羊群。比卡盛達尼、赫舒勒費和渥許用**資訊瀑布效應**（Information cascades）來描述群聚的過程，帶來深遠的影響。一個人做下一個決定，旁邊的人觀察他的行為並決定模仿。下一個人觀察前兩個人的行為，並決定照做，因為他看到兩個人（而不是一個人）都做了一樣的事，心裡更加確定照做是正確的選擇。當愈來愈多人起而仿效，而其他人看到愈來愈多範例，群聚信號也愈來愈強大。他人行為組成的社會資訊在團體中廣為流傳，隨著人們如羊群

8 原注：關於群聚經濟理論的技術性討論，請參閱 Christophe P. Chamley (2003), *Rational Herds: Economic Models of Social Learning*, Cambridge University Press.

9 原注：Sushil Bikhchandani, David Hirshleifer and Ivo Welch (1992), 'A Theory of Fads, Fashion, Custom, and Cultural Change as Informational Cascades', *Journal of Political Economy* 100(5), pp. 992–1026; Sushil Bikhchandani, David Hirshleifer and Ivo Welch (1998), 'Learning from the Behavior of Others: Conformity, Fads, and Informational Cascades', *Journal of Economic Perspectives* 12(3), pp. 151–70.

一般聚集，社會資訊的力量也愈來愈勢不可擋。換句話說，群聚累積的社會資訊如瀑布般一洩千里。資訊瀑布效應有助於了解許多脆弱又不穩定的經濟或社會現象，包括經濟繁榮、大蕭條、短暫的狂熱與潮流。[10]

麻省理工學院的阿比吉特・班納吉（Abhijit Banerjee）則獨自發展出類似的群聚行為模型，並用選擇餐廳的日常實例來說明。[11]試想一下，餐廳A人滿為患，與此同時，隔壁的餐廳B卻空無一人。為什麼顧客不選擇無須排隊等候的餐廳B呢？班納吉解釋，這個明顯的反常現象正是理性群聚行為的體現。[12]人們因私人理由而偏好餐廳A，比如他們讀了某篇餐廳A的評論，或因身邊朋友格外推薦餐廳A。同時，他們也能搜集社會資訊，觀察先到的顧客選擇了哪家餐廳。有時，社會資訊和私人信息相牴觸：某人得到餐廳A的推薦資訊，到了現場，卻看到許多人守在餐廳B門前，大排長龍等待入座。排隊的人潮可能導致人們忽略私人訊息，轉而選擇客人眾多的餐廳。

班納吉的餐廳難題也能解釋資訊瀑布效應如何體現在實際生活中。想像一下，你遇到一個和班納吉的比喻很類似的困境。你必須從兩家相鄰的墨西哥餐廳中選擇一家用餐，它們的名稱分別是「阿米哥」和「貝尼托」。假設你知道長久以來，大多數人都偏愛阿米哥的料理，喜歡貝尼托的人比較少。因此，一開始你比較想去阿米哥用餐。但是，你讀了一篇餐廳評論，作者對貝尼托的塔可捲餅、托斯塔達餅和起司捲餅讚譽有加。這樣一來，你就握有貝尼托餐廳比較好的私人資訊。

試想一下，此時你加入排在兩家餐廳外的人龍，每個人都必須按排隊順序，決定要去哪一家餐廳用餐，而且和你一起排隊的人各自握有私人資訊。考量至此，你的決定變得更加棘手。他們都是素昧平生的陌生人，你不知道他們掌握了什麼資訊，也不知道他們基於什麼動機而偏好某家餐廳。他們可能和你一樣，讀了同一篇讚揚貝尼托的評論，也可能讀了其他同樣對貝尼托讚譽有加的食記，或者從親友口中得知貝尼托是家美味的餐廳。因此，儘管長久以來，大部分人都比較喜歡阿米哥餐廳，但無法經由觀察獲取的私人資訊，卻暗示過去大多數人的偏好已不再值得信任。然而沒人知道這回事，因為每個人都必須在不知道別人所思所想的情況下，自行做出選擇。此時，若我們假設人群中有一個人具備完全不同於他人的私人資訊：比如他看到一篇由阿米哥餐廳的親友所撰寫的網路食記，有失公允的對阿米哥大加讚揚，暗示它比貝尼托好。這樣一來，情況就更加複雜了！若我們再假設，這個人是第一個選

---

10 原注：Bikchandani, Hirshleifer and Welch (1992), p. 994.

11 原注：Abhijit Banerjee (1992), 'A Simple Model of Herd Behavior', *Quarterly Journal of Economics* 107(3), pp. 797–817.

12 原注：也有其他奠基於人類理性思考的經濟假設，解釋為什麼一家餐廳一位難求，另一家餐廳卻空無一人。請參見 Gary S. Becker (1991), 'A Note on Restaurant Pricing and Other Examples of Social Influences on Price', *Journal of Political Economy* 99(5), pp. 1109–16. 基本說來，貝克用一人消費對他人需求所造成的影響，來解釋餐廳客人眾多的現象：當一個人選擇一家餐廳，就會增加他人對這家餐廳的需求，因此店外的排隊人潮會愈來愈多。

擇餐廳的人，那情勢就更詭譎了！他當然會毫不猶豫的選擇阿米哥。

現在，輪到你做決定了。你手上有三項情報。首先，以前大部分的顧客都因為某種合理的理由而偏好阿米哥，這是眾所皆知的事實。第二，你觀察第一個人選擇阿米哥，這是由觀察得知的社會資訊。第三，你的私人資訊：你讀了一篇讚揚貝尼托的餐廳評論。這項私人資訊和其他人的私人資訊一致，只和第一人不同。其他人都握有各種來源的私人資訊，但這些資訊都指出，貝尼托是兩者中的最佳選擇。因此，你所掌握的私人資訊具備非常高的可信度，但你並不知道這回事，因為你無法得知那些排在你身後的人所掌握的私人資訊。而且，身為第二個選擇的人，你也無法藉由觀察其他人的選擇來推斷。那麼，你會怎麼做呢？

假設，你選擇忽略餐廳評論的私人資訊，跟著第一個人選擇到阿米哥用餐。排在你後面的第三個人，也知道以前大多數人都偏好阿米哥，而且，和大多數人一樣（除了排在你前面的第一個人），握有貝尼托比較美味的私人資訊。但這個人看到你和第一個人都選擇到阿米哥用餐。因此，儘管私人資訊暗示他應該選擇貝尼托，但他權衡之後，決定也選擇阿米哥。而且他做下這個決定時，比你更加確信自己的選擇無誤，因為他看到前面兩個人做出同樣的選擇，而你只看到一個人。這就是資訊瀑布效應，當它掌握主控權，就會一發不可收拾。隨著愈來愈多食客選擇阿米哥餐廳，接下來的人選擇同一家餐廳的可能性也隨之增加。他們只是看到別人的選擇並照做，並不是因為別人的選擇下藏有多麼豐富的資訊。人群如羊群，一一走進阿米哥的大門，而不幸的貝尼托餐廳明明比較美味，卻門可羅雀。

餐廳排隊人龍特別突顯一個重點：跟隨別人不一定是非理性的行為，廣義來說，資訊瀑布效應也並非不理性的現象。你和其他食客選擇阿米哥、放棄貝尼托，就算你們是依循脆弱的資訊瀑布效應而做出這樣的決定，也不代表這麼做很愚蠢。在資訊有限的情況下，這是合乎邏輯的理性選擇。比卡盛達尼和其同事使用貝氏定理（Bayes' rule）的數學定律來分析資訊瀑布效應。貝氏定理以托馬斯・貝斯（Thomas Bayes）命名，他是十八世紀不從英國國教[13]的英國牧師，也是名數學鬼才。[14]

貝氏定理揭示了人們在觀察時，如何活用不同種類的資訊來推理。隨著新資訊浮現，我們也會同步更新對某事件的估算機率。一開始，人們根據當下所有的資訊，得出一個**事前機率**（prior probability）。當我們得知新資訊，就會將新資訊和事前機率結合，得出某事件的最終估算機率，也就是**事後機率**（posterior probability）。貝氏定理的數學證明過程雖然非常複雜，卻受到廣泛應用，不只用於理論中，也被經濟學家、數學家、統計學家用來分析各種

---

13 譯注：英國國教中，反對教階制的人發起的改革運動。

14 原注：Thomas Bayes (1763), 'An essay towards solving a problem in the doctrine of chances – communicated by Mr Price, in a letter to John Canton', *Philosophical Transactions of the Royal Society* 53, pp. 370–418.

日常生活難題。有些社會學家、心理學家和經濟學家也探討人們如何利用貝氏推理法，包括人們群聚之時。比卡盛達尼、其同事以及其他的經濟學家藉由貝氏定理解釋，人們如何在接收新的社會資訊時，適時調整心中的機率。哪一家餐廳比較好？我該選擇哪一種寬頻網路方案？房價會上漲還是下跌？在回答這些問題時，別人的選擇是非常有用的資訊，我們將這些資訊和心裡的私人資訊結合，一同納入考量。

現在，了解貝氏推理如何影響我們後，再回到前面的餐廳選擇例子，看看人們如何整合互相衝突的各種資訊，評斷兩家餐廳的優劣。首先，我們有個事前機率：過去，大多數人都比較喜歡阿米哥餐廳。而我們讀到一篇持相反意見的餐廳評論，提供了私人資訊。接下來，隨著前方排隊人潮一一做出選擇，我們獲得了新的社會資訊。透過貝氏推理，我們更新哪家餐廳比較好的可能性，以得出事後機率。我們重新評估先前的看法，權衡私人資訊和社會資訊，得到最好選擇阿米哥餐廳的結論。如果我們有辦法知道其他人握有的私人資訊，可能就會做出截然不同的決定；可惜的是，我們無法得知。

群聚遊戲

如果人們靈活運用貝氏定理，因而選擇群聚行為、形成資訊瀑布現象，那麼群聚就不一定是非理性的現象。然而，儘管理論上來說，理性群聚真有可能發生，但目前還無法透過實證來確定，因為我們難以掌握一項群聚行為理不理性的證據。在社會科學中，每位專家的看法都大不相同。有些經濟學家搜集了許多暗示群聚是理性行為的證據，但許多社會學家也搜集到眾多證據，暗示群聚是非理性的行為——我們將在下一章中解釋後者的看法。現在，先讓我們專注於經濟學家所掌握的證據，並在後面的章節中，根據社會學家握有的相反證據，進一步認識群聚。

行為經濟學家亞瑟·費雪曼（Arthur Fishman）和尤瑞·葛尼奇（Uri Gneezy）藉由研究真實世界的餐廳排隊人潮，提供群聚行為的證據。他們想出一個聰明的點子，以自然實驗的方式，觀察人們選擇餐廳時，社會學習會產生何種影響。[15] 首先，他們招募了一些研究助理，觀察位在特拉維夫的巴依蘭大學隔壁的戶外美食廣場，看看顧客如何在兩家非常類似的速食餐廳之間做出選擇。在研究過程中，他們觀察了兩個時間點，好得知顧客若有機會親自品嘗兩家餐廳後，社會影響會如何改變。由於這兩家餐廳鄰近大學，費雪曼和葛尼奇推論，新學年剛開始時，大部分的顧客都會是新生（因此不太清楚兩家餐廳的品質）。二〇〇九年十月（巴依蘭大學剛開學），他們先觀察了一千三百二十四名客人，並在二〇一〇年四月中旬（此

15 原注：這種證據比實驗室的實驗結果更佳，因為研究人員沒有把實驗條件加諸於受試者，人們可以在更自然的情況下做決定。不只如此，此時觀察到的行為不是實驗干預造成的結果，並非人為產物，因此可信度更高。

時，巴依蘭大學的學年度已近尾聲），再次觀察一千一百五十三名顧客。

費雪曼和葛尼奇發現，在這兩個不同的時間點，兩家餐廳門口的排隊人潮多寡差異顯著。十月時，已經人滿為患的餐廳外，會有非常長的排隊人龍，而顧客較少的餐廳，排隊的人也少得多。不過，到了隔年四月，兩家餐廳的排隊人潮幾乎不相上下：餐廳內的顧客多寡不再影響排隊的人潮數量。費雪曼和葛尼奇認為，社會學習能夠解釋兩者間的差異。如果這些學生食客事先完全不了解這兩家餐廳，也沒有從其他客人的選擇來推斷哪家餐廳比較好，那麼十月的實驗中，客人應該會隨機選擇。但**數量懸殊**的顧客顯然好惡鮮明，他們紛紛選擇前面的顧客偏好、人潮眾多的餐廳，暗示了這種選擇背後的動機相似。此時，人們所收到的唯一資訊，就是隱藏在其他顧客行為中的社會資訊。費雪曼和葛尼奇藉此斷言，排隊人潮的多寡影響了人們的選擇。也許，新生把長長的排隊人龍視為品質的保證，這就是資訊瀑布效應的生活實證。不過，隔年四月時，學生已有機會親自品嘗兩家餐廳的食物，不再因別人的選擇而動搖，因此兩家餐廳的排隊人數接近一致。[16]

兩位分別來自美國維吉尼亞大學和威廉瑪麗學院的經濟學家，查爾斯·霍爾特（Charles Holt）和麗莎·安德森（Lisa Anderson）一起用嚴格控制的實驗室實驗，研究社會學習和資訊瀑布假說。知名實驗經濟學家霍爾特發想了一系列的參與實驗，其中許多活動特別適合學生在教室環境中進行，因此頗受經濟學教授愛用。[17]他和安德森設計了一個嚴密實驗來了解資訊瀑布效應是否和貝氏定理一致。後來的各種實驗經常複製並改良安德森和霍爾特的基本架構，對研究群聚的經濟學家來說，他們的實驗可說影響重大。[18]

安德森和霍爾特集合了七十二名學生來玩猜謎遊戲，正確猜中的人就能領到獎金。他們向學生展示兩個甕，分別稱為甕Ａ和甕Ｂ。甕Ａ裡裝了兩個紅球和一個黑球。甕Ｂ則裝了兩個黑球和一個紅球。在看不見內容物的情況下，研究者將一只甕裡的東西倒進第三個沒有標示的甕裡。學生必須猜測，被實驗者倒進第三個甕的，是甕Ａ還是甕Ｂ裡的東西。

為了模擬資訊瀑布效應，學生不能同時猜。研究者請他們排隊，按照順序來猜。同時，研究者也給予學生其他的資訊（有些是私人資訊，有些是社會資訊），來幫助學生們選擇。學生一一走到沒有標示的甕前，伸手拿出一個球，看過顏色後再把球放回甕裡，並且不能讓別的學生知道那顆球的顏色，這就是每個學生所掌握的私人資訊。接著，每個學生當著大家的

16 原注：Arthur Fishman and Uri Gneezy (2011), 'A Field Study of Social Learning', *Bar Ilan University Working Paper*, 29 April. https://www.biu.ac.il/soc/ec/fishman/wp/A%20field%20study%20of%20Social%20Learning.pdf (accessed 30 October 2017).

17 原注：Charles Holt (2006), *Markets, Games and Strategic Behavior*, Boston, MA: Pearson/Addison-Wesley.

18 原注：Lisa R. Anderson and Charles A. Holt (1996), 'Classroom Games: Information Cascades', *Journal of Economic Perspectives* 10(4), pp. 187–93; Lisa R. Anderson and Charles Holt (1997), 'Information Cascades in the Laboratory', *American Economic Review* 87(5), pp. 847–62.

面，宣布自己認為第三個甕裡的球來自甕A或甕B。學生按順序說出自己猜的答案，排在後面的人所獲得的社會資訊也隨之累積，同時在心中推論。安德森和霍爾特假定學生依照貝氏推論，隨著新資訊來更新自己的猜測。每個學生都根據一開始的資訊，建立事前機率。每當他們聽見另一個學生的答案，就會調整事前機率。輪到他們上前，從甕中掏出一個球時，也會依照球的顏色來調整機率。

在這個猜甕實驗中，會出現什麼樣的貝氏資訊瀑布效應呢？讓我們先假裝自己是鮑伯，他是第二個要猜的學生。第一個學生愛麗絲已經宣布她的猜測：甕A。鮑伯推論，她一定是從甕中掏出了紅球才這麼猜，因為甕A中的紅球比黑球多。接著，鮑伯從未標示的甕中掏出一顆紅球。現在，他手上握有兩份資訊：愛麗絲的猜測提供了社會資訊，他掏出的紅球則提供私人資訊。幸運的鮑伯握有一致的社會和私人資訊，因此他選擇甕A。他的猜測並不一定準確，但相比之下，甕A的可能性遠高於甕B；至今他沒有得到可能是甕B的**證據**，因此他完全沒有選擇甕B的理由。

我們可以改變一下情境，讓鮑伯的選擇變得困難些，好說明貝氏定理。讓我們假設，答案是甕B，但愛麗絲的猜測不變：她選擇甕A，因此鮑伯推論她抽到一顆紅球；這樣的情境確實可能發生，畢竟甕B裡有一顆紅球。但輪到鮑伯時，他卻掏出一顆黑球。這下子，他困惑了。在訊息相違的情況下，他該怎麼辦？他該跟隨愛麗絲的猜測，選擇甕A嗎？但他掏出

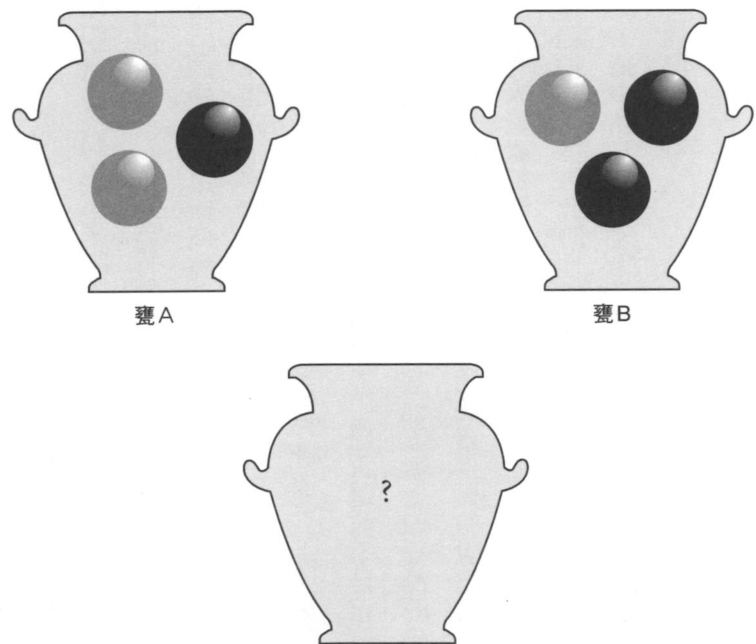

圖二：猜甕遊戲。玩家要猜沒有標示的甕裡面，裝了甕A（兩個紅球和一個黑球）還是甕B（兩個黑球和一個紅球）的內容物？

了一顆黑球，考量到甕Ｂ內有兩顆黑球的情況下，他是否該選擇甕Ｂ呢？如果他猜甕Ａ，不就忽略了自己的私人資訊嗎？畢竟他親自掏出了一顆黑球。但如果他猜甕Ｂ，就等於無視愛麗絲的猜測中潛藏的資訊。對鮑伯來說，理性的運用貝氏定理，兩個選擇都說得通。

讓我們假設他決定相信來自愛麗絲的社會資訊，選擇了甕Ａ。那麼，貝氏資訊瀑布效應就開始顯現。第三個學生克里斯朝甕裡伸手一掏，可能也拿到了黑球。現在，克里斯得到三項資訊。愛麗絲選擇甕Ａ，鮑伯也選擇甕Ａ——克里斯猜測，這兩人可能都拿到了紅球。可是克里斯自己拿到了黑球——唯一可能是甕Ｂ的暗示，而且和他從愛麗絲和鮑伯的選擇得出的推論相反。此時，他手上的證據傾向甕Ａ，儘管這並不是正確答案。如果克里斯依循貝氏定理，那他應該會選擇甕Ａ。對克里斯和其他等著上前猜測的學生來說，此刻，甕Ａ是最合理的答案。資訊瀑布效應讓愛麗絲錯誤的猜測變得更有說服力。因此，若學生全都依循貝氏定理來決定，沒有人能贏得獎金。資訊瀑布效應把人群引向錯誤的方向，而關鍵的夾點（pinch point）就是鮑伯的選擇，此時他處在刀口上，兩個猜測的可能性不相上下。要是鮑伯決定追隨私人資訊，猜中甕Ｂ，那麼除了愛麗絲以外的學生全都有機會贏得獎金（但這樣一來，研究團隊可就破財了！）。

安德森和霍爾特分析實驗中的所有證據，評估學生決定的過程中，是否符合上面提到的貝氏資訊瀑布模型。他們發現，當私人資訊和社會資訊相違，也就是說，當學生像鮑伯一樣，從社會資訊推論愛麗絲抽中紅球，自己卻抽中黑球時，五十六次中有四十一次，會發生符合貝氏定理的資訊瀑布效應。

那剩下的十五次，當資訊瀑布現象和貝氏定理**相左**的時候呢？該如何解釋學生的答案？是否有些學生比別人擅長運用貝氏定理？這些反常情況是否暗示某些人對私人和社會資訊的重視度不同？也許學生其實用了更簡單的方法，比如用經驗法則（rule of thumb）來決定，而在巧合下達成和貝氏定理一樣的結果？[19]後來有許多研究複製出安德森和霍爾特的實驗結果，但目前還沒有其他實驗精密測試其他可能的假說。大部分的人是不是都用貝氏定理來處理社會資訊？或者利用其他工具來做決定？經濟理論無法回答這些問題，所以在後面章節中，我們得從經濟學之外的其他領域來探索可能的答案。

---

19 原注：安德森和霍爾特並沒有解釋為什麼他們認為學生會進行貝斯式推理。他們是不是認為，學生熟知貝氏概率，可以輕易迅速的應用於實驗中呢？恐怕不是。看起來比較有可能的是，實驗者推論，由學生的行為看來，他們似乎懂得貝氏概率計算。其他經濟學家在提到類似的精細決策過程時，常引用自由經濟學創始者之一米爾頓．傅里曼（Milton Friedman）和其同事李納．薩維奇（Leonard Savage）的譬喻：專業的撞球手非常擅長控制撞球的走向，看起來他們好像具備豐富的力學知識，雖然事實上，真正懂得複雜力學的撞球手恐怕不多。這種說法引起激烈爭議，到底這是否只是在辯護脫離現實的假說呢？我們在此不會多加討論。只能說，也許我們的大腦已經進化到具備自然運用貝斯式計算的能力，甚至不需要經過刻意思考。請參閱 Milton Friedman and Leonard J. Savage (1948), 'The Utility Analysis of Choices Involving Risk', *Journal of Political Economy* LVI, p. 298.

社會學習是好還是壞？

從經濟學家的角度來看，跟隨人群是理性還是非理性的選擇？[20]如果整群人因此走向錯誤方向，那顯然是件壞事：一大群人一起做下錯誤的選擇。但就算整群人走向正確的方向，還是會有負面的影響：整群人在追隨彼此的過程中，忽視了珍貴的私人資訊。我們可以回到前面的餐廳例子來說明這一點。一旦形成偏好阿米哥餐廳的資訊瀑布，就會持續影響每個人，直到大家都選擇阿米哥餐廳。在這個過程中，許多有用且內容豐富的私人資訊都被棄置一旁。當個體過度重視社會資訊，忽略有用但無法被他人得知的私人資訊時，就會產生負面效應，無法達到最有益的結果。[21]隨著私人資訊在群聚過程中流失，團體就會產生負面外在結果，即**負面外部性**（negative externalities）。顧客放棄品嘗貝尼托餐廳的機會，無法發現它的美味料理。要是顧客選擇貝尼托餐廳，它本會因來客數增加，受到眾人的喜愛而獲利。在貝尼托餐廳飽餐一頓的客人，接下來可能會和親朋好友分享這次的美好體驗，甚或透過網路分享，讓更多人知道貝尼托餐廳。若人群選擇了相反方向，很多人都會因此獲益，只有一人蒙受損失（也就是阿米哥餐廳）。

一般人可能不會立刻領悟到，就算人們群聚於正確的道路上，也無法避免同樣的負面後果。即使人群轉往正確方向，改而選擇貝尼托餐廳，微妙的是，私人訊息還是會因為過分著重社會資訊而流失。想像一下，有個人握有貝尼托餐廳比較好的私人資訊，並成為第一個選擇該餐廳的人。他的選擇開啟了資訊瀑布，讓人群跟著做出正確選擇。重點不再是人群最終做出正確或錯誤的選擇，也不是每個人是否理性的依循邏輯來選擇。此時的問題是，在機械性的貝氏更新資訊過程中，許多豐富的私人資訊都流失了。

只要稍稍變動餐廳的例子，就能說明私人資訊的重要性。想像一下，第一個選擇的人並沒有在網路上讀到那篇偏心的食記；相反的，他讀到一篇新出爐的公正評論，文中大力讚揚阿米哥餐廳。在這篇評論寫就之前，阿米哥剛開除了原本的廚師，並以重金和良好的工作環境挖角貝尼托的優秀廚師。這樣一來，絕大多數的人讀到的那篇貝尼托餐廳好評，其實是根據過期資訊寫成的。第一個人其實握有比較正確的私人資訊，也就是最新且可能比較準確的評論。當然，阿米哥餐廳除了那位被開除的廚師外，也許還藏有其他問題，比如說管理方式不良，讓新來的優秀廚師無法大展身手。不管真相如何，一連串豐富多元的資訊很有用，至少能讓其他食客明白，大家並不是毫無疑義的同意某家餐廳比另外一家好。一旦資訊瀑布效

---

20 原注：經濟學家艾瑞克．艾斯特（Erik Eyster）和馬修．拉賓（Matthew Rabin）探討模仿和群聚是非理性行為的可能性，因為一個理性的主體會發現他人的信念會互相影響，並將這個因素納入考量。理性的主體不會完全模仿他們所觀察到的行為。他們會意識到，應該把前面的群眾視為一體，並且把數人的行為當作單一的社會訊號，而非多項社會訊號。請參閱 Erik Eyster and Matthew Rabin (2014), 'Extensive Imitation is Irrational and Harmful', *Quarterly Journal of Economics* 129(4), pp. 1861–98.

21 原注：Banerjee (1992).

應成形，就會流失至少一項、甚至大量的私人資訊。[22]

因此，社會學習促使的自利群聚行為可能會扭曲事實。其他形式的自利群聚行為，是否問題比較少？自利群聚行為除了對個體有利，可能也有助於整個團體。讓我們看看自利群聚行為背後的其他經濟誘因和動機，進一步了解其影響力。複製他人的行為時，我們能獲得策略性的優勢，這和把群聚行為視為一種訊號所帶來的利益有關。自利群聚行為可能是建立個人名聲的一種手段。無能為力的個體聚在一起，就能成為一群力量強大的群聚團體。群聚有時也是尋求安全的避風港。

策略性優勢

賽局理論專家多方探討人們加入團體或群聚時，所能獲得的策略性優勢。[23]而最基本的概念就是，重視自身利益的個體會和其他同樣重視自身利益的個體集合起來，形成團體，好達成比單打獨鬥的個體所能做的更多事情，比如狩獵。哲學家盧梭在其一七五五年的名著《論人類不平等的起源與基礎》（*A Discourse on Inequality*）中，以「獵鹿賽局」說明每個成員如何因自身利益組成聯盟。[24]四個獵人必須決定要各自打獵，還是組成團隊，一起出獵。若獨自打獵，就不可能獵捕體型大且動作靈巧的野鹿，頂多只能獵到野兔。然而，一隻野兔根本餵不飽一家人。若四名獵人攜手合作，就能獵捕野鹿，獲得比較豐碩的成果。一頭野鹿能輕易餵飽四個家庭，而每人獵一隻野兔，只會造成四個家庭挨餓。因此，獵人決定組成聯盟。假設四名獵人能公平分配獵物，那麼這個聯盟就大有可為。團體合作比單打獨鬥帶來更多的好處。為了個體的自身利益，他們一起打獵，讓每個人都成為贏家（野鹿成了唯一輸家！）。

但自利個體組成的團體，不一定能獲得正面的合作結果。一旦合作，個體之間就有互動，因此重視自利的個體可能會影響團體的行動和表現。當團體共享成果和獎賞，個體成員就有偷懶的誘因，坐享其他人的付出。以自利為優先的個體也可能破壞團體的努力，除非每個人的動機一致或相似。策略性優勢和經濟學家的理性群聚模型類似，解釋了複製他人的行為能為個體帶來附加利益。最常見的例子就是在金融市場中，當一群交易員在行情看漲時買

---

22 原注：其他經濟學家分析了在不確定的世界中，群聚造成的問題。若想得知相關例子，可參考Ignacio Monzón (2017), 'Aggregate Uncertainty Can Lead to Incorrect Herds', *American Economic Journal: Microeconomics* 9(2), pp. 295–314.

23 原注：想了解賽局理論的相關文獻，請參閱 Ken Binmore (2007), *Game Theory: A Very Short Introduction*, Oxford University Press, and David M. Kreps (1999), *Game Theory and Economic Modelling*, Oxford University Press. 此外，John von Neumann and Oskar Morgenstern (1944), *The Theory of Games and Economic Behavior*, Princeton University Press是開創先河且深奧的著作。

24 原注：Cited in Brian Skyrms and U.C. Irvine (2001), 'The Stag Hunt', *Proceedings and Addresses of the American Philosophical Association* 75(2), pp. 31–41.

進一項金融商品，他們正攜手讓其價格水漲船高，所有的交易員都因此獲利。我們將在第六章中探討金融圈的群聚現象。

信號放送

自利群聚行為的另一個表現方式，是用複製行為來向周圍的人發出信號（signalling）。[25]比方說，在反社會準則的團體中，跳脫常規的行為可作為展現原創性的信號，同時顯示了對團體的忠誠。二十世紀的青少年次文化，從摩德族（Mods）[26]、搖滾客（Rockers）[27]、龐克族到哥德派，再再顯示出信號如何增強我們的認同感。在資訊流通不完全、彼此欠缺信任的世界，那些假扮為某個群體的人，很容易就能利用我們。以大環境來說，次族群的行為可能是世界潮流的逆向操作者，但在彼此認同的群體中，卻是重要的信號；若我們和他們做出類似的行為，這些團體就比較容易信任我們，同時我們也比較信任他們，這是彼此互惠的關係。

我們會在下一章進一步探討團體的觀點，不過也有些經濟學家利用平衡利潤與成本的經濟法則來解釋人們為什麼又如何形成認同感。經濟學家喬治・艾克羅夫（George Akerlof）和瑞秋・克蘭頓（Rachel Kranton）就研究信號怎麼幫助人們建立認同感。外人眼中的反常行為，卻是團體成員得意的成果，因為它們幫助個體在其所加入的團體中建立認同感。認同和歸屬都會帶來滿足感，因此人們願意承受肉體或經濟上的代價，好獲得特定團體的身體標記，也就是增強認同感的信號。[28]然而，承擔高昂代價並忍受身體不適，比如刺青、穿洞，只為發出彼此認同的信號，在什麼情況下，才合乎經濟邏輯呢？對圈外人來說，這些行為看似特立獨行，但在彼此認同的圈子裡，卻再合理不過。而且代價愈高愈好，因為信號愈昂貴，可信度就愈高。要不是心意堅定，我們不可能付出如此巨大的代價，不管是肉體、心理或金錢上的代價。

政治學家亨利．法雷爾（Henry Farrell）在探討反常規行為時，出人意表的以文青潮客（Hipster）的打扮習慣為例。他發文分析一場經濟學家保羅．克魯曼（Paul Krugman）和記者

---

25 原注：亦可參考德斯蒙德．莫里斯（Desmond Morris）的著作，他解釋社會信號發送是人類尋找意義的一種方式（和認同感與歸屬需求有關）：Desmond Morris (1969/1994), *The Human Zoo*, New York: Vintage.

26 譯注：源自英國一九六〇年代的次文化，摩德族喜歡騎義大利的偉士牌或蘭貝達牌機車，穿著昂貴時尚的西裝，十分重視打扮細節。

27 譯注：指的是從一九五〇年代，於英國興起的摩托車次文化。二戰後年輕勞工階級的崛起、貸款變得容易、美國流行音樂與電影的傳播、新建的道路類似賽車跑道、英國的摩托車發展進入巔峰時期……這些都是搖滾族出現的原因，他們除了愛好音樂，也熱愛騎四衝程引擎的摩托車，並為了競速而改裝摩托車。

28 原注：George A. Akerlof and Rachel E. Kranton (2000), 'Economics and Identity', *Quarterly Journal of Economics* 115(3), pp. 715–53. 亦可參閱 George A. Akerlof and Rachel E. Kranton (2011), *Identity Economics: How Our Identities Shape Our Work, Wages, and Well-Being*, Princeton University Press.

埃茲拉・克萊恩（Ezra Klein）關於刺青和男性髮髻（topknot）[29]造型的辯論。[30]把頭頂的頭髮紮成帥氣的小馬尾，不需要付出多少代價（這髮型很容易綁，也很容易鬆開），因此以策略面來說，一群頂著小馬尾的潮男，不會因為你也綁著小馬尾，就把你視為惺惺相惜的同伴。如果你想對其他反叛者或小眾族群發出比較昂貴、同時可信度更高的信號，就該選擇說服力更強的刺青，因為刺青可不是「空口說白話」，而是具體的行為。你承受刺青過程的痛苦，付出重大的個人代價，向他人證明你是認真的。法雷爾並將此聯結到社會學家狄亞哥・甘貝塔（Diego Gambetta），甘貝塔在著作《解碼黑社會》（*Codes of the Underworld*）中探討罪犯彼此溝通的方式：「艾爾凡的臉上滿是刺青。他額前刺了一行字，寫著：『在我墳上吐口痰。』左頰上則刻著：『媽，我恨你。』」身上的刺青留下永恆的印記，這是外顯又代價高昂的反常規行為，因此成為可信度高的忠誠信號。對某些反叛團體來說，要被成員接納，就非刺青不可。「刺青表達了忠誠……那是無法消除的終身印記。而在臉上刺青，更是完全放棄背離圈子的可能性，是種終極表現。」[31]

入會儀式和兄弟會也用類似行為來達到同一種目的。表面上，這些行為看似墮落，徹頭徹尾的反主流，但設想一下，這些人藉由反常規的行為，才能被自己認同的團體接納，同時在相關團體間建立同盟。這樣一想，一切就合理多了。反抗社會常規，有時和自利群聚行為異曲同工。重視自利的反叛者，若能從加入志趣相投的反叛團體中獲得許多好處，那麼在此反叛群體中，就算複製其他模仿者行為會帶來不少代價，整體上來看還是值得的。

不過，人們並不只向自己渴望加入的團體發出信號。我們所發出的信號，除了強調個人品德，也意圖展現身分地位。各種信號中，車子品牌就是個經典實例。一個買下瑪莎拉蒂的人，透過擁有名車有效的展現地位，因為他其實模仿了許多同樣用車來展現身分地位的人。一個重視環境保護的人不願買車，也許正藉此向其他環保人士展現雙方的共識。[32]這種社會信號適用於各種社會階層。有項研究專門探討負擔不起基本食物的貧窮家庭的行為。這些家庭獲得額外收入時，寧願繼續挨餓，也要把錢拿去購買電視之類的消費品。[33]這可不一定是毫無理智的行為。我們在社會團體中生活、工作，若要在團體中生存下去並成長茁壯，就必須想

---

29 譯注：指的是將兩側及後方的頭髮削短，留下頂部偏長的頭髮並紮成一束小馬尾。

30 原注：Henry Farrell (2015), 'With Your Tattoos and Topknots, Who Do You Think You Are?', *Washington Post*, 28 July. https://www.washingtonpost.com/news/monkey-cage/wp/2015/07/28/with-your-tattoos-and-topknots-who-do-you-think-you-are/ (accessed 7 September 2017).

31 原注：Diego Gambetta (2009), *Codes of the Underworld: How Criminals Communicate*, Princeton University Press.

32 原注：若想進一步了解道德信號（virtue signalling），請參見James Bartholomew (2015), 'The Awful Rise of "Virtue Signalling"', *Spectator*, 18 April. https://www.spectator. co.uk/2015/04/hating-the-daily-mail-is-a-substitute-for-doing-good/ (accessed 7 September 2017).

33 原注：Naimil Shah (2016), 'Why Poor People Buy TVs', *Medium*, 22 October. https://medium.com/@naimilshah/why-poor-people-buy-televisions (accessed 14 September 2017).

辦法獲得群體中其他人的尊敬。如果我們的生活水平在別人心中留下深刻印象，可能會為我們帶來益處。[34]

從眾的價值常和我們的社會階級有關。經濟學家B・道格拉斯・博恩海姆（B. Douglas Bernheim）探討在團體中，從自利個體將自身效用最佳化的角度來看，身分地位如何鼓勵個人遵循常規。以社會層次來看，身分地位不但重要，還會促進人們的滿意度。若被排除於傳統與社會規範之外，我們的身分地位就會受到威脅。因此，已失去原本功能的潮流和風俗習慣仍能在社會上歷久不衰。重視己利的模仿者明白被排除於社會規範之外的負面後果，也清楚自己一旦反叛，就會淪落不好的下場，因此他們遵守常規，跟隨羊群前進。[35]

名聲

信號和名聲緊密相關，雖然兩者相較之下，信號比較偏向短暫的現象，而人們則渴望名聲日積月累，遠播四方。良好名聲同時具備有形和無形的價值。在數位網路普及的時代，名聲格外脆弱。若我們考量到自己未來的名聲，比方想在找工作時獲得對方青睞，可能就不想讓別人知道自己在星期六晚上，整夜守著臉書或其他社交網站。跟隨身邊的人行動能降低自身名譽受損的風險。「俗世智慧帶給我們的教訓就是，因遵循他人而聲名掃地，比特立獨行而聲名大噪要好得多。」這個精微的觀察就讓經濟學家凱恩斯揚名於世。[36]現代生活中，證券交易員這一行正好說明，逆向操作所建立的名聲極為脆弱。當交易員不在乎金融市場的風向，逆向買賣，可能獲得令人驚嘆的收益。但當廣大股民占了上風，而逆向操作者犯下失誤，名聲立刻毀於一旦，且難以恢復。逆勢操作的交易員可無法宣稱自己只是犯下常見錯誤來開脫。

商場上，重視好名聲的公司，整體行為也比較正派，而且公司之間會相互模仿，進而推廣優秀的經營模式。企業並非因利他主義而重視公平、講究合法和道德規範，而是採取進步的自利手段。組織管理團隊發現，企業名聲良好時，在商場的存活率也隨之增加。環保政策正是為企業帶來正面效應的實例。當企業向全世界發出信號，告訴大家他們是「良心事業」，消費者應該支持他們的產品時，市場占有率就會提升。二〇〇九年，美國商會（US Chamber of Commerce）反對減緩氣候變化政策時，諸如蘋果（Apple）、耐吉（Nike）、太平洋天然氣與電力公司（Pacific Gas and Electric）、愛克斯倫電力公司（Exelon）、新墨西哥公共服務

---

34 原注：亦可參考經濟學家哈維．萊賓斯坦（Harvey Leibenstein）對消費者選擇行為中，如何發生自利群聚行為的看法。詳見Harvey Leibenstein (1950), 'Bandwagon, Snob, and Veblen Effects in the Theory of Consumers' Demand', *Quarterly Journal of Economics* 64(2), pp. 183–207.

35 原注：B. Douglas Bernheim (1994), 'A Theory of Conformity', *Journal of Political Economy* 102(5), pp. 841–77.

36 原注：John Maynard Keynes (1936), *The General Theory of Employment, Interest and Money*, London: Macmillan and the Royal Economic Society, p. 158.

公司（PNM Resources）的主管相繼辭去美國商會的職務。[37]反之，公司沒有依法繳稅時，就會受到批評。如果消費者群聚的力量夠大，就能有效迫使公司在商業經營和產業合作上，進行大規模的變革。在多場校園槍擊事件之後，特別是二〇一八年二月美國的佛羅里達槍擊事件，終於促使許多公司聯手對抗政治勢力龐大的全國步槍協會（National Rifle Association），其中包括租車業的赫茲（Hertz）和安維斯（Avis）、鎖業的查伯公司（Chubb），以及奧瑪哈第一國民銀行（First National Bank of Omaha）。為了呼應反槍群眾的廣大壓力，步槍協會會員的多項優惠方案都被取消。[38]

講到環保策略，企業常透過推行旗下事業的社會責任計畫來建立名聲。在這些計畫中，企業落實環保義務和責任，一方面是為了回應來自客戶的壓力。要讓消費者滿意，就必須讓消費者相信企業不但講求公平且很有原則。而廣義的名聲，包括投資者和競爭者對企業的看法，也很重要。[39]重視名譽的企業會因此採取永續環保的經營和創新生產方式。每家公司的環評紀錄公開時，民眾很容易得知紀錄優良和不佳的公司名單，企業就會更積極的建立名聲，甚至彼此較勁。美國環保署的年度有毒物質排放清單（Toxics Release Inventory）就是一例，它建立一種社會信號，幫助消費者認識不同公司的環保紀錄，細心區別並選擇力行環保政策的公司。理查・塞勒（Richard Thaler）和凱斯・桑思坦（Cass Sunstein）[40]在著作《推出影響力》（*Nudge*）中，大力提倡設立「溫室氣體排放清單」，也是基於相同理由。塞勒和桑思坦解釋，決策者可以活用社會影響力，把消費者和公司「推」向正確方向，他們將此稱為「自由家長制」（libertarian paternalism）。個體仍握有自行選擇的權利，因此沒有違背自由主義的精神。

推力既非制裁，也不像稅制，會讓企業把直接成本強加在個體上。人們可以自行選擇要不要忽視推力。但推力仍是種家長主義的管理行為，因為決策者設計並落實推力，好達成公眾渴望的結果。如果推力設計精良，人們就會把推力視為信號，選擇對自己和周圍的人最有利的策略。在能源和環境部門，社會推力是一種常見的政策，而在本書中，我們會看到這類推力的數項實例。若溫室氣體排放清單強制公布主要廢氣的排放量，這些資訊就會完全公開。對環境管理部門來說，這樣一來資訊不但更加透明，消費者也能對企業施加壓力，可說好處多多。關心氣候變遷的消費者會知道誰是最嚴重的主要廢氣排放者，迫使企業降低排放

37 原注：O. Johansson-Stenman and J. Konow (2010), 'Fair Air: Distributive Justice and Environmental Economics', *Environmental Resource Economics* 46(2), pp. 147–66, and G. Brown and D.A. Hagen (2010), 'Behavioral Economics and the Environment', *Environmental Resource Economics* 46(2), pp. 139–46.

38 原注：'Shot? The National Rifle Association', *The Economist Espresso*, 28 February 2018. https://espresso.economist.com/2e7fc7cb9bf8baacf29f1b 7286976f53 (accessed 6 March 2018).

39 原注：D. Kahneman, J.L. Knetsch and R.H. Thaler (1986), 'Anomalies: The Endowment Effect, Loss Aversion, and Status Quo Bias', *American Economic Review* 5(1), pp. 193–206.

40 譯注：桑思坦是全美最常被援引的法律學者，同時在行為經濟學界亦有重要地位。二〇〇九年至二〇一二年曾任白宮資訊與管制事務辦公室（OIRA）主任。現為哈佛大學羅伯沃斯利法學院（Robert Walmsley University）教授。

量。在這個社交網絡無所不在且影響甚鉅的時代，臭名一日傳千里，不但破壞企業與競爭者和投資者之間的關係，也會為其消費者關係帶來負面影響。[41]因此營利公司中，重視己利的董事和管理者就會受到刺激，模仿其他公司的最佳經營模式，好為企業建立良好名聲。

權力和安全

自利群聚的另一個動機，是個人加入團體所能獲得的權力。在許多重要情況下，群體行動比個人行動的力量大得多。[42]團體為個人帶來安全感，特別是數量上的安全感。比方來說，一群行人穿過忙碌的路口，就能保護彼此不受傷害。如果你曾去過像雅加達一樣人口爆炸的城市，就會明白當地滿是車輛和機車的馬路，可能會讓不熟悉當地的人在穿越馬路緊張不已。你對當地的認識愈少，就愈難排除內心的惶恐，因為你不太信任駕駛人，或者不清楚交通規則和駕駛習慣。此時，最好的移動方式是什麼呢？最迅速的解決辦法就是跟隨一群當地人，從他們的行動來觀察當地行人的習慣。同時，加入一群人數眾多的團體，也能確保安全，獲得庇護，畢竟車輛可能會撞到一名行人，但不太會衝向一大群人。這種群聚行為的負面後果，就是一名打算攻擊人群的極端逆向操作者很容易就會對聚在一起的人下手，造成嚴重的傷亡。二〇一七年，歐洲各地和紐約都發生過恐怖分子用卡車和貨車攻擊行人的事件，顯示隱身人群之中並不一定能保證安全。

除了人身安全之外，在文明生活中，也能透過加入團體或群體獲得許多好處。團體比個人有更多的政治勢力和影響力。以集體訴訟來說，本來無權無勢的個體聚在一起後，就能利用團體力量為自己尋求正義。許多集體訴訟都和有害化學物質引發的疾病或死亡案例有關，其中一例就是「芬－芬」（fen-phen）藥物案（芬－芬指的是一種減肥藥物，其中混合了有抑制食欲效果的氟苯丙胺〔俗稱芬氟拉明〕，和興奮劑安非他命類藥物的二甲基苯乙基胺〔俗稱芬他命〕）。美國家庭用品公司（American Home Products Corporation，現已改名為惠氏公司〔Wyeth〕）曾推廣這種藥物，不少醫師都曾向民眾開過這種處方。但在一九九七年，科學家發現芬－芬可能引起高血壓和心臟瓣膜病變的副作用，美國食品藥物監督管理局（FDA）才明令禁止。數千名承受減肥藥副作用的消費者團結起來，終於在一九九九年，讓美國家庭用品公司同意付給原告三十七億五千萬美金的賠償金。這並不只是場法律行動。後來惠氏公司還因芬－芬官司，被迫支付一百六十億六千萬美金。[43]受害人聚在一起採取法律行動，對每個

41 原注：Richard Thaler and Cass Sunstein (2008), *Nudge: Improving Decisions about Health, Wealth, and Happiness*, New Haven and London: Yale University Press.

42 原注：若想得知更多早期提出且深奧的見解，可參考Mancur Olson (1965/1971), *The Logic of Collective Action*, Cambridge, MA: Harvard University Press.

單一起訴人來說，都是合理且有利的選擇。權益受損的個體為了自身利益而聚在一起，能帶來強大的力量。如果他們選擇單打獨鬥，就不會有那麼大的影響力。

本章從經濟觀點來研究模仿者和逆向操作者，但在種種假設中，都有一項關鍵性的條件：這些理論都奠基於個體具備邏輯思考、理性選擇的能力。以貝氏計算方式為基礎的資訊瀑布模型，比許多包含複雜數學運算的經濟模型都簡單得多，但貝氏模型無法展現社會心理層面各種錯綜複雜的影響力。比卡盛達尼和同事都明白，雖然在資訊瀑布效應的群聚經濟模型中，可以看到單純情境中，群聚是種易受影響的行為，卻無法解釋真實世界中，團體行為很容易動搖的原因。他們的模型無法解釋為什麼人的社會和政治傾向很搖擺不定，比方說，在同居、性向、共產主義或上癮等生活選擇上，人們的態度可能隨時改變。[44]能夠完全以貝氏計算方式來思考的人，必須具備高等的數學計算和邏輯分析能力，但在現實生活中，大部分的人並非以如此複雜精密的方式來思考。[45]

回顧這些關於自利群聚行為的不同解釋，就會發現經濟學家多半仰賴「人類擅長數學推理」的假設。但是，人類真具備迅速清晰的數學運算能力嗎？真懂得複雜的概率推理概念嗎？在獵人例子中，精密抽象的運算能力無法為人類帶來多少演化優勢，因此獵人是否真具備這種計算能力值得懷疑。另一個問題是，自利群聚經濟模型常起於做決定的個體，以及促使個體如此決定的誘因與動機。但是，群聚也可能是個體不易理解的力量所造成的現象。畢竟，對團體有利的事並不一定對個人有益，反之亦然。

在經濟學之外，其他的社會科學已對社會影響力如何驅使人類行動有了更深的認識。情緒和個人特質等因素並不外顯，但足以左右我們的決定。而且，形成團體或加入群體時，人們會喪失個人的自我認同，轉而發展團體的認同感。團體認同感力量強大，輕易就能改變個人行為。在下一章中，這些真知灼見會幫助我們了解，群聚的集體現象受到哪些社會和心理的影響力。

---

43 原注：David J. Morrow (1999), 'Fen-Phen Maker to Pay Billions in Settlement of Diet-Injury Cases', *New York Times*, 8 October, and Bloomberg News reporting in the *New York Times* 'Wyeth in Settlement Talks Over Diet Drugs', 19 January 2005. http://www.nytimes.com/1999/10/08/business/fen-phen-maker-to-pay-billions-in-settlement-of-diet-injury-cases.html (accessed 23 October 2017).

44 原注：Bikhchandani, Hirshleifer and Welch (1992, 1998).

45 原注：參見Gerd Gigerenzer and Ulrich Hoffrage (1995), 'How to Improve Bayesian Reasoning Without Instruction: Frequency Formats', *Psychological Review* 102(4), pp. 684–704. 若想回顧貝氏推理的局限和相關見解，可參見 Michelle Baddeley, Andrew Curtis and Rachel Wood (2004), 'An Introduction to Prior Information Derived from Probabilistic Judgments: Elicitation of Knowledge, Cognitive Bias and Herding', in *Geological Prior Information: Informing Science and Engineering*, ed. A. Curtis and R. Wood, Geological Society, London, Special Publications 239, pp. 15–27.

第二章　暴民心理學

一九七八年，將近九百名人民聖殿教（Peoples Temple of the Disciples of Christ）教徒聚集在蓋亞那（Guyana），矢志一同的決定集體殺人並自殺。他們究竟為什麼這麼做？是什麼促使他們立下這樣的誓約？在這場令人膽寒的大屠殺後，世人不得不探詢這些難解的問題。自命為眾人「父親」的教主吉姆・瓊斯（Jim Jones），先說服教眾刺殺一名美國眾議員、數名記者和一名叛教者，再讓教眾自我了結。父母們用加了氰化物的果汁毒死親生子女，再喝下大家調配的毒藥自殺，毒藥中摻了氫化物和鎮靜劑。瓊斯也在當天舉槍自盡。[1]

大部分的人難以想像一群獨立的個體怎麼會任人控制，共同犯下如此極端又暴力的罪行。一九五五年，瓊斯結合基督教教義和社會主義政策，在美國印第安納州創立人民聖殿

1 原注：George Klineman (1980), *The Cult That Died: The Tragedy of Jim Jones and the Peoples Temple*, New York: Putman Publishing Group; Tim Reiterman with John Jacobs (2008), *Raven: The Untold Story of the Rev. Jim Jones and His People*, New York: Penguin Books; https://en.wikipedia.org/wiki/Peoples_Temple (accessed 8 March 2017).

教，推動他理想中的共產社會。隨著勢力擴大，這個邪教把重心移往加州。但一九七〇年代前半開始，各種虐待、剝削教徒的行為陸續遭到揭發。一九七四年，瓊斯離開加州並在蓋亞那建立「瓊斯鎮」，宣稱這是場社會主義的農業計畫。許多教徒都追隨他的腳步移居瓊斯鎮，但四年後，這些人毅然決然的結束才剛開始的新生活，參與了這場「革命式」的自我屠殺；從表面看來，他們這麼做完全出於心甘情願。

為什麼這麼多守法、過著尋常生活的人們，會被一個人操縱到這種地步呢？我們之所以這麼問，不只是因為想了解瓊斯鎮這樣可怕而少見的暴力特例，也想明白歷史中其他類似事件背後的原因。回想一下，第二次世界大戰戰前和戰時，發生了多少慘絕人寰的悲劇；許多平凡人不只是被動的旁觀者，甚至主動參與猶太人大屠殺。許多社會學家對此做了各種假設。放眼歷史，不管是暴力或偏見的嚴重度，二戰都不是特例。本書後面的章節也會提到，專門探討社會影響力如何驅使破壞與暴力行為的社會心理學研究，特別是人們很容易在面對權威角色時，展現毫不猶豫服從的特性。本來平凡無奇的一般人，在領袖的鼓勵下，會做出極為殘忍的行為，包括實行過度激烈的電擊，或用各種不人道的方式對待他人。[2] 一般經濟模型能夠解釋理性且重視自身利益的個體樂於群聚，但完全無法解釋這些行為。真實的生活遭遇往往比經濟模型混亂得多，抽象的經濟模型無法解釋真實生活裡，社會和心理層面的各種複雜狀態。在本章中，我們將跳脫秩序井然的經濟學領域，從其他社會科學（特別是社會心理學和社會學）來探索模仿者和逆向操作者。

集體群聚和群眾智慧

我們在前一章看到經濟學家如何分析群聚行為，把它視為聰明的策略。整體而言，自利群聚可能會對團體、經濟或社會造成問題；但從個體的經濟效益來看，跟隨他人常是合理的策略。不過，有一種和自利群聚大不相同的群聚現象，那就是**集體群聚**（collective herding）。集體群聚和個體是否重視自利、懷有何種欲望或需求都無關。促使眾人一致行動的，其實是團體本身的動機和目標。團體常形成完全獨立的實體（entity），有時以個人角度來看，完全無法理解它們。

雖然自利群聚和集體群聚奠立於全然不同的基礎，但兩者之間仍有相似之處。集體群聚的某些面向揭示了團體有時像個理性個體一樣運作，而群眾智慧的相關文獻也特別提到這一

---

2 原注：參見Stanley Milgram (1963), 'Behavioral Study of Obedience', *Journal of Abnormal Psychology* 67, pp. 371–8; 及Craig Haney, Curtis Banks and Philip Zimbardo (1973), 'A Study of Prisoners and Guards in a Simulated Prison', *Naval Research Review* 30, pp. 4–17.

點。[3]比起孤軍奮戰，一群人一起腦力激盪，有時能找到更多更有用的答案。群眾智慧概念的起源，來自十八世紀法國數學和哲學家尼可拉・德・康多塞（Nicolas de Condorcet），他的研究後來發展為所謂的「康多塞陪審團定理」（Condorcet's jury principle），常常被運用在陪審團編制上，這正是人們將希望置於一群人的判斷上的生活實例。[4]但康多塞原先提出的是一項非常抽象的數學證明題，和陪審團一點關係也沒有。康多塞的理論始於，假設有兩個決策者，兩人都比對方**多**一點機會知道正確的答案：康多塞假設每個決策者是正確的概率略高於二分之一。接著康多塞分析，當其他決策者加入決策過程，會發生什麼事。康多塞的數學演算顯示，隨著愈來愈多人加入初始的兩名決策者，整體做出正確選擇的機率就會增加。一開始的兩個人變成一個團體，再變成一大群的群眾，最終他們選出正確答案的概率也會趨近一。如果這群人的人數無限大，那麼幾乎必定會做出正確的選擇。乍看之下，這個結果很完美，但一設想到反例，後果卻大不相同。康多塞的數學演算同時顯示，如果每個決策者都對正確答案**沒有**把握（每個人選擇正確答案的機率略低於二分之一），那麼集結成一群人後，往往會做出不太聰明的選擇。當兩名頑固愚昧的決策者變成一整群人，那麼他們找出正確答案的機率趨近於零。在第二種情況下，一個無限大的群體幾乎難逃犯錯的下場。

但真實生活的難題是：我們該如何確保群眾中有比較可能做出正確選擇的個體，而不全是一群烏合之眾呢？美國心理學家大衛・布德斯庫（David Budescu）和依芙・陳（Eva Chen）

提出一些策略，以便選出有遠見的人，改善集體決策的過程。但如何選擇一群足以達成康多塞群眾智慧條件的人呢？最簡單的解決辦法，就是排除表現不佳的人：若有人做出錯誤決定的次數比正確的多，就不要採納他們的意見。為了應證其假說，布德斯庫和陳分析「綜合應急評估預測計畫」（Forecasting Aggregate Contingent Estimation）的資料。[5] 此網站召集了許多自願的預估人員，他們被稱為「法官」，針對政治、健康和科技及其他事件做出預測。不過，這些人無須是傳統概念中某個領域的「專家」。布德斯庫和陳從綜合應急評估網站搜集二〇一〇年七月到二〇一二年一月間的資料，分析一千二百三十三名法官針對一百零四項事件所做的預測，並評分每位法官的準確度，藉此找出預測最準確的法官，再刪去表現低於平均值的人。布德斯庫和陳證明，篩選之後，整體的預測準確率會提升約二十八個百分點。[6]

---

3 原注：若想參閱相關綜合概論，請看 James Surowiecki (2004), *The Wisdom of Crowds: Why the Many Are Smarter Than the Few*, London: Abacus.

4 原注：康多塞的著作尚無完整的英譯本，請參閱 Marquis de Condorcet (1785), *Essay on the Application of Analysis to the Probability of Majority Decisions*. 若想了解近代的相關說明，請參閱 Krishna K. Ladha (1995), 'Information Pooling Through Majority-Rule Voting', *Journal of Economic Behavior and Organization* 26(3), pp. 353–72.

5 原注：請見https://www.ara.com/projects/aces-crowd-based-forecasting-world-events (accessed 23 October 2017).

6 原注：David V. Budescu and Eva Chen (2015), 'Identifying Expertise to Extract the Wisdom of Crowds', *Management Science* 61(2), pp. 267–80.

不過，若要將群眾智慧更普及的落實在現實決策過程，就會引發不少問題。布德斯庫和陳依據過去的預測準確率，選出比較好的法官。但真實生活的不確定性太高，難以立下客觀明確的判斷基準，我們常常無法分辨到底誰對誰錯。康多塞的陪審團定理還有一個理論上的問題：它的前提是，所有個體的最初判斷不但完全獨立且互不影響，但這是個不切實際的假設，特別是人類有互相模仿的傾向。人的意見多半會互相影響，很少完全獨立、不受干擾。人類的意見之所以容易彼此影響，背後可能有幾項原因。專家和凡人都可能相信一個廣受支持的論調（比如世界是平的）。特質相近的人，就算不受客觀因素影響，也會傾向同意彼此。我們腦中的偏見，可能會促使我們在客觀證據相違的情況下，同意其他人的說法。

古斯塔夫．勒龐的心理學群眾

康多塞的群眾智慧，只從複雜的人類心理中，截取了一小部分來做簡易的數學分析。他忽略了人類社會生活中重要的心理驅力：個性與情緒。如果我們的個性習於順從，通常會跟隨團體、群體和群眾而行動。如果個性乖僻，就會傾向反叛。情感的影響也很大。[7]當人們擔心自身安全、惶恐自己做下錯誤決定時，就會加入群體。我們常常為了開心而加入一大群人，比方說，去看演唱會、參加舞會或遊行，都是為了獲得快樂。情緒和個性聯手影響我們的選擇。個性特質會讓我們特別容易出現某種情緒，同時，這些情緒會讓我們特別渴望加入群體，或偏好獨自一人。個性內向、容易緊張的人感覺受到威脅時，可能會選擇加入人群，但他們對參加一場盛大熱鬧的宴會興趣缺缺。

群聚與群眾研究中，以模仿者為對象的心理學家裡，古斯塔夫．勒龐（Gustave Le Bon）是早期的先鋒之一。其一八九五年的著作《烏合之眾：為什麼「我們」會變得瘋狂、盲目、衝動？》（*The Crowd: A Study of the Popular Mind*），長久以來被視為啟發群眾心理學的巨著。法國醫生勒龐對社會科學的許多領域都很有興趣，特別是社會學和心理學。他很好奇人群如何為了特定目的聚在一起，這正是他著迷於暴民心理學的原因。在《烏合之眾》中，他研究當時紛亂的局勢，指出群眾心理和政治運動之間有強烈的相似之處。

勒龐出生於一八四一年，在孩提時期經歷了「一八四八年革命」，這一年是西方民主史的重大轉捩點，具有重要政治意義。隨著各界要求建立新的民主制度，取代老舊的封建制度，法國各地紛紛發生民眾起義事件，這股風潮隨即散布到歐洲其他國家和世界各地。

7　原注：長久以來，經濟學都忽略情感的角色，直到最近才受人重視。強．艾爾斯特（Jon Elster）在許多著作中解釋如何在經濟分析中加入情感因素，可參考Jon Elster (1996), 'Rationality and the Emotions', *Economic Journal* 106(438), pp. 136–97, 和 Jon Elster (1998), 'Emotions and Economic Theory', *Journal of Economic Literature* 36(1), pp. 47–74.

一八七一年，革命政權巴黎公社（Paris Commune）短暫統治巴黎一段時間，此時已經成年的勒龐也住在巴黎。他觀察到各種暴力行徑，對政治起義活動抱持保守態度。談到暴民心理學，他以反烏托邦的角度面對集體政治行動所造成的影響。儘管如此，他的心理學研究對政治界產生無遠弗屆的影響。荷蘭心理學家雅普・梵・吉內肯（Jaap van Ginneken）曾是行動主義者和記者，他指出，雖然勒龐的想法大多並非原創，依舊影響了二十世紀的許多政治領袖，且正負影響兼具，像是羅斯福和希特勒。[8]

勒龐深受法國社會學家讓・蓋伯爾・塔德（Jean-Gabriel De Tarde）影響，後者認為人同時受到有意識和潛意識動機的驅使而模仿彼此的行為[9]。勒龐則以塔德的發現為基礎，把人們分為兩種大不相同的群眾：**組織群眾**（organised crowds）和**心理群眾**（psychological crowds）[10]。組織群眾指的是一群因巧合而出現在同一個地方的個體，也就是一群過著毫不起眼的生活的平凡人，彼此之間沒有明顯的共同目的。組織群眾可能人數龐大，但他們是良性的。但是，有時組織群眾會轉變為勒龐口中的心理群眾，或者現代所謂的暴民（mob）。暴民和組織群眾大不相同，因為暴民的團體認同感是險惡的，而且，連暴民中的個體都無法解釋這種認同感從何而來。在這個群體中，每個人都喪失自己的個性和個人認同，[11]頭腦變得混沌不明。因此暴民的特色，就是整體的智力低於每個成員的智力：

不管每個人的生活方式、職業、品格、智力相不相近，當個體聚在一起形成群眾，他們就獲得某種集體意識，這讓他們感受、思考、行為模式，都和個人獨處時的感受、思考、行為模式大不相同……個人所具備的智力及個體性都被削弱了……[12]

暴民的行為是衝動的，全憑不受控制的直覺行動。暴民中的個人「喪失自覺性」。一個平常大多通情達理、很有邏輯且冷靜的人，能變得狂野蠻橫，完全失控。暴民簡直像有催眠力般，強烈影響其成員。維多利亞時期的查爾斯・麥凱（Charles Mackay）也是一名研究群眾和暴民的重要作家，他和勒龐抱持同樣的看法，認為人們在群體中會失去理性。他觀察到：「俗話說得好，人是群體思考的動物。他們群起瘋狂，卻必須一個一個慢慢的恢復理智。[13]」

---

8 原注：參見Jaap van Ginneken (1992), *Crowds, Psychology, and Politics, 1871–1899*, Cambridge University Press.

9 原注：Jean-Gabriel De Tarde (1890), *The Laws of Imitation*, trans. Elise Clews Parsons, 1903, New York: Henry Holt and Company.

10 原注：Gustave Le Bon (1895), *The Crowd: A Study of the Popular Mind*, Lexington, KY: Maestro Reprints, p. 9.

11 原注：有許多其他的文化非常相信團體和團體中的成員截然不同的概念。行銷專家馬克・厄爾斯（Mark Earls）研究這些觀念，包括祖魯族（Zulu）和科薩人（Xhosa）的「烏班圖」觀（*Ubuntu*），也就是「好施仁道」的概念。請見Mark Earls (2009), *Herd: How to Change Mass Behaviour by Harnessing Our True Nature*, Chichester: John Wiley and Sons.

12 原注：Le Bon (1895), pp. 11–12.

勒龐對暴民的觀察豐富多元且引人入勝，但他如何幫助我們了解並分析集體群聚現象？他的關鍵理論之一，就是我們不能把暴民單純視為聚在一起的一群人。暴民成員並不在乎自利群聚。驅使暴民的力量難以用個人動機或誘因去解釋，甚至無法解釋。

佛洛伊德論歸屬感

若不是為了自身利益，那麼促使我們加入團體或暴民的是什麼呢？經濟分析中偏重的邏輯或明確的誘因和動機，都無法解釋這種行為。加入群體，能為我們帶來一種難以言喻的心理滿足。心理分析之父佛洛伊德提出的許多概念，都在探討與他人的關係如何影響我們的心理，包括促使我們加入團體和群體的動力和本能。[14]佛洛伊德的分析強調潛意識的角色，它形塑我們的感受與選擇。他在其一九二〇年的著作《享樂原則》（*The Pleasure Principle*）中宣稱，人類在生存本能（愛神厄羅斯〔Eros〕）和死亡本能（死神桑那托斯〔Thanatos〕）之間常會掙扎不已。這些和我們個性中的潛意識層面有關，也就是佛洛伊德在其一九二〇年的名著《自我與本我》（*The Ego and the Id*）提出的本我（id）、自我（ego）與超我（superego）概念。佛洛伊德分析，人的行為受到有意識和無意識的力量驅使，代表人的個性並不是完全同質的一個整體。在意識層面下運作的心理力量左右我們的決定，包括模仿行為。在自利群聚

本是互相較勁的對手，卻因為喜愛同一個人，而在彼此身上找到認同……[16]

但要成功轉化這種潛意識中的衝突，群體中所有跟隨者都必須處在相同地位。[17] 對佛洛伊德而言，這跟童年經驗也很類似。父母不偏愛任何一個小孩，才能排解小孩心中的嫉妒感，佛洛伊德認為，這就是我們在乎群體中人人平等的根源。

完形心理學和心理社會學

佛洛伊德的看法，促使其他心理分析家和心理學家深入探討團體和群聚的本質。我們已強調過，要了解集體群聚，就必須體認暴民是擁有特定認同感的實體，和其中每個成員的個別認同有實質上的不同。經濟學家傾向把團體中每個個體所做的自利選擇累加起來，但這麼做並無法了解團體、群眾和暴民的行為。希臘哲學家亞里斯多德在其論文《形上學》

15 原注：Wilfred Trotter (1916), *Instincts of the Herd in Peace and War*, London: T. F. Unwin.

16 原注：Sigmund Freud (1921), 'The Herd Instinct', in *Group Psychology and the Analysis of the Ego*, in *The Standard Edition of the Complete Psychological Works of Sigmund Freud*, Vol. XVIII, London: Vintage, pp. 117–21.

17 原注：Trotter (1916), p. 120.

（*Metaphysics*）指出：「整體並不只是先前所認為的，一個堆積而成的物體。整體是種和其組成部分完全不同的存在。[18]」完形心理學家科特・考夫卡（Kurt Koffka）進一步強調這個概念：「整體並不是組成部分的總和。[19]」這個完形心理學的重要原則，始於視覺領域。當我們看著一張照片，眼中所見並非一大堆像素和小點。我們看到的是一個和實際物體大不相同的圖像。視錯覺（Optical illusion）就是人的感知隨著視角改變的現象。整體並非組成部分的總和，這個概念也和團體現象有關。團體就像照片一樣，具備一個獨有的本質和特性，若把每個團體成員分開看待，當作獨立的像素，我們就無法了解團體。

佛洛伊德的門徒，心理分析家威廉・賴希（Wilhelm Reich）以社會科學中較少人熟悉的心理社會學為脈絡，發展了完形心理學原理。出生於一八九七年的賴希和勒龐一樣，對政治運動的群眾心理學很有興趣，包括二十世紀前期法西斯主義的崛起。[20]賴希以結合政治科學和心理分析為目標，宣稱社會架構和其進程塑造了人的個性。[21]他認為精神疾病不只和人的個性有關——相信佛洛伊德也會這麼說。他主張精神疾病也反應病人的家庭和社會經濟狀態，同時，他也援引馬克思的觀點來發展自己的看法。

和勒龐一樣，賴希認為社會團體會影響個人。團體讓我們成為比自身個體更豐富的存在。在團體中，驅使人們行動的不是個體成員的利益，而是整體的目標和欲望。團體和個人互相影響並不斷演進，時時反映兩者之間的緊張和衝突。團體改變個人，而個人也影響團體，瓊斯鎮大屠殺就顯示了兩者間的相互作用和反饋。人民聖殿改變了它的成員：每個人加入時，原本只是普通的基督徒，但這決定卻改變了他們的一生、個性和命運。不過，成員也改變了這個異教，儘管可能沒那麼明顯。如果瓊斯只能說服自己的親友追隨他而無法鼓動其他人，人民聖殿也許早就被世人遺忘。當為數眾多的人決定加入，且願意犧牲許多事物來維護它，這個異教的本質和特性也隨之改變。沒有信徒，人民聖殿就不會擁有強大的權力和影響力。當異教改變了信眾，信眾也改變了異教本身。

賴希的部分概念類似某些經濟心理學分析，比方說現代經濟心理學的重要前輩之一喬治．卡托納（George Katona）的研究。卡托納專門研究個人目標和團體目標互相影響的各種方式。每個成員對團體的認同感強弱，影響了團體擁有的力量。卡托納主張，這也會影響群聚和社會學習的過程中，個體和團體的互動方式。個體和團體間會有反饋，當團體中的個體成員互相模仿，整個團體的凝聚力隨之增強。[22]最常見的例子，莫過於足球迷。當球迷仿效球

---

18 原注：Aristotle, *Metaphysics*, Book VIII, 1045a.8–10.

19 原注：Kurt Koffka (1935), *Principles of Gestalt Psychology*, New York: Harcourt, Brace and Company, p. 176.

20 原注：Wilhelm Reich (1946), *The Mass Psychology of Fascism*, trans. Theodore P. Wolfe, New York: Orgone Institute Press.

21 原注：Wilhelm Reich (1972), *Character Analysis*, 3rd edn, trans. Vincent R. Carfagno, ed. Mary Higgins and Chester M. Raphael, New York: Farrar, Straus and Giroux.

隊和其他球迷的行為，像是購買和穿戴印有球隊代表條紋的衣物，全體球隊的凝聚力就會更加穩固。球隊需要球迷，就像球迷不能沒有球隊一樣。

暴民認同

如果促使集體群聚的原因不是我們的自身利益，為什麼集體群聚的力量卻如此驚人，凝聚力如此強大？認同感是決定團體和集體群聚力量的重要原因之一。社會科學各界對認同感發展出各式各樣的理論，我們可以結合心理學、社會學和經濟分析提出的證據，重新看待認同感。

正如勒龐的看法，世人都明白認同感並非單靠經濟概念就能清楚解釋。就像第一章提到的，艾克羅夫和克蘭頓等經濟學家用經濟學來分析認同感，用商業交易名詞來描述身分認同，亦即把認同當作社會交易。[23]一個理性、重視自身利益的個體向團體發出訊號，表示他們和團體都有相同的認同，藉此獲得團體所能提供的支持，並從中獲益。因此在經濟學中，每個獨立個體都針對加入團體的好處，進行成本效益分析，才決定自己的身分認同。在社會心理學中，認同感和重視自利的個體所能獲得的利益並沒有明顯關聯。凝聚團體的認同感，不一定能為個體帶來某種優勢。

事實上，整個團體藉由一致的身分認同所能建立的力量，才是人們聚在一起的原因。身分認同決定人們如何和身邊各種團體互動。以社會心理學的用語來說，我們和**內團體**（in-groups）有著相同的認同感，因此對他們特別有好感，容易偏袒他們。我們和**外團體**（out-groups）之間並沒有一致的認同感，因此容易歧視他們。我們和內團體的羈絆極深，會複製、仿效內團體成員的行為，甚至刺青或進行其他痛苦的身體改造儀式，就算這些行為在外人眼中很詭異也無妨。當然，為了建立與特定團體的認同感，我們也能選擇其他不具傷害性的方式，比如穿某類服裝，或購買某種消費產品。我們不只為了增加自身的滿足感，也為了建立某種認同感而做出消費選擇。團體共識促使成員做出一致的行為。具有強烈認同感的團體穩健壯大的機會比較高。

是什麼促使我們選中一個團體，並跟隨它、建立共同的認同感，而不選擇別的團體呢？我們如何決定哪些人是內團體，哪些人又是外團體呢？波蘭社會心理學家亨利・泰弗爾（Henri Tajfel）正是研究這些問題的專家。和賴希一樣，法西斯主義的毀滅力量帶給泰弗

22 原注：George A. Katona (1951), *Psychological Analysis of Economic Behavior*, New York: McGraw Hill; George A. Katona (1975), *Psychological Economics*, New York: Elsevier.

23 原注：Akerlof and Kranton (2011).

爾強烈衝擊。他因為身為猶太人而被波蘭大學系統拒於大門之外，因此負笈法國，並在第二次世界大戰加入法軍。他被德軍逮捕，待在戰俘營中好一陣子，戰後才回到家鄉，發現所有家人和多數友人都已死於猶太人大屠殺。一連串的人生境遇迫使他深刻思考，種族主義、偏見和歧視如何在身分認同中埋下深遠的根。迫害猶太人的並不只有納粹，也有由非納粹、一般德國人所組成的暴民。為了了解這些迫害的緣由，他提出**社會認同理論**（social identity theory）。[24]為什麼大部分的德國人，如此輕易就被獨裁的希特勒和納粹說服呢？為什麼那麼多普通人輕而易舉的接受一個極為邪惡的主張呢？

泰弗爾專門研究認同的兩個面向。第一，他發現人很容易也很迅速就和他人建立聯結：不需要太多原因，就能促使我們特別認同某些團體，就算我們和這些團體之間的共通點少之又少。這就是泰弗爾的**最小群體典範**（minimal group paradigm）[25]，有助解釋暴民心理如何迅速在潛意識中成形。當我們和內團體建立忠誠感，再微不足道的選擇也能成為出人意料強烈的信號。只需要最低限度的鼓勵，人們就會加入一個彼此認同的團體，就算這個團體建立於完全虛假不實的基礎也無妨。

第二，我們傾向排斥外團體。當我們親近或憎惡某些團體，內團體和外團體的衝突愈演愈烈。受到鼓勵的我們會像身邊其他人一樣，對外團體做出歧視、充滿偏見的行為。

泰弗爾和其研究團隊發展了一系列前所未有的實驗，探討在薄弱的立基點上，分化人們是件多麼容易的事。[26]他們召集了彼此熟識的六十四名男孩。這群男孩都來自布里斯托一所綜合中學，不但就讀同一年級，也住在同一宿舍。研究人員把他們分為八人一組，共分成八組。實驗的第一階段，研究人員捏造實驗目的，請每個男孩觀看由點組成的四十個圖案，每個圖案都由不同數量的點組成，男孩必須回答每個圖案中有幾個點。接著，研究人員通知大家進行另一場完全不相關的實驗，其背後目的其實是了解孩子們多麼輕易就會和某個團體發展認同感。研究人員宣稱為了方便實驗，他們根據猜點實驗的答案相似度（高估或低估點數），把所有人分成兩組。但實際上，學生是隨機被分成兩組。男孩們在這個毫不重要且虛假的基礎上，也就是隨機把一群男孩分成「低估點數者」和「高估點數者」，建立了自己的內團體和外團體。

---

24 原注：Gustav Jahoda (2004), 'Henri Tajfel', *Oxford Dictionary of National Biography*, Oxford University Press; Stephen Reicher, 'Biography of Henri Tajfel (1919–1982)', European Association of Experimental Social Psychology. https://groups.google.com/forum/#!topic/jnu-psychology/ zWK4S-ClSc0 (accessed 7 September 2017). 'Obituary: Henri Tajfel' (1982), *British Journal of Social Psychology* 21(3), pp. 185–8.

25 原注：若想了解最小群體典範的相關討論，可參閱Michael Diehl (1990), 'The Minimal Group Paradigm: Theoretical Explanations and Empirical Findings', *European Review of Social Psychology*1(1), pp. 263–92.

26 原注：例子請見Henri Tajfel (1970), 'Experiments in Intergroup Discrimination', *Scientific American* 223, pp. 96–102; Henri Tajfel, M.G. Billig, R.P. Bundy and Claude Flament (1971), 'Social Categorization and Intergroup Behaviour', *European Journal of Social Psychology* 1(2), pp. 149–78.

孩子們建立聯結後，下一階段的實驗就是測試他們是否排斥外團體，偏好內團體。研究人員請每個男孩對大家分派獎賞和懲罰。在分派賞罰時，他們並不知道對方是誰，只知道這個人是低估者或高估者，而且他們不會從分派中得到任何獎賞，因此不受到自身利益影響。實驗結果顯示，所有男孩一致偏好自己的內團體。他們給內團體成員較多的獎金，給外團體成員較少的獎金。

接著，泰弗爾和研究團隊進一步測試這個發現可不可靠。他們根據孩子對「外國畫家」的喜好將孩子分成兩組，再次進行賞罰分配實驗，但男孩並不知道畫家的名字，只會看到一幅保羅．克利（Paul Klee）的畫和一幅瓦西里．康丁斯基（Wassily Kandinsky）的畫。這場實驗的結果和猜點實驗的結果大略相同。當男孩必須在全體最佳利益和內團體最佳利益之間做選擇，他們傾向偏好內團體。泰弗爾的實驗顯示，團體忠誠極為容易萌生，就算建立在點點圖案或藝術喜好之類完全虛假的基礎上。至少從自身利益的觀點來看，沒有明顯理由促使人們在如此不牢靠的基礎上建立親密感。這個實驗再次強調勒龐和賴希的觀點：如果我們不把團體當成一個獨立的整體，就難以了解暴民現象。觀察每個群聚成員不會幫助我們了解集體群聚行為，因為就算違背自身利益，群體中的成員還是會排斥外團體。集體群聚時，整體目標才是最重要的。[27]

泰弗爾的發現，是否也能應用在其他更日常的狀況呢？比方說男性如何選擇留鬍子，或把兩側和後方的頭髮削短，再把頂部的頭髮綁成小馬尾？這些看似表面的選擇之所以能成功建立認同感，和泰弗爾的最小群體典範理論一致。當代的文青潮客就是非常鮮明的例子。[28]外表看來不落俗套的文青潮客反抗外團體，但在特定內團體中卻追隨彼此，並建立強烈的身分認同。他們在小型的內團體中彼此模仿，用相同的方式打扮，遵從小眾的常規。

有了泰弗爾提供的證據，我們可以回到前一章提到的，經濟學家對身分認同的觀點。在前面，我們看到經濟學家專注於代價高昂的信號，比如過程痛苦又會長久留下來的臉部刺青就是一例。從經濟學的角度來看，如果無法獲得任何利益，為什麼個人願意承擔高昂的代價（身體、經濟，甚或金錢）呢？認同感的經濟模型中，一個願意付出重大的心理和經濟代價在臉上刺青的人，會讓其內團體相信他的忠誠度。昂貴的信號可信度比較高，因此以經濟觀點來說是合理的行為。然而，泰弗爾的發現卻削弱這個解釋。泰弗爾和同事證明，人們不需要付出太多，就能向其認同的團體發出信號，形成團體認同。文青潮客和其他反叛人士想被他人視為特立獨行，並不需要付出重大個人代價，就能說服別人相信他屬於特定團體。更廣義

---

27 原注：經濟學家尚・哈格里夫斯・希普（Shaun Hargreaves Heap）和丹尼爾・齊佐（Daniel Zizzo）以團體的觀點並藉由行為經濟學實驗，來探討團體所具備的一些影響力。請參閱 Shaun P. Hargreaves Heap and Daniel John Zizzo (2009), 'The Value of Groups', *American Economic Review* 99(1), pp. 295–323.

28 原注：特立獨行的文青潮客一點也不新奇。文青潮客一詞原先指的是一九四〇年代，美國的爵士樂反叛者。

來說，認同感並不需要建立在醒目而強烈的政治或道德觀念上。只要裝模作樣的套上反叛者的服裝，就能為旁觀者帶來和臉上刺青同樣的效果。因此，記者暨部落客克萊恩如此回應克魯曼對音樂祭上某些文青潮客的看法：

> 克魯曼主張，文青潮客藉由藐視常見的服裝規則，向枯燥無味的資產階級世界發出拒絕信號。我認為真相可說是恰恰相反：藉由藐視常見的服裝規則，他們巧妙發出自己看透資產階級的信號……正如風險投資者彼得・泰爾（Peter Thiel）寫的：「千萬別投資一個穿西裝的科技業執行長。」[29]

藉由本質來說十分表面的方式，文青潮客能透過便宜實惠的訊號，向潛在投資人表示自己是創意十足的非主流分子。而在商業領域以外，當人們加入其他的模仿者，常常不用費多少力氣就能透過訊號來說服他們，大家同屬一個團體。我們不需要馬上付出任何有形或無形的代價，就能加入一個群體。個體成員無須仔細思考為何加入，也不用深入了解群體，就能加入集體群聚，助長整體士氣。

夜晚的暴民

身分認同對團體和暴民心理的影響，長久以來一直是學者和決策者熱切研究的主題。人們的夜生活常與潛在暴力和反社會團體行為有關。英國艾克希特大學心理學家馬克・李文（Mark Levine）對人們在夜生活經濟中的互動很有興趣，特別是當酒館關門後。過去的決策者推斷，當所有酒館同時關門，容易發生更多暴力案件。比方說，二〇〇三年，當時的英國首相布萊爾（Tony Blair）帶領的政府放寬酒類銷售法規，錯開酒館關門的時間，好降低不受控制的醉漢成群結夥鬧事的頻率。他們認為，若眾多縱酒狂歡的民眾同時湧上大街，藉酒滋事的機率會大幅增加。

李文和同事特別關心的是，深夜的暴民暴力行為通常並非出於個人恩怨，而是內團體和外團體的衝突。大部分攻擊者的動機都是想在內團體大出風頭，不然就是威脅外團體，而酒精為這種暴力衝動火上加油[30]。換句話說，這類暴力事件乃是起於不同團體間的紛爭，而團體

---

29 原注：Ezra Klein (2015), 'On Paul Krugman's Theory of Hipsters', *Vox*, 27 July. http://www.vox.com/2015/7/27/9049025/paul-krugman-hipsters (accessed 7 September 2017).

30 原注：許多科學研究證明酒精會促使人做出更衝動的行為，也更樂於冒險，範例請見Luca Corazzini, Antonio Filippin and Paolo Vanin (2015), 'Economic Behaviour under the Influence of Alcohol: An Experiment on Time Preferences, Risk-Taking, and Altruism', *PLoS ONE* 10(4). https://doi.org/10.1371/journal. pone.0121530 (accessed 7 September 2017).

中都有著當中每個獨立個體難以解釋的團體認同，並且在衝突中扮演重要角色。夜間暴力事件常源自集體群聚，而不是自利群聚，因為獨立個體本身並不會獲得任何利益。[31]

為了測試此假說成立與否，李文和同事特別研究英格蘭西北部的三座城市。他們召集了二十個焦點小組，訪問了五十三人，每個人的身分職業都大不相同，有學生、工人、零售員，還有少數幾名正在服緩刑的人。從這些團體訪談中，研究人員搜集了七十七則受訪者親身經歷的暴力事件，有時他們是旁觀者，有時是參與者。研究人員只採用親身經歷者的證詞，因為他們想了解的是第一手的經驗。訪談結果既符合期待，又令人意外。衝突極少發生在一群完全不認識的陌生人之間。倒是同一個內團體中，成員經常互相打鬥。其中一名受訪者表示：「有時，你太了解對方……因為他是你的兄弟，你又喝醉了，所以你就找他麻煩。」[32]團體內部的衝突，被視為友好的打鬧，通常很快就會解決，過不了多久就被拋在腦後。

但當人們跟外團體打架時，暴力程度就嚴重多了。不同團體間的暴力通常受到暴民心理和團體利益的驅使，並非個人的獨立行為。一位受訪者注意到暴力分子是：「一群傢伙組成的各種幫派，而不是單純的一群人。」[33]另一個有趣且可能令人意外的發現是，大部分的受訪者都認為，在大多數情形下，警察沒有必要插手干預。在某種程度下，群眾會自我控制，這反映了遇到危難時，人們互相幫助的強烈社會本能。通常，圍觀群眾扮演了正面角色，有效干預並減弱暴力程度。李文和其團隊也注意到，晚上外出時，人們會彼此照看，並注意友人是否過度飲酒。因此，雖然暴民和群眾有時會加劇暴力行為，同時也會自我監督和控制。李文和其同事的結論是，群眾可能同時具備正面和負面的影響力。夜生活經濟中的集體群聚現象，並不完全是壞事。事實上，警察的干預其實是雪上加霜：在團體對立中加入另一個外團體，反而增加爭執惡化、暴力強化的可能。

同儕壓力

我們看到了暴民心理如何反映在個體和團體的互動與反饋上。認同感不但重要，而且會讓人們認同內團體，抗拒外團體，解釋了為何不同團體間會發生各種劍拔弩張的狀態。人們很容易和內團體建立羈絆，但為什麼我們會如此習於遵守規則呢？是否有其他心理學上的解釋？到底是什麼原因，促使個人違背自身的道德原則和利益，選擇跟別人做一樣的行為？團

31 原注：Mark Levine, Robert Lowe, Rachel Best and Derek Heim (2012), '"We Police It Ourselves": Group Processes in the Escalation and Regulation of Violence in the Night-Time Economy', *European Journal of Social Psychology* 42, pp. 924–32.

32 原注：Levine, Lowe, Best and Heim (2012), p. 927.

33 原注：Levine, Lowe, Best and Heim (2012).

體必須用各種方法增強團體規範，也就是重視團體利益、忽略個人利益的行為。此時，同儕壓力扮演重要角色，有助確保團體、群眾和暴民的凝聚力。

社會心理學家所羅門・阿希（Solomon Asch）主導了一系列開創性且影響深遠的實驗，顯示同儕壓力在團體中運作的力量。和泰弗爾一樣，阿希也是波蘭籍猶太社會心理學家，但他和家人在猶太人大屠殺之前就離開歐洲，於一九二〇年代搬到美國紐約。阿希在美國念完高中和大學，並成為重要的社會心理學者，其學術成就令人嘆服。在一九三〇年代，他聽說希特勒對德國人有種催眠般的力量後，推斷納粹的宣傳之所以無遠弗屆，在於從潛意識中的恐懼與無知下手。人們對社會影響力的敏感度進一步引起他的興趣，特別是處理政治宣傳等新資訊時。阿希也告訴同事，童年發生的某件事讓他特別好奇從眾現象。在一次逾越節的晚上，大人特許他晚一點再上床睡覺。他看到奶奶在倒酒時多倒了一杯，此時叔伯解釋，最後一杯酒是為了先知以利亞（Elijah）而倒的。身為敏感的孩子，阿希認為自己親眼看到杯子裡的酒悄悄減少了。無意識中，他回應了家人的同儕壓力，相信先知真的現身了。當時他毫不懷疑以利亞喝了點杯中的酒。順從家人信仰的本能激發了他的想像力。[34]

阿希和團隊設計了一個分辨線條活動來測試同儕壓力。[35]他們想了解在面對很簡單的問題時，人們是否會因為從周圍團體中感受到真實或想像的同儕壓力，講出明顯錯誤的答案。後人不斷複製或修改應用阿希的實驗，但一開始的實驗其實非常單純。研究人員安排了數個團體，每組都由七到九名男大學生組成，接著把一組人集合在一間教室內，向他們展示兩張卡片數次，兩張卡分別稱為卡片A和卡片B。卡片A上是一條線，卡片B上有三條長短不一的線。學生必須回答，卡片B上的哪一條線和卡片A上的線等長。而且，學生必須當著其他團體成員的面，一一宣布自己的答案。接下來，這個實驗重複進行數次。[36]

實驗一開始，每個人都說出正確答案（畢竟題目很簡單）。但反覆進行到第三回合，情況就改變了。其中一名學生意外發現，自己和其他人的意見不同，認為卡片B上的另一條線和卡片A上的線等長。他並不知道，其實研究人員事先跟其他學生套好了，請大家都說錯誤

---

34 原注：David Stout (1996), 'Obituary: Solomon Asch is Dead at 88; A Leading Social Psychologist', *New York Times*, 29 February. http://www.nytimes. com/1996/02/29/us/solomon-asch-is-dead-at-88-a-leading-social-psychologist.html (accessed 7 September 2017).

35 原注：可參閱 Solomon Asch (1955), 'Opinions and Social Pressure', *Scientific American* 193(5), pp. 31–5. 若想知道線條實驗的整合分析，請看Rod Bond and Peter B. Smith (1996), 'Culture and Conformity: A Meta-Analysis of the Studies Using Asch's (1952b, 1956) Line Judgment Task', *Psychological Bulletin* 119(1), pp. 111–37.

36 原注：阿希的實驗結果，和社會心理學家穆札菲．謝瑞夫（Muzafer Sherif）所做的從眾實驗類似。謝瑞夫分析社會影響如何改變人的視角，產生自動效應（autokinetic effect）：在一個黑暗的房間中，一群人看到燈光，誤以為燈光會移動。謝瑞夫發現，當他請受試者公開估計燈光移動的距離時，受試者的答案會漸趨一致。請參閱Muzafer Sherif (1935), *A Study of Some Social Factors in Perception*, New York: Archives of Psychology, No. 187. http://web.mit.edu/curhan/www/docs/Articles/15341_Readings/Influence_Compliance/Sherif_A_Study_of_Some_Social_Factors_ (1935)_Arch%20 Psych.pdf (accessed 30 October 2017).

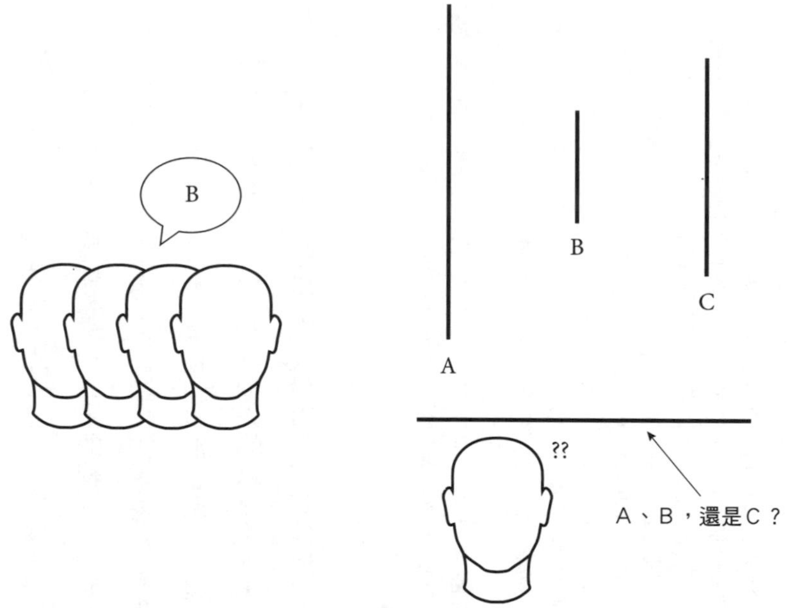

圖三：分辨線條實驗。面對橫線長度和哪一條直線等長的問題時，群體中的其他人都回答B，看受試者的回答會是什麼。

的答案。在每一組中，都有一個學生必須在自身信念和其他人一致的看法之間掙扎。

阿希和團隊在三個不同學校進行這種初期實驗，共有一百二十三名學生面臨上述情況，成為群體中持異見的少數人。實驗結束後，研究人員和這些學生個別訪談，了解他們面對這種混亂情況時如何反應。實驗結果顯示，百分之三十七的學生在成為孤立的少數者時，會改變自己的看法，回答和其他人相同的答案。不過，個體變化顯著影響學生的回應，指出個性和情緒扮演舉足輕重的角色，足以決定我們是否自信或不安的當個模仿者或逆向操作者。阿希和團隊根據學生的情緒反應，把他們大略分為幾種人。有些學生令人嘆服的獨立自主，完全不在乎成為與眾不同的少數人。主流意見不會對他們造成顯著影響，面對他人提出的質疑，他們不太費力就能很快適應，冷靜保持自信之餘，堅持自己最初（且正確）的答案。其他學生發現自己是鶴立雞群的少數者時，會明顯顯得挫折，陷入困惑之中。有一群「異議者」沒有改變自己的答案，但身為少數人令他們感到焦慮。困惑的他們失去信心，不太情願的維持自己的答案。最後，有一大群學生被阿希歸類為「極易屈服的人」，團體共識會使他們做出錯誤判斷。在實驗後的訪談中，這些易受影響的學生透過不同方式，合理化兩者間的衝突。有些人怪罪其他人搞錯而害自己弄錯，表示其他人像羊一樣的盲從行為誤導了他。有些學生認為，實驗者可能透過某種視錯覺，把大家全騙倒了。還有一群自我批判的學生認為，因為自己太笨，才會說出原本的答案。阿希和團隊還發現，那些很快就屈服於主流意見的學生，往往低估自己順從錯誤主流答案的頻繁度，這暗示了也許他們受到潛意識的影響。

對學者來說，阿希實驗的結果難以解釋。阿希和同事觀察到的從眾行為，可能源自兩種社會影響力的其中一種。讓我們回顧一下前言提到的內容：資訊性影響力指的是，當我們跟隨其他人時，相信他們具備比我們更多的資訊，繼而跟隨他們行動；而規範性影響力則是，我們感受到一種潛意識需求，雖然相較之下不太明顯，但讓我們覺得必須順從同儕壓力和社會規範而行動。拒絕從眾會帶來格格不入的尷尬感，還可能造成衝突和困惑。從眾簡單多了，它會為我們帶來心理上的安心感和滿足感，特別是從眾行為能緩和人際衝突時。

阿希線條分辨實驗中的受試者，是受到資訊性影響力，還是規範性影響力所影響呢？他們是否擔心別人對自己的看法，因為社會規範或更概略來說的社會心理因素，而決定和團體保持一致呢？或者事實上，線條分辨實驗的受試者試圖觀察別人的行為好取得資訊，因此符合前一章提到的自利群聚模型？

贏得諾貝爾獎殊榮的經濟學家羅伯特・席勒（Robert Shiller）表示，在非常簡單的任務中，跟隨別人而給了錯誤答案的行為，並不符合理性的社會學習行為。[37]當許多人提出不同的答案時，人們的確可能在理性思考後，調降自身判斷的準確度。其中一個可能的解釋是，學生是以第一章中提到的貝氏推理方式來平衡不同資訊。重視自利的群聚者運用社會學習能力，可能會理性推論自己是對的、別人都是錯的機率非常低。席勒引用阿希實驗受試者的話：「我認為自己是對的，但我的理智告訴我，我錯了，因為我不認為那麼多人會同時犯錯，只有我是對的。[38]」而在不確定的情況下，若人對自己的判斷力不太有信心，就會高估其他人的正確度。

席勒也指出，人類與電腦互動時，也會出現類似阿希實驗的結果。如果少了人際互動，受試者仍用類似的模式行動，那麼影響受試者的主要因素也許不是社會壓力。受試者可能真的以邏輯推理，評估自己和他人的判斷何者正確性較高。但若人們和電腦互動時，並不知道對方是電腦，以為對方也是真人的話呢？那麼席勒的看法就成了無法證偽的假說。依照類似邏輯，不就可以說所有行為都是理性的，即使沒有實證證據。我們根本無法以客觀的角度，駁斥人類與電腦互動的實驗中，以潛意識社會心理動機為基礎的心理學解釋。要設計一個把經濟因素和心理因素完全分開的實驗非常困難，幸好神經科學能幫助我們更深入的探討決策過程中的矛盾。在下一章中，我們會討論神經科學工具，比如腦部成像（brain imaging）如何解開這些複雜謎題，帶來更多也更豐富的資訊，進一步研究模仿者和逆向操作者是否受到本

37 原注：Robert J. Shiller (1995), 'Conversation, Information and Herd Behavior', *American Economic Review* 85(2), pp. 181–5.

38 原注：Solomon Asch (1952), *Social Psychology*, Englewood Cliffs, NJ: Prentice- Hall, p. 464.

能和情緒、認知和思考，或以上各種可能組合的影響。

學習社會規範

社會規範帶來另一種社會心理影響力，比同儕壓力更加影響廣泛且深遠。社會規範頑固得很。換句話說，它們很難改變，而且就算我們沒有直接和團體有交集，也會受到影響。如果社會規範在團體環境之外依舊運作不懈，那它們到底來自何處？它們在深沉的潛意識中運作，有時來自我們童年時期所受的影響。兒童觀察身邊的人，其行為反映了周圍大人的行為，正是因為根深柢固的模仿本能促使兒童藉由觀察來學習。心理學家艾伯特・班杜拉（Albert Bandura）就在其社會學習理論中探索這些觀念。班杜拉專門研究認知能力對模仿行為的影響力，特別是兒童。他發現，兒童的暴力行為和幼年觀察到的大人暴力行為有關。在實驗中，班杜拉和團隊讓正在蹣跚學步的幼童待在一個滿是玩具的房間裡玩，並讓他們經歷各種不同的情境。在第一個「暴力」情境裡，一名大人走進幼童玩樂的房間，並對一個玩偶做出攻擊行為。在第二個「非暴力」情境裡，一名大人進入房間後，安靜且溫和的玩玩具，沒有做出任何粗暴行為。第三個控制組裡，沒有任何大人進入房間。班杜拉和團隊發現，暴力情境的孩童目睹大人的攻擊行為，比較容易在接下來的遊戲過程中模仿大人，做出暴力舉動。而且，孩童複製大人特定肢體動作，成了大人的翻版，顯示孩童的行為強烈受到模仿本能影響。[39]

以社會壓力推行政策

我們看到經濟誘因和心理影響透過各種方式增強人們的模仿本能，並促使個體形成團體、群聚和群眾。但那又如何？這些知識有什麼用處呢？人們對同儕壓力的敏感性，能作為一種政策工具。當人們的某些行為對更廣大的社群造成負面影響，就能以社會壓力為工具，緩解其影響力。不管是透過模仿他人來學習，或是集眾人之力做出決定，有時群聚的確能促使人們做出對個體和團體都更好的決策。人類是社會動物，親近社會的行為會為我們帶來報償，因此社會規範對行為有重大影響。當青少年模仿同學，做出類似選擇、培養相同習慣，可能就會受邀參加最酷的派對。從個人主義觀點來看，當我們遵從社會規範，自己也會獲得更多利益。我們從身邊大眾學到行為準則，樹立社會規範。我們比較自己和他人的行為，這

39 原注：A. Bandura, D. Ross and S.A. Ross (1961), 'Transmission of Aggression Through Imitation of Aggressive Models', *Journal of Abnormal and Social Psychology* 63, pp. 575–82.

時，他人行止提供了經濟學家說的**社會參照點**（social reference points）。我們參考這些參照點，在團體中做出自認為合宜、符合規範的選擇。也許，我們認為眾人共識的正確性很高，也或者，是團體帶來的強烈歸屬感促使我們這麼做。

從行銷團隊到政府的決策者，許多組織都運用同儕壓力和社會參照點，利用模仿者的從眾特性。加州公用事業雲端服務公司OPower的大型顧客研究及許多其他研究都顯示，若使用者相信自己的能源使用量高於朋友和鄰居的平均使用量，很多人（但並非所有人）就會開始節省能源。[40]英國稅務海關總署發現，納稅人如果知道很少人遲交，就會趕緊付掉過期的稅單。大眾行為的資訊通常會促使納稅人遵守規範，儘管仍有少數例外。[41]

在低收入國家，也能透過從眾本能來促進全民健康。衛生習慣是公共健康中最重要的一環：當民眾都使用廁所，不隨地大小便，就能有效減少疾病散布。世界衛生組織（World Health Organization）針對改善衛生習慣，研究同儕意見對人們現有習慣的影響，特別是在嬰兒死亡率高的未開發鄉下地區。[42]世衛組織的社會學研究人員發現，以衛生習慣來說，社會規範和傳統的影響力，遠大於經濟誘因和抑制因素的力量。他們也推測，人們不會單純因為獲得更豐富的知識而修正行為。為了探討這些可能，研究者在印度的奧里薩邦（Orissa）設計並實地實驗。以二十個村莊中一千零五十個家庭為研究對象，研究人員推廣環境衛生概念，宣揚乾淨的水和良好的衛生習慣的重要性。為了測試知識是否不足以改變根深柢固的行為模式，研究者導入一個實驗情境：在教育推廣的過程中，刻意加入社會觸發物來左右人們的社會情緒，影響無意識的本能。基於此，世界衛生組織在「讓社區主導衛生」（Community Led Sanitation）計畫中加入了「恥辱之行」活動，召集社區民眾一起散步，沿路指出衛生低落的實例。同時，團隊也設計了「糞便地圖」，由村民指出糞便出現的地點。民眾不只明白隨地大便的後果，還必須一起計算並討論隨地製造的糞便大小。

世界銀行等國際多邊組織為了促進發展，出資興建公共衛生設施。而世界衛生組織的

---

40 原注：探討這類發現的學術文獻很多，如：Hunt Allcott (2011), 'Social Norms and Energy Conservation', *Journal of Public Economics* 95(9–10), pp. 1082–95; Hunt Allcott and Todd Rogers (2014), 'The Short-Run and Long-Run Effects of Behavioral Interventions: Experimental Evidence from Energy Conservation', *American Economic Review* 104(10), pp. 3003–37.

41 原注：這些英國行為洞察學會（Behavioural Insights Team）所發展並推廣的社會「推力」，近來引發熱烈的政策辯論和各界爭議，可參考Kate Palmer (2014), 'Psychology and "Nudges": Five Tricks the Taxman Uses to Make You Pay £210m Extra', *Daily Telegraph*, 9 October. http://www.telegraph.co.uk/finance/personal-finance/tax/11147321/Five-tricks-or-nudges-HMRC-uses-to-make-you-pay–210m-extra.html (accessed 7 September 2017); Tamsin Rutter (2015), 'The Rise of Nudge – The Unit Helping Politicians to Fathom Human Behaviour', *Guardian*, 23 July. https://www.theguardian.com/public-leaders-network/2015/jul/23/rise-nudge-unit-politicians-human-behaviour (accessed 7 September 2017).

42 原注：Subhrendu Pattanayak, Jui-Chen Yang, Katherine L. Dickinson, Christine Poulos, Sumeet R. Patil, Ranjan K. Mallick, Jonathan L. Blitstein and Purujit Praharaj (2009), 'Shame or Subsidy Revisited: Social Mobilization for Sanitation in Orissa, India', *Bulletin of the World Health Organization* 87, pp. 580–7.

「要恥辱還是補助金」（shame or subsidy）政策，成功帶來心理影響，受到刺激的民眾開始使用衛生設施。這項政策雖然很有效，但也引來不少爭議。在某些村莊，廁所的使用率增加百分之六到三十。公審（public shaming）會引發社會情緒，而同儕壓力促使人們改變根深柢固的習慣，亦即那些對自己和身邊的人都不利的惡習。世界衛生組織利用研究證據，提倡以「社會行銷」為基礎、改善民眾衛生習慣的政策，但社會行銷不過是利用社會壓力和同儕監控為政策工具的好聽說法。但是本研究的道德倫理層面和後續政策，有更多複雜的隱喻。就算立意良善，但決策者應不應該利用人際關係操縱民眾的行為呢？不管答案是什麼，世界衛生組織的研究的確展現，比起傳統的經濟政策（比如稅和補助），我們的模仿習性、對同儕壓力的敏感度可作為補強手段，有效改善人們的生活。這些政策並非訴諸人們趨利避害的傾向，而是啟動潛意識中的社會心理動機，包括我們易受他人影響的特質。

在本章中，我們探討了暴民心理如何扭曲大眾行為，也解析了暴民心理和集體群聚間的關係，了解到若單以群體成員本身利益的觀點來看，許多的團體行為都難以解釋。心理學的發現幫助我們明白，為什麼集體群聚民眾好像自有主張和目標、團體行為和個人行為的相異處，還有為什麼個體一旦加入集體群聚就失去了自我。

模仿他人時，人們是憑理智行動嗎？是因為在乎自身利益而這麼做嗎？還是受到某種潛意識的心理本能影響，直覺的模仿他人並從眾呢？本章和前一章都舉出各種自利群聚和集體群聚的不同原因，比較經濟和社會心理因素的力量，我們能做出什麼結論？其他的社會科學是否比經濟學更精準的掌握了團體行為的精髓？答案是，的確如此，但也不盡然。心理學家和社會學家不同於經濟學家，更在乎為什麼個性、情緒和社會規範促使人們加入群體、暴民和群眾。他們解釋了集體群聚現象，也探討了許多其他更普遍和潛意識的影響力。這些力量的強大程度，不但能從瓊斯鎮大屠殺之類的極度集體瘋狂行為中看出，也顯示許多日常生活情境中，人們選擇放棄自主能力，忽略自身利益，選擇加入團體。儘管，了解暴民心理一定要認識同儕壓力、認同感、團體影響力，但我們也不能低估經濟學的自利群聚模型。在許多情況下，人們跟隨他人的動機和誘因都非常直截了當，也合乎邏輯。經濟目標和誘因仍是影響人類行為的重要因素。

我們將在下面兩章分享行為科學和生物學的研究，包括認知神經科學、演化生物學和行為生態學，這些科學家的發現不但為模仿者和逆向操作者的行為帶來嶄新且引人入勝的資訊，也告訴我們如何結合經濟學和其他社會科學的研究。當更全面的理論引導我們進一步認識人類的激勵因素和趨力，經濟學傳統的自利群聚模型和社會學家提出的集體群聚模型之間的歧異就會慢慢消失。

第三章　群聚之腦

西元前三百六十年左右，柏拉圖寫下一則寓言。他想像蘇格拉底和雅典貴族費德羅（Phaedrus）在雅典伊利索斯河畔，一同坐在法國梧桐樹下長談。蘇格拉底正在思考「瘋狂」這件事。他向費德羅解釋人類靈魂和神靈的本質。蘇格拉底把人的靈魂比喻為戰車，車上的車夫駕馭一對翅膀大張的飛馬。第一匹飛馬代表「高貴」和「良善」，第二匹飛馬是「低賤」和「惡劣」。第二匹劣馬總是不受控制：

右邊的馬正直而純潔……牠愛好榮譽、謙虛克己，追隨真正的榮耀；牠不需要馬鞭揮擊，只要言語和警告就能為牠引導方向。另一匹馬桀驁不馴，雖然被安上馬具……但牠既蠻橫又傲慢，不但冥頑不靈還耳聾，就算揮舞馬鞭、用馬靴刺牠，牠也不聽指揮……牠不在乎馬刺和揮舞的馬鞭，一心往前衝刺、偏離正道，為同伴和車夫帶來各種困擾……牠不斷惹麻煩，他們只好讓步，同意牠的要求……（馬兒）只能被拉向下方，一邊往前衝，一邊踩著彼此的腳，爭先恐後；汗流浹背、筋疲力竭的牠們同時困惑不已。

許多車夫因技術不佳，讓眾多馬匹跛了腳或折了翼。他們徒勞無功，無法得知存在的真正奧祕，反而愈離愈遠，只能把他人對真實的看法當作養分。[1]

這則寓言和模仿者、逆向操作者有什麼關聯呢？自利群聚和集體群聚，就像良駒和劣馬一樣，兩者之間看似無可妥協，我們只能陷入左右為難的境地。專注於理智和慎思的經濟學家，視群聚為人類運用邏輯後，所做的理性且重視個人主義的選擇。是這樣嗎？心理學家和社會學家則主張，稍縱即逝的情緒和社會心理本能促成了集體群聚現象。這種強調群聚是所謂「不理性」行為的看法，是否更接近真相呢？柏拉圖的寓言之所以饒富趣味，在於它暗示兩個說法都有道理。如果我們能結合兩者，或許能更準確的解釋群聚行為，甚至更精準的分析日常生活中，人的模仿和逆向操作特質，如何以豐富且多樣化的方式互相影響。

社會科學家研究社交行為和群眾心理學時遇到的大難題之一，就是看不到模仿者和逆向操作者的選擇過程。我們可以觀察別人做了什麼樣的選擇，但無法得知表面的選擇和行為下更深沉的思緒。對經濟學家來說，人腦就像黑盒子一樣難解。[2]我們也許能獲知別人所掌握的資訊，也能觀察他們的行為，但在對方做出決定前，我們看不到他們的腦如何運作。基於此，實證經濟學傾向把可觀察的人類行為量化（行為心理學也是如此）。人們的外顯行為是客觀的證據，可以被計算、對照、搜集到統計機構的資料庫裡。最近，許多一般實驗室所搜集到的實驗結果也加入了各種資料庫，但它們多半是觀察人們選擇的實驗證據，仍舊無法揭露表面下的心理機制。長期以來，在大部分的人類思考過程都無法觀察的情況下，多數人類社會科學家只能仰賴實驗室的實驗。

隨著現代科技日新月異，這些過往的限制也慢慢被打破。如今，生物學幫助我們進一步了解人類如何思考並選擇、做出決定，找出哪些驅力和激勵會影響人的行為。神經科學家也提出一些有趣的理論和工具，揭露當人加入團體或群體時，不同思考方式如何互相影響，而在不同的情境下，腦中有哪些部分受到刺激。感受到情緒時，腦部特定區塊開始運作，而這些區塊和理性分析時啟動的區塊並不相同，但有時也會互補。想想看，柏拉圖在很久以前就假設人的靈魂具備不同面向，理性和情緒並非獨立運作，互不相干。了解兩者間複雜的交互作用，不但能幫助我們認識模仿者和逆向操作者，也能明白，社會科學家根本無須爭論群聚到底是受到理性還是非理性的影響。

1　原注：Plato, *Phaedrus*, 246a–254e.

2　原注：Colin F. Camerer, George Loewenstein and Drazen Prelec (2005), 'Neuroeconomics: How Neuroscience Can Inform Economics', *Journal of Economic Literature* 43(1), p. 9.

性格掙扎

柏拉圖認為人的個性受到兩股對立力量的拉扯，而這種看法在人類知識史上一直是備受關注的主題。正如前一章提到的，當今對人格掙扎的研究，有些可回溯自佛洛伊德。但現代科學家試圖站在更客觀的立場，以實證來驗證。如今，不同思考模式影響決策過程的說法再次浮上檯面，也設計出測試這種假說的實證工具。贏得諾貝爾經濟獎殊榮的經濟心理學家丹尼爾・康納曼（Daniel Kahneman）畢生都在探討心理對決策過程的影響，並在二〇一一年將其重要發現寫成名作《快思慢想》（*Thinking, Fast and Slow*）。[3]康納曼雖然也跟隨現代科學的準則，體認理性與情緒兩者的差異，但分析人格的二元性時，他不像柏拉圖一樣使用那麼批判性的用語。不同思考方式之間的較勁，並不是一場善與惡的戰鬥，和我們高尚或低劣的靈魂面向無關。有時理性是個好嚮導，有時情緒是個好指揮；有時，結合兩者才是最好的辦法。

康納曼以兩種不同思考方式之間的互動，建立獨特的二元模型：系統一和系統二。系統一思考方式是迅速、自動、直覺和情緒性的。當我們在草叢中撞見一頭野生獅子，系統一坐進人體的駕駛艙。感到恐懼的我們拔腿狂奔或尋求掩蔽，根本沒機會考慮自己有何選擇。系統二的思考方式大不相同，它是緩慢、自制且深思熟慮的。遇到必須仰賴認知能力的情況，系統二就會啟動。面試工作、考試或下棋時，系統二就掌握主導權，我們運用邏輯和理性思考能力而行動。

系統一所需的腦力遠低於系統二。相反的，系統二非常擅長深思熟慮，習於評估不同選項，但它很懶惰，希望節省認知能力。康納曼觀察到：

> 大部分的思考和行為都源自系統一思考方式，但狀況變得複雜時，系統二就會轉而引導你……系統一和系統二之間的分工很有效率：把所費精力減到最低，同時獲得最佳表現。[4]

3　原注：Daniel Kahneman (2011), *Thinking, Fast and Slow*, New York: Farrar, Straus and Giroux, 本書不只提到早期發展的現代神經科學概念，也包含了經濟學的觀點。他在四百五十頁指出，「系統一」、「系統二」兩詞，援引於Keith E. Stanovich and Richard F. West (2000), 'Individual Differences in Reasoning: Implications for the Rationality Debate', *Behavioral and Brain Sciences* 23, pp. 645–65. 其他早期相關主題的文獻，包括：Walter Schneider 及 Richard M. Shiffrin (1977) 'Controlled and Automatic Human Information Processing: Perceptual Learning, Automatic Attending and a General Theory', *Psychological Review* 84(2), pp. 127–90; 還有 Paul M. Romer (2000), 'Thinking and Feeling', *American Economic Review* 90(2), pp. 439–43. 若想了解康納曼思考系統模型早期的輪廓，亦可參閱Daniel Kahneman (2003), 'Maps of Bounded Rationality: Psychology for Behavioral Economics', *American Economic Review* 93(5), pp. 1449–75. 若想得知雙系統思考過程的簡單介紹，請參考Scott Barry Kaufman and Jerome L. Singer (2012), 'The Creativity of Dual Process "System 1" Thinking', *Scientific American* guest blog. https://blogs.scien-tificamerican.com/guest-blog/the-creativity-of-dual-process-system-1-thinking/ (accessed 7 September 2017).

4　原注：Kahneman (2011), p. 25.

因此，系統一和系統二並非井水不犯河水，而是協力合作。但大部分情況下，反應迅速的系統一主導情勢。當我們身處險境，理性毫無用處。但當我們不得不深思熟慮，情緒並非完全被屏除在外。兩者同時運作，只是在我們的思考過程中，一個在前，一個在後。

康納曼對思考方式的解析，有助於研究模仿者和逆向操作者。我們可以利用系統一和系統二的交互作用，了解人們的群聚或反群聚的選擇，並將經濟學家的自利群聚模型和社會科學的集體群聚模型合而為一。

我們已經看到，在自利群聚模型中，人們會從他人行為來推論他們受到哪些影響。人們權衡這項社會資訊和已知資訊（私人資訊），並使用邏輯原則（比方說貝氏定理），來調節私人和社會資訊間的落差。這些都由深思熟慮的系統二思考方式主導。集體群聚受到更深層的影響，包括情緒、性格、心理本能和社會壓力。在集體群聚的情況下，系統一才是主控者。我們身處的情境，決定了由哪個系統來策動行為。當人們必須快速做決定，就容易發生集體群聚。當我們有充足的時間思考，則會出現自利群聚。有時兩者同時運行，我們接下來會提到神經科學領域在這方面的發現。同理，反群聚的逆向操作者有時經過緩慢而仔細的考量來行動，有時則受到直覺、本能、情緒的驅使而決定反叛。

估量模仿之源

至此，我們解釋了二元系統思考模式，足以消弭群聚理論間的分歧。[5]這些理論的威力強大，但也引發了一些實證上的疑問；就像佛洛伊德認為成人行為背後的潛意識驅力源自童年經驗一樣，我們也不禁好奇如何透過實驗證明這些理論。佛洛伊德的理論難以證實，而我們又如何提出證據，證明人的確受到系統一、系統二思考方式左右？我們怎麼**知道**，群聚和反群聚行為是基於謹慎的深思熟慮、突然的感情衝動，還是兩者兼備？觀察別人的行為時，不一定看得出他們究竟是受到哪種思考系統的驅使。

為了找到答案，我們必須進一步認識神經解剖學，還有它與現代神經科學技術基本原則的關聯。現今的神經解剖學，可回溯至古羅馬的醫生艾列斯・蓋倫諾斯（Aelius Galenus, ad 129–c. 199）的神經學研究，世人多半稱蓋倫諾斯為蓋倫（Galen）。他在世時提出許多真知灼見，深刻啟發了現代神經學。蓋倫出生於佩加蒙（古希臘城市，位於現今土耳其境內），來自富裕的家庭。他的父親艾列斯・尼康（Aelius Nicon）是建築師，原先鼓勵蓋倫學習哲學

5　原注：有些現代神經科學家則提出左右腦主導理論，引發許多爭議。他們提出，左腦進行邏輯化、數學相關的思考，右腦進行情緒、創意的思考。可參閱 Iain McGilchrist (2009), *The Master and His Emissary: The Divided Brain and the Making of the Modern World*, New Haven and London: Yale University Press.

和政治，但他有天夢到希臘醫神艾斯克勒庇俄斯（Asclepius）要他讓兒子學醫，就改而支持兒子朝醫學發展。[6]蓋倫後來到羅馬發展，不但事業成功，還成了羅馬大帝奧里略（Marcus Aurelius）之子康孟德（Commodus）的醫生。在數位皇帝執政期間，他一直是羅馬菁英圈的名人。

擔任外科醫生時，特別是在佩加蒙擔任劍鬥士（Gladiator）醫生期間，蓋倫對神經解剖學的知識與日俱增。蓋倫深受柏拉圖影響，並進一步延伸希臘哲學家的飛馬車寓言，提出人類思考方式可能和腦部構造有關。蓋倫認為腦是理性思考的歸宿，人的靈性存在於心中，欲望則位於肝，預示了後來佛洛伊德發展的本我、自我、超我概念。醫界的實務經驗幫助他研究最令他著迷的腦，而令人嘆服的是，他很早就發現脊椎是腦的延伸。[7]

數世紀之後，我們在前一章中認識的勒龐，提出和蓋倫類似的觀點。比方說，他認為暴民行為中展現的社會情感，源自我們的脊椎，而人腦則引導有秩序且理性的群聚行為。[8]勒龐對神經解剖學的推論，比如人種與性別之間，腦部大小與智力的關聯，已被現代神經科學所否決。[9]雖然如此，勒龐對腦部構造和群眾與暴民心理的關聯性倒是正確的。當然，許多現代的神經科學家抨擊蓋倫和勒龐的說法都過度簡單，特別是勒龐用極為粗糙的方式區分脊椎與腦。但是，他的確搶在現代神經科學之前就提出不少重要假說。現在，神經科學家發現人腦深處，有些區塊和人比較原始且感性的思考方式有關，認為人的衝動及／或社會行為，和腦幹與中腦的邊緣系統（mid-brain limbic system）有關。我們的前額葉皮質（腦的前端區域，位在雙眼上方）則進行比較複雜的思考，包括數學、分析推理、進行經濟決策等。

打開大腦的黑盒子

神經科學家利用各種工具解析我們腦中的黑盒子，好了解其運作的原理。而這些工具也日新月異，隨時間發展得更加完善而多元。它們如何揭露人類決策背後的神經運作過程？包括群聚和反群聚的傾向？有些神經科學工具早期應用於腦傷病人研究，這些研究以腦部因意外或疾病受到部分損傷的病人為主。神經科學家根據受傷位置的資訊，推論腦部各區塊和不同決策方式之間的關聯性。

蓋倫也進行過腦創傷病人的研究。當時，他很疑惑為什麼沒人「在活體動物身上縛線，

---

6 原注：Charles G. Gross (1998), 'Galen and the Squealing Pig', *History of Neuroscience* 4(3), pp. 216–21.

7 原注：Gross (1998).

8 原注：Le Bon (1895), pp. 13–14.

9 原注：Stanley Finger (2001), *Origins of Neuroscience: A History of Explorations into Brain Function*, Oxford University Press.

好了解哪種功能會受到影響」。[10]不過，蓋倫受到宗教和科學上的限制，也無法進一步實驗。啟蒙時代之後，科學的聲勢漸漸強過宗教，腦創傷病人的研究才再次浮上檯面。歷史上最著名的腦創傷病人之一，就是美國鐵路工人菲尼斯・蓋奇（Phineas Gage）。他在一八四八年發生嚴重意外：因突如其來的爆炸，一根平常用來把炸藥裝進洞裡的鐵管從頭顱前方刺穿他的大腦。神奇的是，蓋奇居然康復了——至少他的身體安然無恙。但是，他的朋友和同事發現康復的他性情大變。原本蓋奇是個值得信賴又認真的工人，多年的工作表現都很穩定，但意外事故後，他的個性判若兩人。工作時，他既不可靠又沒責任感；社交上，他變得反覆無常、難以相處。他的醫生約翰・馬丁・哈洛（Dr John Martyn Harlow）對蓋奇的性格轉變很好奇，徹底研究蓋奇和他的病史後，宣稱病人因為大腦額葉受損，性格才會改變。額葉正和高等的認知功能和自我控制有關。[11]

一百五十年後，現代的神經科學家大量進行類似研究。長期在美國發展的神經科學家安東尼歐・達馬吉歐（Antonio Damasio）和其同事，創下以腦創傷病人來研究經濟和財務決策的先例。他們研究的主要重點是人如何面對諸如賭博和資產交易等高風險決策。達馬吉歐和其團隊提出許多證據，證明在決策過程中，情感的角色不容小覷。他們證明，病人處理情感的大腦區塊一旦受損，就算沒有明顯外傷，許多日常功能也會嚴重下降。達馬吉歐認為，正如康納曼的雙系統思考模式，理性思考的過程中，情感並沒有被屏除在外。[12]

相較之下，腦創傷病人研究算是比較簡單、甚至不太實用的研究工具。神經科學家無法為了研究目的，直接控制受傷的區塊（這可是非法且背德的犯罪行為，現代研究倫理協會嚴格禁止）。不幸事故和疾病決定了腦部受損的區塊，而神經科學家只能針對能取得資料的腦部受損病例來研究。不過，在過去數十年間，神經科學家的工具日新月異，專業技術也愈發精密。隨著生理學和神經科學技術不斷進步，我們終於能開始觀察、理解人下決定時，神經迴路如何運作。生理學家監控心跳速度、皮膚傳導係數、排汗速度和其他生理反應，藉此推論人的情緒反應。神經科學家用腦波圖（**electroencephalography**，**EEG**）等技術來偵測頭皮的電波，測量腦部活動，並用腦部成像技術來觀測流進腦部的血液，還能使用穿顱磁刺激療法（**transcranial magnetic stimulation**）來刺激特定區塊，迫使它們暫時停止活動。

而在眾多先進技術中，腦成像特別受歡迎。儘管腦成像需要複雜專業的儀器，但給予神

---

10 原注：蓋倫曾解剖活豬，為其聲帶開刀，這些實驗是腦控制思考的古老證據。詳見 Gross (1998), p. 218.

11 原注：John Martyn Harlow (1868), 'Recovery from the Passage of an Iron Bar Through the Head', *Publication of the Massachusetts Medical Society* 2, pp. 327–47; republished in M.B. Macmillan (2002), *An Odd Kind of Fame: Stories of Phineas Gage*, Cambridge, MA: MIT Press. 亦可參見 Steve Twomey (2010), 'Phineas Gage: Neuroscience's Most Famous Patient', *Smithsonian Magazine*, January. https://www.smithsonianmag.com/history/phineas-gage-neurosciences-most-famous-patient-11390067/ (accessed 22 October 2017).

12 原注：Antonio Damasio (1994/2006), *Descartes' Error: Emotion, Reason and the Human Brain*, London: Vintage.

經科學家較高的控制權，針對想要研究的腦部區塊來實驗。腦部掃描也讓神經科學家能研究更多的健康人士，不必違反研究腦傷病人的倫理考量。腦部掃描技術捕捉腦部特定區域血液流入的狀況。當人對心理刺激做出反應時，會啟動腦部特定區塊，而流進啟動區塊的血液會比流進被動區塊的多。這會改變感磁性（magnetic susceptibility），就能透過磁共振掃描產生圖像。這種掃描技術稱作血氧濃度相依對比（Blood oxygen-level dependent，簡稱 BOLD）腦部掃描或功能性磁振造影（functional magnetic resonance imaging，簡稱 fMRI）。可惜的是，腦部掃描的可靠性並非百分之百，而且價格驚人。[13] 儘管如此，它讓神經科學家得以專注於大腦特定區塊的活動。多虧 fMRI，神經科學家在研究腦功能時能訂立明確目標，控制度也大幅增加，比如研究人們參與特定活動、進行任務時的大腦狀態。藉此，神經科學家一步步辨認腦部的目標區塊，並找出哪些區域和情感性、直覺性的決策過程有關，哪些和高等認知推理有關。不只如此，fMRI 也能揭露群聚行為是受到我們偏感性的系統一思考方式，還是深思熟慮的系統二思考方式影響，或兩者並行。

腦部掃描儀內的模仿者和逆向操作者

利用這些技術來了解模仿者和逆向操作者的思考過程之餘，也能從其他腦部成像研究學到相關知識。荷蘭神經學家溫・德・奈斯（Wim De Neys）、奧辛・瓦塔尼安（Oshin Vartanian）及維諾・高爾（Vinod Goel）就針對系統一、系統二思考方式，進行了開創性的fMRI研究。[14]他們用腦成像技術研究康納曼和他的老友兼同事阿莫斯・特沃斯基（Amos Tversky）在早期設計的一些判斷實驗，看看結果是否和康納曼近期提出的雙思考系統相呼應。德・奈斯和其同事選擇康納曼和瓦塔尼安的「工程師－律師難題」的一個版本。[15]他們告知實驗參與者，在一群人中有五名工程師和九百九十五名律師。在這一千人中，若隨機抽一個人，此人是工程師的機率是千分之五，是律師的機率是千分之九百九十五。接著，參與者必須估計，隨機抽選一人時，這人是律師或工程師的可能性。除了統計資訊外，研究者也提供一段描述，好讓參與者對猜測對象有個概略印象。研究人員告訴參與者，這個人名叫傑

13　原注：近來各種證據顯示，fMRI受到太多偽陽性的影響，大幅降低了它的可靠度。換句話說，許多在統計上看來非常顯著的實驗結果，可能只是不同技巧造成，無法真實反應研究目標。比方來說，安德斯・艾克倫德（Anders Eklund）和其同事就在他們的fMRI分析中，發現高達百分之七十的偽陽率。請參閱Anders Eklund, Thomas E. Nichols and Hans Knutsson (2016), 'Cluster Failure: Why fMRI Inferences for Spatial Extent Have Inflated False-Positive Rates', *Proceedings of the National Academy of Sciences of the United States of America* 113(28), pp. 7900–5.

14　原注：Wim De Neys, Oshin Vartanian and Vinod Goel (2008), 'Smarter Than We Think: When Our Brains Detect That We Are Biased', *Psychological Science* 19(5), pp. 483–9.

15　原注：若想了解「工程師－律師」研究的原始實驗，請參閱Daniel Kahneman and Amos Tversky (1973), 'On the Psychology of Prediction', *Psychological Review* 80, pp. 237–51.

克，是名四十五歲的已婚男性，個性保守，喜歡做木工和解數學謎題。這段描述和傑克是工程師或律師的統計機率無關，至少從「頻率論」的概率角度來看（頻率論指的是計算在一連串的試驗中，某事件發生的次數頻繁度）是如此。但絕大多數人卻過度在乎這段描述。聽完傑克的資訊後，人們大大高估傑克是工程師的可能性。為了理解人們面對「工程師－律師」問題時究竟在想什麼，德．奈斯和高爾召集十三人到實驗室，請他們進入fMRI機，並進行這個實驗。實驗成果令人驚豔：他們發現和系統二分析思考有關的腦部區塊（面對統計問題時，通常會運作的區塊）並沒有主宰思考過程。fMRI顯示，情感區塊的活動熱絡得多，暗示傑克的相關描述吸引了參與者的注意力，讓他們用比較主觀且感性的思考方式解答一個數學問題。

神經科學提出愈來愈多的證據，指出真實世界中，人的決策過程其實受到社會本能的多方影響。[16]我們能否透過德．奈斯和其同事使用的類似工具和觀念，解開自利群聚和集體群聚的謎題？為了找出答案，神經科學家、實驗心理學家和經濟學家相偕合作，創建一個新的分支：神經經濟學（neuroeconomics）。[17]神經經濟學以各種方式跨領域合作。有時，經濟學家提出理論、模型和分析架構，神經科學家依此建立新模型。有時，神經科學家提供經濟學家新工具，測試新假說的可靠度。經濟學和神經科學也以這種方式攜手研究群聚行為。

我第一次認識神經經濟學，是在二〇〇五年於費城舉辦的美國經濟學會年會上。在此之前，我就和其他經濟學家一樣，每次一想到人們彼此模仿時究竟發生了什麼事，就陷入死胡同，因為人腦對我來說就像黑盒子一樣神祕。參加神經經濟學會議之後，我想到經濟學家對群聚和反群聚行為中無法理解的漏洞，也許能仰賴神經經濟學來填補。我有幸與著名的神經科學家沃夫蘭・舒茲（Wolfram Schultz）及其團隊商談，他們都來自劍橋大學的生理與神經科學部門。我們決定結合神經科學技術和經濟觀念來研究群聚行為。

當時，神經經濟學還是個嶄新領域，而舒茲正是其中的先鋒學者之一。人類學習的方式令他著迷，特別是腦中的獎賞路徑（reward pathways）如何幫助我們從錯誤中學習。他做了很多具開創性且影響深遠的貢獻，包括**獎賞預測誤差理論**（reward prediction error）。[18] 這個假

---

16 原注：請參閱 Peter Bazalgette (2017), *The Empathy Instinct: How to Create a More Civil Society*, London: John Murray. 本書為門外漢介紹社會本能的相關神經科學證據，並以許多現代議題、難題為情境。

17 原注：神經經濟學家柯林・坎麥爾（Colin Camerer）是此領域的先鋒，他和同事在許多實用文章中概略記錄了神經經濟學的發展和關鍵概念，比方說 Colin F. Camerer, George Loewenstein and Drazen Prelec (2004), 'Neuroeconomics: Why Economics Needs Brains', *Scandinavian Journal of Economics* 106(3), pp. 555–79; 及 Camerer, Loewenstein and Prelec (2005). 亦可參考 Michelle Baddeley (2013), *Behavioural Economics and Finance*, Abingdon: Routledge, ch. 3: 'Foundations: Neuroscience and Neuroeconomics', pp. 30–47.

18 原注：參見 Wolfram Schultz, Peter Dayan and P. Read Montague (1997), 'A Neural Substrate of Prediction and Reward', *Science* 275(5306), pp. 1593–9; and Wolfram Schultz (2002), 'Getting Formal with Dopamine and Reward', *Neuron* 36, pp. 241–63.

說和強化學習（reinforcement learning）有關。大略來說，人和動物認為某一動作和獎賞有關時，就會重複這個動作好得到回報。動物以此學習，好獲得生理上的獎賞。獎賞預測誤差理論由此進一步發展，提出微妙的差別：動物的學習行為，並非源自獎賞直接帶來的激勵，而是**預測**獎賞時的**失誤**。發出多巴胺神經傳導物質（一種化學傳導物質）的神經元會注意到這些預測錯誤，將資訊傳往腦中處理獎賞的區塊。例如，當猴子隨意壓下一個桿子，得到一塊水果作為獎賞，牠大感意外，多巴胺神經元就會送出正面信號，刺激猴子重複這個行為。牠再次壓下桿子，也再次獲得獎賞，但牠已不再感到意外。隨著牠學會預測獎賞，誤差也愈來愈小。當預測誤差降為零，猴子的獎賞預測和實際獎賞完全相符，學習過程也就結束了。[19]

如何把這個理論用在人們彼此模仿、群聚的決定過程呢？正如我們看到的，群聚可能是社會學習的產物，而獎賞學習也推動社會學習。目前在蘇黎士大學研究的克里斯多弗・伯克（Christopher Burke）、菲利普・托布勒（Philippe Tobler），再加上舒茲和我，我們四人結合經濟學和神經科學的工具與觀念，以神經經濟學研究群聚行為與社會學習。[20]當人們跟隨彼此行動，神經獎賞系統就會啟動，但究竟啟動的是哪一區的神經元呢？是偏向邏輯思考的神經元，還是那些和直覺情感反應有關的神經元？

在第一場實驗中，我們召集了一群學生和劍橋附近的當地成人作為實驗對象。我們請他們決定是否要買一張股票。如果他們做下正確決定，就能賺到一筆獎金。當然，我們提供一些資訊幫助他們選擇。在實驗的第一階段，我們給參與者這支股票的價格走勢圖，這是他們所握有的私人資訊。而在第二階段，我們告訴他們一群人的選擇（在一張圖上，有四人的臉部照片），並用勾勾和叉叉來表示每個人決定買或不買。[21]為了控制實驗的社會條件，我們讓參與者再看一張照片，上面有四隻黑猩猩的臉。你問為什麼要這麼做？大部分的科學實驗都受到控制。為了客觀顯示實驗條件改變受試者的行為，實驗必須有個基準，而控制組就為此而存在。我們的fMRI實驗中，控制組需要一張和人群選擇圖類似的影像，不然的話，當我們向參與者展示人群選擇的社會資訊時，測量到的腦部活動差異可能是受到視覺刺激所激發，

19　原注：這些概念的入門簡介，可參閱Wolfram Schultz (2007), 'Reward Signals', *Scholarpedia* 2(6), p. 2184. http://www.scholarpedia.org/ article/Reward_signals (accessed 30 October 2017).

20　原注：其他類似的研究包括，荷蘭丹得斯認知神經成像中心的神經科學家瓦西里·克魯切瑞夫（Vasily Klucharev）帶領的一系列成像實驗。克魯切瑞夫和同事將從眾（conformity）和強化學習相連結，類似舒茲的獎賞預測誤差理論中的某些觀點。請見Vasily Klucharev, Kaisa Hytönen, Mark Rijpkema, Ale Smidts and Guillén Fernández (2009), 'Reinforcement Learning Signal Predicts Social Conformity', *Neuron* 61(1), pp. 140–51. 若想了解經濟學和神經科學在「社會情緒促使群聚」此主題的相關文獻和關鍵，可以下面這篇文章作為入門介紹：Michelle Baddeley (2010), 'Herding, Social Influence and Economic Decision-Making: Socio- Psychological and Neuroscientific Analyses', *Philosophical Transactions of the Royal Society B* 365(1538), pp. 281–90.

21　原注：人臉圖像由人臉資料庫產生，而且這些人臉沒有頭髮，因為髮型會改變我們對一個人的信賴程度。實驗中包含一組控制組，用猴臉取代人臉，好確認參與者是否會對不同的臉產生反應，不管他們是否能從臉分辨此人懂不懂股票交易。

而不是社會影響（有人臉圖像和完全沒有圖像的狀況下，人臉圖像會對腦部引發刺激）。猴臉是和人臉最接近的影像，但我們仍必須假設，實驗參與者不會因一群猴臉而改變自己的投資選擇。接著，我們用fMRI掃描參與者的腦部活動，看看他們如何評估資訊和做出選擇。我們急於了解，當人在斟酌私人資訊和社會資訊時，腦部會發生什麼變化。在模仿的群聚行為和逆向操作者的反群聚行為背後，參與者考量私人和社會資訊時，啟動了哪些神經機制呢？

在兩種情況下，我們可說參與者做出群聚決定：第一，當參與者看到人群中大部分的人（比方說，四人中有三或四個人）都決定購買，就決定買進；第二，當參與者看到大部分的人都沒有買，也決定不買。而在相反的情況下，則是反群聚的逆向操作行為：參與者知道大部分人都**沒有買**，仍決定買進；或是在看到大部分的人都**買了**，卻決定不要買。請參與者進入腦部掃描儀之前，我們也請他們先填寫一些個人資訊問卷和性格測驗，藉此評估個體差異。

實驗參與者呈現強烈的群聚傾向。參與者跟著多數人決定的次數，遠高過若隨機決定可能出現的次數。這和許多實驗結果不謀而合，顯然人的確有強烈的群聚傾向。相比之下，反群聚極為少見。大多數人是模仿者，很少人是逆向操作者。為了了解實驗參與者的腦部如何運作，我們特別聚焦在一般認為和決策有關的腦部區塊，杏仁核就是其中之一。杏仁核是邊緣系統的一部分（邊緣系統是數個處理情感的腦部區域），我們相信杏仁核處理恐懼之類的負面情緒。另一個是大腦腹側紋狀體（ventral striatum），此區可能負責處理獎賞機制。舒茲提

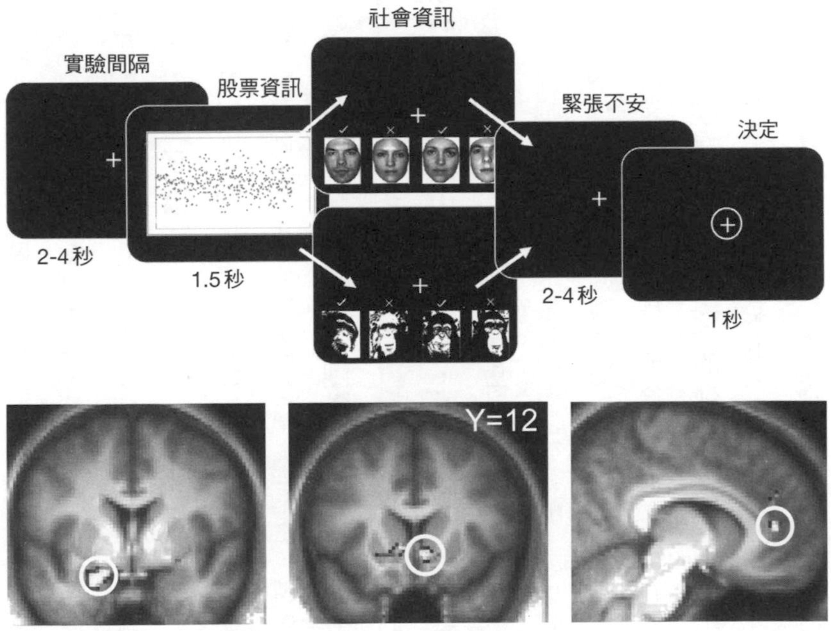

圖四：金融決策的群聚與反群聚行為的腦部掃描圖。任務架構與杏仁核、前額葉皮質、前扣帶迴皮質各區的腦部活動。

出獎賞預測錯誤模型時，特別研究此區的活動。最後的觀察重點則是前扣帶迴皮質（anterior cingulate cortex），大部分人認為這裡和高等認知功能有關。有些證據顯示，前扣帶迴皮質的功能就像柏拉圖寓言中的車夫一樣：它解決神經衝突，比如說，系統二的理性和系統一的感性思考方式彼此競爭時，就靠它來調節。[22]

為了了解神經科學家口中的神經衝突（neural conflict），我們先來瞧瞧社會神經科學的其他研究。美國神經科學家艾倫．桑菲（Alan Sanfey）、強納生．柯漢（Jonathan Cohen）和同事做過一項經典的社會衝突神經經濟學研究。[23]團隊找了十九名參與者到實驗室，請他們玩著名的最後通牒賽局（ultimatum game），行為經濟學家常以此了解人們的社會偏好，也就是人們自私或慷慨的傾向。[24]根據實驗中的各種變因，桑菲和同事把參與者分為兩組。他們分別給第一組玩家（「提議者」）十美金，並請提議者在自己和另一名玩家（「回應者」）之間分派這筆錢。如果回應者接受提議，錢就會照提議者的辦法來分配。如果回應者拒絕，那麼雙方都拿不到錢。提議者面對的挑戰，是找出回應者願意接受的最低金額。以最基本的一般經濟學原則來說，回應者願意接受的最低金額應為一美金。如果玩家雙方都是理性的人，希望將自己的利益最佳化，那麼回應者不會拒絕一美金的提議，因為一旦拒絕就半毛也拿不到。一個理性的經濟決策者寧願有所得，而不是一無所得，一美金聊勝於無。

但許多最後通牒賽局的實驗結果，卻和主流經濟學的預測大相逕庭。提議者會做出令人意外的大方提議，金額通常不會低於總額的一半；回應者則會拒絕看起來已經頗為慷慨的提議，就算他能拿到多於一美金的錢。許多人認為，這是人類社會習性的證據。我們天性樂於慷慨，因此提議者會提出「比較公平」的金額，而所謂的公平就是盡量五五分帳。當回應者認為提議者的金額不公平，就會行使否決權來懲罰提議者，就算兩人都因此一無所得也無妨。

---

22 原注：Christopher Burke, Michelle Baddeley, Philippe Tobler and Wolfram Schultz (2010), 'Striatal BOLD Response Reflects the Impact of Herd Information on Financial Decisions', *Frontiers in Human Neuroscience* 4, article 48. https://doi.org/10.3389/fnhum.2010.00048 (accessed 5 September 2017).

23 原注：參見Alan G. Sanfey, James K. Rilling, Jessica A. Aronson, Leigh E. Nystrom 及 Jonathan D. Cohen (2003), 'The Neural Basis of Economic Decision-Making in the Ultimatum Game', *Science* 300, pp. 1755–8. Samuel M. McClure, David I. Laibson, George Loewenstein及John D. Cohen (2004)做了一項類似的神經經濟學實驗，研究人在做出會催化情感和認知衝突的決策時，腦區的活化狀況為何，請參見'Separate Neural Systems Value Immediate and Delayed Rewards', *Science* 313, pp. 684–7; 他們也研究人在耐性邊緣徘迴時，決策時間長短對腦區活化的影響。

24 原注：最早實驗最後通牒賽局的人是Werner Güth, Rolf Schmittberger及Bernd Schwarze (1982), 'An Experimental Analysis of Ultimatum Bargaining', *Journal of Economic Behavior and Organization* 3(4) pp. 367–88. 若想看看跨文化的研究，請見Joseph Henrich, Robert Boyd, Samuel Bowles, Colin Camerer, Ernst Fehr, Herbert Gintis and Richard McElreath (2001), 'In Search of *Homo economicus*: Behavioural Experiments in 15 Small-Scale Societies', *American Economic Review* 91(2), pp. 73–8. 亦可參閱Joseph Henrich, Robert Boyd, Samuel Bowles, Colin Camerer, Ernst Fehr, Herbert Gintis and Richard McElreath (2004), *Foundations of Human Sociality: Economic Experiments and Ethnographic Evidence from Fifteen Small-Scale Societies*, Oxford University Press. 若想了解最後通牒賽局及其他行為經濟學家測試人類親社會偏好的賽局介紹，請見Michelle Baddeley (2017), *Behavioural Economics: A Very Short Introduction*, Oxford University Press, ch. 3: 'Social Lives', pp. 19–33.

桑菲和同事想要了解，當參與者認為自己受到不公平的對待會怎麼做。他們掃描回應者腦部的三個主要區塊：腦島（insula）、部分前額葉皮質和前扣帶迴皮質。神經科學家認為，腦島和厭惡／噁心之類的負面感受有關。厭惡／噁心不只是一種生理的排斥感，比如聞到難聞氣味時的身體反應。社會情境也會引發相同反應：當我們受到不公平對待，就會感到厭惡。實驗過程中，研究者發現這些區塊都明顯啟動了。當提議者向回應者提出遠低於一半的金額，捕捉到的腦島活動顯示回應者感覺遭到背叛，產生厭惡、排斥的反應。這種情緒強烈到足以讓回應者寧可拒絕小氣提案、懲罰對方，就算自己拿不到半毛錢也沒關係。桑菲和同事也推論，前額葉皮質驅動的是比較合乎經濟效益的選擇。以單純考量經濟效應的立場來說，拿到一小筆錢比什麼都沒有要好得多。前扣帶迴皮質的角色就像一名仲裁者，調節渴望獲得更多金錢的認知欲望，和憤怒不甘等情感反應間的衝突。而促使人們在感到不公時反擊的，正是怨懟等情緒。

我們的實驗也用fMRI掃描來捕捉社會情緒的不同面向，特別是那些驅使我們群聚或反抗的認知或感情反應。在認知面，我們假設參與者可能受到某種自利群聚影響，就像第一章提到的，安德森和霍爾特的貝氏社會學習實驗。他們的發現，與群聚模仿者使用貝氏定理調節私人與社會資訊落差的概念一致。在我們的實驗中，客觀的私人訊息是股價走勢圖，而顯示人群選擇的圖片則是社會資訊。

實驗的第一階段，參與者觀看股價走勢圖（私人資訊）；第二階段則是參與者看到其他人和他們的選擇（社會資訊）時。我們研究fMRI的掃瞄結果，發現不同階段的腦部活動出現顯著差異。當參與者看到人群決定的社會資訊，大腦腹側紋狀體的活動，明顯比沒有看到社會資訊時運作得更加活絡。這個發現和社會資訊激發獎賞學習的想法相符。非社會的因素也很重要，特別是參與者對不同種類的股票各有偏好。參與者大略可分為兩類：一群人偏好平均股價較高的股票，另一群人則偏好平均股價較低的股票。為什麼有些人喜歡平均價格較低的股票呢？實驗後的問答顯示，有些人認為，股價低的股票未來可能價格上漲，成為高價股票。不過，不管參與者的偏好為何，他們都在預測股票可能帶來的報酬，當參與者買下平時偏好的股票種類時，大腦腹側紋狀體的活動格外激烈。

腦部其他區域的啟動狀況，則依參與者出現群聚或反群聚行為而不同。當參與者出現群聚行為，他們的杏仁核明顯被啟動了；如前所述，這裡處理恐懼之類的負面情緒。這個發現符合學者認為群聚可能出自某種恐懼的假設。也許當我們感到恐懼就會想要迴避風險，因此傾向聚在一起，跟著團體行動。而在逆向操作者選擇反群聚時，前扣帶迴皮質格外活躍。其中一個可能性類似桑菲及其同事根據腦成像提出的解釋，也就是前扣帶迴皮質正在調節神經衝突。大腦腹側紋狀體顯示了我們對報酬滿懷渴望，杏仁體則顯示特立獨行可能帶來的風險令我們恐懼，而前扣帶迴皮質則調節兩者的掙扎。

我們的實驗除了掌握某些情感的處理過程以外，也揭露人們對私人和社會資訊的反應。實驗證據和群聚的兩個面向有關：第一，人們如何權衡社會和私人資訊；第二，人們評估資訊時，理性和情感如何運作。fMRI結果證明群聚的確受到客觀認知和主觀情感的影響，和倫敦大學學院的神經科學家倫西・拉法特（Ramsey Raafat）、尼克・沙特爾（Nick Chater）和克里斯・弗里斯（Chris Frith）所提出的看法相呼應。他們發現人類群聚的關鍵特色就是，個體間會互相傳遞思緒和資訊，並進一步指出無意識的「自動感染」（automatic contagion）及有意識的理性慎思的相互作用，促成這種群聚行為。[25]

同理，我們的實驗證明理性、自利群聚經濟理論的經濟影響，及社會科學家的情感驅使集體群聚理論，兩者互相影響。我們該如何結合實驗證據和康納曼的雙系統思考模式呢？如果貝氏推論為真，那資訊究竟是私人或社會資訊其實無關緊要。我們一直用高等認知功能來處理資訊，也就是系統二慢想。但為什麼證據顯示，人們思考其他人的選擇時，處理情緒的腦部區域竟然啟動了？就像德・奈斯和其同事對「工程師－律師實驗」中，腦部掃描結果的解釋一樣，貝氏思考只是腦部運作的一部分（貝氏定理並不是錯的，但它不是促使人們做決定的唯一因素），我們看到實驗中，和感情、直覺性決策有關的腦部區塊啟動。證據顯示，人在決定群聚時，處理感情的神經區域啟動了，這代表群聚並不全是冷靜計算後的結果，和經濟學家眾口同聲宣稱的大不相同。

群聚捷思法

正如我們所見，神經經濟學實驗能夠捕捉人的情感與認知的交互作用，就像康納曼的系統一、系統二思考方式。康納曼的模型還提出另一個重點，那就是決策的**速度**。就像前面提到的，人們常用系統一來思考，因為系統一所需要的認知能力比較少。是不是因為系統二比較怠惰，人們懶得花太多時間和精力仔細推論，寧願用快速捷徑來下決策，因此選擇群聚？如果真是如此，那麼跟隨人群就不是一個受控制、有邏輯的選擇，而是由系統一驅使、既迅速又直覺的反應。這就是康納曼提出的另一個觀點：人具備一套簡單的認知工具——**捷思法**（heuristic），亦即有助我們迅速決定的一套法則。也許在群聚實驗中，人腦進行了**群聚捷思法**（herding heuristic）。[26]

群聚捷思法到底怎麼運作呢？我們群聚，只是因為跟隨他人既不花腦筋也不耗時間，就算我們可能重蹈別人的覆轍也無妨。想像一下，你得買一台新冰箱，又知道鄰居前陣子花了不少心力研究哪一牌的冰箱最好。既然如此，何必浪費時間從頭研究？不如直接問問鄰居推薦哪一牌！此時，解決問題的捷思法就是問鄰居。這會幫你省下不少時間和精力。但捷思

---

25 原注：Ramsey M. Raafat, Nick Chater and Chris Frith (2009), 'Herding in Humans', *Trends in Cognitive Sciences* 13(10), pp. 420–8.

法的問題在於，雖然它又快又方便，成效也還不錯，但**有時**（並非總是）捷思法會引領人們走向系統性的失誤，行為經濟學家和經濟心理學家稱此為**行為偏誤**（behavioural biases）。跟隨他人時，我們可能在運用珍貴的社會資訊，也可能只是重複他人的錯誤而已。我們的鄰居可能憑一時衝動決定冰箱品牌，也可能因為別的鄰居買了同一台冰箱，根本沒有仔細研究規格。如果我們跟隨他們，就會一樣買下差勁的冰箱。

認知心理學家特沃斯基和康納曼列出三大種捷思法和相關偏誤：**可得性捷思法**（availability heuristic）、**代表性捷思法**（representativeness heuristic）和**定錨調整捷思法**（anchoring/adjustment）。運用可得性捷思法時，我們依據自己找回或想起相關資訊的難易度，來判斷某件事情的發生機率。當一群人出現眼前，他們成了清楚又醒目的信號。這群人是現成的資訊，位在腦中的優先位置。觀看這群人的行為、直截了當的模仿，就無須使用回憶或估算等耗時耗力的認知工具。運用代表性捷思法時，我們比較過去的類似經驗或事件，來評估某事件發生的可能性。我們預設別人的決定能提供線索，告訴我們該如何評估狀況，因此容易跟隨人群行事。運用定錨調整捷思法時，如果我們把團體共識視為社會參照點，就容易群聚。因為這麼做省時省力，我們不用每次遇到新選擇，就必須從零開始思考。比方說，我們打算買或租一間房子時，通常會選擇家庭成員或朋友最近住過的區域。親友提供價格、社區便利性和交通網絡的資訊，這些是我們的社會參照點。我們一邊考量自己的偏好，一邊根據參照點來調整自己的選擇。

心理學家捷爾德・蓋格瑞澤（Gerd Gigerenzer）和丹尼爾・古斯坦（Daniel Goldstein）則強調，使用捷思法來下決定並非不理性。事實上，捷思法有道理得很。我們在日常生活中運用捷思法來節省時間和體力，時時認真思考每件小事實在太耗神費力。對模仿者來說，模仿是「迅速又省力」的思考方式，一種幫助人們在社會情境中快速有效下決定的認知捷徑。[27] 社會資訊為我們帶來更多選擇，跳過費力的情報搜集過程。買台冰箱算是個簡單的決策：我們要的只是一台能冷藏、冷凍食物的機器。但遇到更複雜的購買決定時，我們可能需要更多協助。例如，如果身邊有些朋友或家人剛買了新手機或新電腦，我們就能利用群聚捷思來幫助自己選擇適宜的產品。前面冰箱的例子可能不太合理，畢竟大部分人都熟悉冰箱的基本功能，但手機或電腦就不一定了。它們的資訊更多樣化、規格也更繁雜，很容易讓人困惑。因此，參考認識的人的選擇再合理不過，他們可能比我們更了解電子產品。我們推測他們的知

26 原注：捷思法的最初研究，可歸功於賀伯特・西蒙（Herbert Simon），可參閱Herbert A. Simon and Allen Newell, 'Heuristic Problem Solving: The Next Advance in Operations Research', *Operations Research* 6(1), pp. 1–10. 若想了解群聚捷思的早期論點，請見Michelle Baddeley, Demetris Pillas, Yorgos Christopoulos, Wolfram Schultz and Philippe Tobler (2007), 'Herding and Social Pressure in Trading Tasks: A Behavioural Analysis', Cambridge Working Papers in Economics 0730, Faculty of Economics, University of Cambridge. https://doi.org/10.17863/CAM.5145 (accessed 7 September 2017); Baddeley, Curtis and Wood (2004).

識豐富，研究過最佳規格，也比較過最實惠的價格，了解各項產品的複雜技術資訊，因此模仿他們，購入相同產品。我們自己也無法做下比他們更好的決定，因此我們仰賴群聚捷思，好把原本複雜、耗時又令人困惑的決策過程，變得迅速而簡易。群聚幫助我們解決選擇困難和資訊過載，這兩者都可能讓決策過程陷入膠著。

這一切讓我們不禁好奇，人到底從何開始出現群聚傾向。我們的群聚本能源自何處？是否仍適用於現代社會？人經過數百萬年演化歷史而形塑的基本本能，和群聚本能又有何關聯？演化生物學提出一些重要看法，不只找尋人類和動物身上雙系統思考的起源，也包括在資源稀少的原始環境中，群聚本能扮演何種重要角色。迅速、自動、直覺的系統一思考方式在演化進程中存在已久，而刻意、深思熟慮且仰賴認知功能的系統二思考方式，則是近期才發展出來的能力。

我們已發現，康納曼的系統一快思和系統二慢想，透過許多方式解決第一、二章提到的自利群聚和集體群聚的相異之處。神經經濟學實驗則進一步證明，促使人們做出群聚行為的是認知和情感間複雜的交互作用。群聚不能用二元方式歸類為理性或非理性的行為。我們之所以跟隨他人，可能同時受到邏輯思考、無意識與情感的影響。

在現代全球化的世界，人與人之間很快就能建立親密聯繫，讓我們的日常生活與過去大不相同。社群媒體等科技縮短了我們與陌生人的距離，儘管彼此之間可能相距數千英里。資訊、商品和服務、食物和成癮物質，都愈來愈容易取得且數量豐富。只要拿著滑鼠點擊幾下，就能迅速購買、消費某個新東西。這個奇異新世界讓我們基本的模仿本能，以前所未有的形式四處蔓延。我們可以透過Airbnb、Uber、eBay、TripAdvisor和比價網站的線上評鑑系統搜集社會資訊，更別提其他五花八門的網站。我們是否能夠或該不該把這些網站當作現實朋友一樣信賴呢？這個問題點出，當模仿行為像傳染病一樣蔓延時，模仿的行為會有的局限。當人與人之間往來的匿名度大幅增加，資訊就容易受到人為操縱，促使民眾相信假新聞或關於別人如何選擇或思考的偽資訊。另一個令人擔憂的潛在問題是，集體群聚比自利群聚更容易散布，因為在現代科技社會，系統一快思更加大鳴大放。當我們能迅速做下各種決定，可能再也沒有時間使用深思熟慮的系統二慢想。

我們還沒探討強烈的群聚本能從何而來。下一章，我們將從行為生態學中，找到人和動物近親都有自利群聚和集體群聚傾向的證據，而演化生物學和演化神經科學也幫助我們進一步了解，人在演化歷史中如何發展出這些行為反應。

---

27 原注：可參考Gerd Gigerenzer and Daniel Goldstein (1996), 'Reasoning the Fast and Frugal Way: Models of Bounded Rationality', *Psychological Review* 103, pp. 650–9.

第四章　動物群聚

從非洲大草原到北極凍原，地球各地的動物都會聚集成群跋山涉水，有時數目多得驚人。這些動物群通常不斷遷徙，避開氣候的輪替更迭，尋找新的食物與水源。比方說，當牛羚從坦尚尼亞的塞倫蓋蒂（Serengeti）往北移動，前往肯亞的馬賽馬拉（Masai Mara），接著再回到塞倫蓋蒂，一路追隨雨水和新鮮青草的腳步時，總是成群結隊——多達上百萬頭的牛羚一同踏上長達一千八百英里的旅程。若堅持待在一地，可能會面臨無水無草的窘境，最終餓死或渴死。但遷徙之路一樣危機四伏。牛羚必須穿過鱷魚虎視眈眈的水灘，並想辦法躲開其他危險。群聚幫助牛羚避開某些威脅。牛羚群提供保護，增加個體的生存機會，同時確保整個物種不致滅亡。[1]

1　原注：Rory Tingle (2016), 'The Power of the Herd: Thousands of Wildebeest Make It Across a Crocodile-Infested River by Stampeding Together in a Huge Crowd', *Mail Online*, 2 August. http://www.dailymail.co.uk/news/article-3720191/The-power-herd-Thousands-wildebeest-make-crocodile-infested-river-migration-Kenya-Tanzania-stampeding-huge-crowd.html (accessed 7 September 2017).

圖五：牛羚大遷徙。藉由群聚，逃過鱷魚之口。

人和動物之間的共同本能令人意外的多，我們也會因本能而成群結隊。為何人和其他物種，會和周圍同伴建立如此強烈的共生關係？我們將在本章探討行為生態學和演化生物學的觀點，發掘動物界中人類和許多動物都具備的社會本能，看看能學到什麼新知。

豹與狼

在前幾章中，我們探索了自利群聚和集體群聚間的差異。人和周圍團體的互動取決於每個人的個性和傾向。同樣的，動物的社會互動也是如此。有的動物離群索居，有時則為了雙方利益，在團體之間組成同盟。有時，動物選擇犧牲自己，好確保團體、物種或兩者的存活。

只要觀察豹和狼的習性，就能發現第一章提過的不同人類行為間的差異。前面我們說到，經濟學家常假設這個世界住滿了經濟人，也就是一種講求個人主義、重視自身利益、自給自足的代表性個體。經濟人獨自行動，不受直接的社交互動影響，只受價格機制那隻看不見的手左右。看看動物界，群聚現象可說無所不在，哺乳動物更是明顯，令人懷疑經濟人這般獨立自主的動物是否真的存在。最接近的例子或許是雪豹。目前世上只有不到九千頭野生雪豹，牠們全都獨來獨往，在人煙稀少的山巔絕境間生活，只在乎自身的存亡，除了交配與保衛各自領地，不然幾乎不和同伴往來。很少人像雪豹一樣，過著這般與世隔絕的生活。

比較複雜的經濟模型足以解釋，重視自利個體與他人協力合作所能獲得的好處。在群體中，我們彼此學習，受到團體的保護，或者從與他人的合作中得到某種實質利益。人們並非受到利他主義的驅使。當我們因自利而群聚，每個人或動物最在乎的就是自身的需求和欲望，團體合作只是確保獲得利益的手段。動物界中，隨處可見這樣的同盟關係。舉例來說，當狼組成狼群，每隻狼都能藉由加入團體獲得好處，就像第一章提到的，盧梭獵鹿賽局的獵人同盟，狼只要攜手合作，就能獵捕體型更大的獵物。

前一章提到群聚捷思法和相關觀念，而有些行為生態學家也證明，簡單的捷思法決定了狼群的運作。克莉斯蒂娜・穆洛（Cristina Muro）和研究團隊設計了一個模擬狼群狩獵行為的電腦虛擬系統。虛擬狼所知道的唯一資訊，就是獵物和其他狼的位置。虛擬程式有兩項基本規則：狼絕不會置自己於危險境地，因此靠近獵物時，會保持一定的安全距離；此外，當每隻狼都抵達最接近獵物的安全距離，就會自動和其他的狼保持適當距離。除了這兩項限制之外，所有的虛擬狼都一模一樣且自動自發。穆洛和其團隊發現，電腦模擬的行為模式和實際狼群十分接近。過去的研究認為，狼群中複雜的身分階級和溝通方式，讓狼群得以有效率的狩獵。但穆洛的研究指出，狼群的運作方式其實比我們想像的簡單得多。在同盟中，每隻狼都運用簡單的規則增加自己的利益，同時以促進整體利益的方式行動。只要狼群有效率的一起狩獵，團體中的每隻狼都會獲利。[2]狼的例子也能延伸到自利群聚上。也就是說，人與人可能依簡單明瞭的捷思和經驗法則組成聯盟，確保在協力合作中，每個個體都能得到利益，團隊整體也能隨之獲得好處。

企鵝和蜥蜴的社會生活

除了哺乳動物和複雜的群體狩獵動物，其他動物也有自利群聚的現象。其實在動物界中，透過社會學習群聚可說是種特色。[3]經濟學家認為，當人們考慮選擇哪一家餐廳用餐時，會觀察他人的行為來幫助自己做決定；行為生態學家艾帝安・丹契（Etienne Danchin）和其團隊則主張，動物也會從觀察和模仿其他動物，搜集哪兒能找到食物和交配伴侶的重要社會線索。[4]我們在前言就提到一個社會學習的例子：新一代的袋鼬之所以拒吃毒海蟾蜍，不是被父母教會，就是從觀察其他袋鼬而懂得這個道理。不過，並不是只有哺乳動物或有袋動物才懂得社會學習。

南極的阿德利企鵝正好卡在食物鏈中間：牠們以南極磷蝦為食，自己也是豹斑海豹的佳餚。為了食物而下海打獵的企鵝，可能會被海豹獵殺而死亡。企鵝的最佳活命策略，就是社會學習：企鵝在岸邊排排站，等著別的企鵝跳入海中。最後出現一隻勇氣十足或餓得頭昏眼花而決定冒險的企鵝，成了第一隻下海的勇士。其他企鵝睜大了眼，看這隻企鵝在海浪之下是否安然無恙，再決定該不該一躍入海。如果第一隻企鵝安然無恙，其他企鵝就會成群結隊

---

2 原注：C. Muro, R. Escobedo, L. Spector and R.P. Coppinger, 'Wolf-Pack (*Canis lupus*) Hunting Strategies Emerge from Simple Rules in Computational Simulations', *Behavioural Processes* 88(3), pp. 192–7.

3 原注：若想瀏覽探討社會學習和相關主題的社會神經科學文獻，請參閱 Steve W.C. Chang and Masaki Isoda (2015), *Neural Basis of Social Learning, Social Deciding, and Other-Regarding Preferences*, Lausanne: Frontiers in Psychology. https://www.frontiersin.org/books/Neural_basis_of_social_learning_social_deciding_and_other-regarding_preferences/449 (accessed 20 October 2017).

4 原注：Étienne Danchin, L.-S. Giraldeau, T.J. Valone and R.H. Wagner (2004), 'Public Information: From Nosy Neighbours to Cultural Evolution', *Science* 305, pp. 487–91.

跳下去。第一隻企鵝的命運決定整個團體的動向。

我們可能會認為蜥蜴之類的動物沒那麼聰明，但牠們竟也深諳社會學習之道。林肯大學的安娜．吉斯（Anna Kis）所帶領的國際團隊，專門研究澳洲沙漠中的鬃獅蜥（bearded dragons）。藉由觀察其他蜥蜴的行為，鬃獅蜥學會怎麼打開陷阱的活門、取得食物，這可是考驗認知能力的複雜任務呀！[5]企鵝和蜥蜴經由社會學習而飽餐一頓。人們選擇餐廳時，也經過同樣的學習過程：藉由觀察別人的選擇，推論不同餐廳的品質好壞。

憤怒鳥

自利群聚也為個體提供保護。一大群行人穿越繁忙的街道，比一個人過馬路要安全得多。這種群聚有兩個面向：模仿彼此並聚在一起。而在動物身上，我們也看到牠們運用這兩種技巧來躲過掠食者的追捕。藉由模仿來得到安全，最簡單的方法就是偽裝。棕擬雀鯛（*Pseudochromis fuscus*）是住在印度—太平洋海域珊瑚礁中的岩礁魚類，具有模仿本能，會隨身邊魚群種類迅速改變身上的顏色，減少被掠食者相中的機會。[6]這種行為本身並不是群聚，而是各種動物聚在一起，藉由視覺偽裝，達成類似群聚的效果。當目標數量繁多又一起移動，掠食者就找不到容易下手的攻擊目標。行為生態學家稱此為**稀釋效應**（dilution effect）。

一旦獵物加入一群數量眾多的團體，掠奪者就難以找到落單的獵物。只要加入團體，個體就能降低危險。

動物之所以組成同盟，除了如前所述團隊狩獵比單獨狩獵的效果更好，也為了保護自己。只要有意合作，一群動物就能有效對抗外敵。舉例來說，人們觀察到狐獴會輪流站哨，隨時保持警戒。[7]紅嘴鷗和其他鳥類組成同盟，互相通報潛在危險，有時甚至組成團隊，一起攻擊掠食者。[8]家貓也懂得眾鳥齊心的厲害，我的貓哈伯森（Hobson）就因此吃過虧。剛搬到澳洲時，初次踏上南半球後院的牠留下不大好的經驗。一隻八哥鳥一發現牠就發出刺耳的叫喚，有五隻鳥應聲而來，大夥兒列隊朝哈伯森進攻，簡直就像希區考克的電影！哈伯森嚇得逃進屋內。原本孤單的八哥成功教唆同伴，策動一場厲害的團體攻擊行動。

---

5 原注：A. Kis, L. Huber and A. Wilkinson (2015), 'Social Learning by Imitation in a Reptile (*Pogona vitticeps*)', *Animal Cognition* 18(1), pp. 325–31.

6 原注：F. Cortesi, W.E. Feeney, J. Marshall and K.L. Cheney (2015), 'Phenotypic Plasticity Confers Multiple Fitness Benefits to a Mimic', *Current Biology* 25, pp. 1–6.

7 原注：Nicholas B.Davies ,John R. Krebsand Stuart A.West(2012), *AnIntroduction to Behavioural Ecology*, 4th edn, Oxford: Wiley Blackwell, p. 148.

8 原注：H. Kruuk (1964), 'Predators and Anti-Predator Behaviour of the Black- Headed Gull *Larus ridibundus*', *Behaviour* 11, pp. 1–129; D.B.A. Thompson and C.J. Barnard (1983), 'Anti-Predator Responses in Mixed-Species Associations of Lapwings, Golden Plovers and Black-Headed Gulls', *Animal Behaviour* 31(2), pp. 585–93.

群聚的牛群

自利群聚帶來實際且客觀的潛在利益，除此之外，無意識的影響力也促使我們加入團體。目前，我們已經看到人和動物為了許多合理原因加入團體或群聚。這些動機顯然幫助每個重視自利的動物增加生存機會，可將群聚視為經過考量後的選擇，和康納曼的系統二慢想理論一致。

不過其他的群聚現象，就無法直接用系統二慢想或個體存活率來解釋了。正如我們在前一章中提到的，集體群聚似乎類似康納曼的系統一快思，受到本能、衝動和無意識的動機驅使。我們臣服於同儕壓力，並在歸屬感中得到無形的心理滿足，就算我們沒有明確、客觀的理由加入團體（至少從自身利益來看）也無妨。

一說到動物群聚，你腦海浮出的第一個畫面，很可能是一大群的牛。牛群可稱為群聚動物的典範，不過，牠們並非愚昧盲從而聚在一起。牛其實是高度社會化的動物，具備複雜的社會等級。當牛隻離開牛群，就會出現明顯的壓力徵兆。每隻牛之間都有強而有力的羈絆，就像人會把某人視為知交一樣。在一項研究中，行為生態學家記錄牛的心跳數、血液中的皮質醇濃度（皮質醇是壓力荷爾蒙），藉此判斷牠們的壓力強弱。實驗設計了兩種情境：第一種情境是牛隻和不認識的牛處在同一個柵欄中，第二種情境則讓牛和牠的「最佳拍檔」待在一起。當牛和好友同處一室，壓力就大幅減低。[9]事實上，大部分哺乳動物的反應都和牛一樣。

人類和認識的人聚在一起時，壓力不但消失，也會感受到心理上的滿足，而許多哺乳動物也是如此。

演化的影響

群聚令人困惑的其中一個謎題是，為什麼即使沒有明顯利益，個體依然選擇聚在一起、模仿彼此。演化生物學能解釋這種反常現象，因為它並不專注於個體動物，甚至不在乎動物團體。一旦考量演化的必要性，就會發現自私的個人主義者只是不起眼的小角色。不管群聚究竟是有意識的自利行為，還是無意識的集體行為，都是為了促進整體物種而非個體的存活率。

達爾文寫於一八九八年的巨著《物種起源》（*On the Origin of Species*），可視為了解動物界中各種社會化（和反社會）本能演進的起點。不同物種演變出各種具備適應優勢的特質，好在天然棲息地中成長茁壯。如果動物存活夠久，得以繁衍後代，那麼整個物種的存活率也會增加。但若環境改變，有些物種就會因失去適應優勢而滅亡。

---

9 原注：K.M. McLennan (2012), 'Farmyard Friends', *Biologist* 59(4), pp. 18–22.

演化生態學家進一步發展達爾文的天擇說，好探索人的外顯行為如何因應環境的限制和阻礙而改變。如果人的行為是很久以前演變而成，那麼有時搞不懂自己的行為，也不是多奇怪的事。為了深入認識行為背後的驅動力，我們得先分辨**近因**（proximate causes）和**遠因**（distal causes）。近因是決定我們日常選擇的誘因和動機。比如說，我們特別喜愛某些食物，因為跟其他食物相比，它們為生理系統帶來更強烈的獎勵感。遠因則以演化觀點，解釋行為中的終極因素，也就是演化過程中為了求生而必須做的行為。

為了進一步了解近因和遠因的差別，不妨瞧瞧糖的例子。許多人攝取過多的糖分。我們購買、食用含糖的食物，因為糖帶來滿足感。糖啟動人體的生理系統，帶來獲得獎賞的感受。而身體一發出某樣東西是獎賞的信號，我們對它的渴望就會隨之增強。這是人經常攝取過多糖分的近因。歷時悠久的遠因和我們立即、日常的身體反應無關，是數萬年前古老的生理機制造成的。在原始世界，人類難以獲得既營養且又能提供大量能量的食物。而糖能指引人找到營養豐富的食物，因此人變得到處採集含糖食物。當我們享用成熟果實，身體有效吸收後，就會在原始環境中，找尋這種少見但能帶來豐富能量的食物。同理，演變後的人體學會把能量變成脂肪儲存起來，因為在原始環境中，我們可能得花上好一陣子才找得到新的食物來源。那些喜歡吃糖、陶醉於糖激發的滿足感的人，就會吃進更多的含糖食物，增加脂肪，而在飢荒來臨時，他們的存活率也會比其他人高，得以繁衍子孫。古老的生存機制正是我們熱愛含糖食物的遠因。

這種適應優勢如何體現在人類與動物行為上呢？不管是自利群聚還是集體群聚，都能用曾經幫助物種存活（甚至可能目前依然有所助益）的演化機制來解釋。[10] 群聚是種適應優勢，背後有歷史悠久的遠因。我們目前研究群聚的基礎都來自近因，但近因是由遠因促成的。

在現代生活中，我們學到群聚帶來報酬，總是有意識或無意識的渴望加入他人，因為群聚帶來某種滿足感。自利群聚的報酬是幫助我們得到想要的事物。集體群聚則為我們帶來比較無形、無意識的心理滿足，但對我們來說，它們跟有形的獎賞一樣重要。大部分的人都很享受和朋友家人共處的時光。多數人加入團體時，不管是哪一種團體，通常會比獨自一人更快樂。人們樂於加入團體，得到眾人的支持和安全感。不管是受到自利或比較廣泛、偏向無意識的報酬驅使，這些都是自利和集體群聚的近因。

為了在艱困的原始環境中生存下來，人類祖先學到團體互助的重要性，這就是群聚的遠因。自利群聚或集體群聚，都是承繼先人而與生俱來的生存戰術，並且沿用至今。藉由觀察和模仿，人類祖先找到採集食物、躲避掠食者、尋找伴侶的最佳策略。[11] 為了適應環境而發展

---

10 原注：Jonathan D. Cohen (2005), 'The Vulcanization of the Human Brain: A Neural Perspective on Interactions between Cognition and Emotion', *Journal of Economic Perspectives* 19(4), pp. 3–24.

的群聚，幫助我們的祖先增加存活率。他們成功繁衍後代，並將群聚本能傳給下一代，這就是群聚本能的發展過程。

這個演化觀點也指出，自利群聚和集體群聚都能帶來適應上的優勢，增加演化進程中團體、物種和個人的存活率。隨著集體和自利群聚間的差異漸漸縮小，我們也了解到，這兩種群聚都反應了人類的社會本能和傾向。人類發展出社交習性，同時本能的厭惡侵犯（不過也不是每個人都如此），祖先的小型社群才能保持穩定的社會架構，增高存活機會。社會本能和群聚傾向的演進過程中，從眾非常重要，但在社群媒體過度發展的今天，過度連結（overconnectedness）卻讓從眾變得危險。從眾合乎原始環境下的演化邏輯，但現在，從眾已一發不可收拾。

自我犧牲的黏菌

在演化生物學中，個體一旦自我犧牲，就無法繁衍帶有自己基因的後代，因此對整體物種來說，似乎可有可無。我們可能以為，互助合作和自我犧牲都是人性極致的表現，只有進步的動物物種才會這麼做。事實上，比較原始的生命體也懂得合作與犧牲。比方來說，黏菌中的盤基網柄菌（*Dictyostelium discoideum*）就是一種具備社會性的阿米巴原蟲（amoeba）。

不同的黏菌細胞具備不同的基因型（genotype，基因排列組合），雖然如此，它們卻不尋常的彼此合作。大部分的多細胞生物都由同樣基因型的細胞組成，這才符合演化。從適者生存的觀點來看，基因型相同的細胞不用彼此爭奪資源，因為不管誰生存下來，都是同基因型。最重要的是基因型的存活，而不是個體細胞的存活。黏菌雖然具備不同的基因，卻彼此合作，可說十分少見：一種基因型細胞的存活與否，仰賴另一種基因型細胞的犧牲。[12]

黏菌怎麼合作呢？專門研究盤基網柄菌的演化生物學家保羅・B・蘭尼（Paul B. Rainey）針對黏菌互助的方式和其原因，提出頗為有趣的觀點。土壤中的腐爛樹葉和動物排泄物釋放很多細菌，而黏菌就仰賴這些細菌生存。天下太平時，每個獨立細胞都以阿米巴單細胞的形態生存，隨機移動，到處吞噬細菌。不過，有時環境帶來一些挑戰，它們賴以維生的養分變少。此時，阿米巴身上的化學信號會啟動變態過程（metamorphosis）。原本獨立的細胞聚在一起，自行組織，搖身一變成了多細胞的聚黏菌。有些阿米巴會變成聚黏菌的柄細胞（stalk cell），其他的阿米巴形成柄細胞尖端的孢子。只要環境改善，馬上就能將細胞四處

11 原注：Danchin, Giraldeau, Valone and Wagner (2004).

12 原注：Corina E. Tarnita, Alex Washburne, Ricardo Martinez-Garcia, Allyson E. Sgro and Simon A. Levin (2015), 'Fitness Trade-Offs Between Spores and Nonaggregating Cells Can Explain the Coexistence of Diverse Genotypes in Cellular Slime Molds', *Proceedings of the National Academy of Sciences* 112(9), pp. 2776–81.

散布，繼續興旺發展。不過，柄細胞的下場就沒那麼幸運了——它會凋零死去。它所留下的謎題就是，為什麼一個單細胞生物願意放棄自己的繁殖機會，成為多細胞生物上的柄細胞，因為以演化來說，它等於自行走上絕路。毫無繁殖機會的柄細胞一死，身上的基因組可能就此消失。萬一環境只是暫時惡化呢？在這種情況下，獨立阿米巴的存活和繁殖機率可能比聚黏菌還要高。蘭尼認為，經過演化的單細胞黏菌，已經內建權衡風險的機制。當單細胞黏菌聚在一起，不幸的話就會成為柄細胞。但夠幸運的話，就會成為聚黏菌的一部分，透過發散孢子來繁殖。蘭尼認為，自我犧牲的黏菌細胞只是運氣背了些而已。[13]有些黏菌細胞是贏家，其他是自我犧牲的輸家。也許，人與黏菌的共同點還真不少呢！

黏菌的例子指出，團隊合作有時並不是因為個體都能從中獲利，而是整個物種能因此獲得存活的機會。螞蟻也是高度合作的物種，牠們的行為和第一章的自利群聚行為很相近。螞蟻也懂得社會學習。經濟學家艾倫．克曼（Alan Kirman）喜好研究經濟理論與動物社會行為的關聯。昆蟲學家發現出現數個不同的食物來源時，螞蟻不會分散蟻力，平均採集每個地方的食物。面對兩個食物堆，螞蟻大軍通常會先傾盡全力向一堆進攻，只有很少的螞蟻會跑到另一堆。克曼根據這些觀察，提出社會學習的「螞蟻模型」來解釋這種現象。克曼認為，螞蟻在搜集食物時展現了模仿行為。一隻螞蟻發現了新的食物堆，立刻透過交換化學信號把消息傳給其他的螞蟻，螞蟻大軍應聲而來，大夥兒專心的搬食物，完全忽略另一堆食物。對螞蟻來說，心無旁騖、忽略另一堆食物其實是好事，因為結合群眾之力，採集效率更高。等到第一堆食物差不多採光了，螞蟻大軍自然會朝另一堆食物進攻。螞蟻的緊密配合，讓整群螞蟻順利生存。這樣的團隊合作看似違背常理，難以用單一螞蟻的角度來解釋，但整個螞蟻群落的生存卻都仰賴於此。[14]

愛交際的動物

動物界中，隨處可見高度社會化、社交功能先進的例子。生物學家愛德華・威爾森（E.O. Wilson）曾提出一些社會行為的典範，並將高度社會化的動物稱為**真社會**動物（the eusocial animals）。許多不同物種都有真社會性（eusociality），包括螞蟻、蜜蜂、胡蜂、白蟻到裸隱鼠等。[15] 真社會性和團體比個體更好的概念相關。真社會性動物不只具備複雜的社會認

---

13 原注：Paul B. Rainey (2015), 'Precarious Development: The Uncertain Social Life of Cellular Slime Molds', *Proceedings of the National Academy of Sciences of the United States of America* 112(9), pp. 2639–40.

14 原注：參見 Alan Kirman (1993), 'Ants, Rationality and Recruitment', *Quarterly Journal of Economics* 108(1), pp. 137–56.

15 原注：Edward O. Wilson and Bert Hölldobler (2005), 'Eusociality: Origin and Consequences', *Proceedings of the National Academy of Sciences of the United States of America* 102(38), pp. 13367–71.

知，有高度的合作本能，且實行親緣選擇（kin selection），即個體動物甘願犧牲自己的生存機會，好確保親族成功繁衍。範圍更大的真社會動物社群組織裡，有強大的利他主義力量。真社會動物建立穩固的伴侶制度，甚至一夫一妻制。照顧下一代不只是父母雙方的責任，其他成年動物也會出手相助。牠們生活在廣大的族群中，有時世代重疊，並針對不同任務來分派勞動力，有些個體成員甚至完全沒有繁殖的機會（工蜂就是眾所皆知的例子）。[16]個體沒有自己的目標，整個聚落就像一隻完整的動物一樣協力行動。

從社會科學的角度來看，真社會性也是個令人著迷的概念。它讓我們想起第二章提過的某些暴民和集體群聚的描述，包括心理學家勒龐影響甚鉅的文章。勒龐以生物界的例子來形容暴民。他解釋，數量眾多的暴民，形成一個單一的人體。每個人都是這具身體上的各種細胞，在暴民中的每個成員不再獨自存在。對勒龐來說，暴民就像：

> 由大不相同的各種要素組合而成，就像許多細胞組成一具軀體一樣結合起來，形成截然不同的新整體，展現和單一細胞截然不同的特色。[17]

勒龐的說法顯示了團體與群聚現象中，心理學和生物學的影響環環相扣。在真社會動物身上，我們的確看到暴民的心態，個體動物失去自我認同，就像一具軀體中的細胞不能離開軀體獨自存在。同時，真社會概念也展現集體群聚和自利群聚的不同。動物群聚，個體有時得不到明顯利益，卻能促進整體利益。

虎鯨教育

綜前所述，為了安全而群聚是出於自利，但動物也會因為其他原因而群聚。從整群動物的觀點來看，促進個體的安全就是增加整個團體的存活率。這樣一來，集體群聚比單一動物的個體性重要得多。數量龐大的動物群常出現獨特的習性，有時以單一成員的角度來看，恐怕會覺得難以理解。正如第二章中勒龐觀察到的暴民，動物一旦聚在一起，就不只是一大群獨立動物的總和。牛羚就是個好例子：一頭落單的牛羚個性害羞，但當百萬頭牛羚聚在一起，牠們可聒噪得很，發出驚人的噪音。[18]牠們形成一個巨大的整體，具備不同於組成分子的獨立特質，還握有令人害怕的強大力量。

社會哺乳動物也展現了兩種細膩的社交行為：教育和文化陶冶。虎鯨就是一個例子。虎

16 原注：Davies, Krebs and West (2012).
17 原注：Le Bon (1895), p. 11.
18 原注：Tingle (2016).

鯨終其一生都與家族共度，虎鯨家族稱為「小群」（pods）。母虎鯨和人類一樣，約在中年就會失去繁殖能力。這是個難解的演化之謎。年紀大的母虎鯨停止繁殖後，還有好長一段「鯨生」，這背後有什麼演化目的嗎？國際行為生態學家認為，不再生育的年長虎鯨也許能幫助我們了解人類的更年期。直到不久之前，許多人都以為更年期是難以解釋、歸因於公共健康與醫療進步的現代產物。

虎鯨小群是階級分明的母權社會。棲息於加拿大南部和美國北部西岸薩利什海的虎鯨J小群（J Pod）廣受學界重視。J小群由編號J2、又稱為「奶奶」的虎鯨領頭。自一九六七年肯．鮑爾柯姆（Ken Balcomb）博士拍到奶奶的照片後，許多行為生態學家團隊就特別研究牠。牠是人類目前所知年紀最大的虎鯨，牠在二〇一六年過世時，學者估計牠大約享壽一百歲，真是驚人的長壽。人們最後一次看到牠時，牠仍然非常健康，事實上，牠看起來比其他年輕得多的公虎鯨還身強體壯。牠大約在三、四十歲左右，生下最後一頭小虎鯨。而在接下來的四十年間，再也沒人看到牠和親生幼鯨一起出現。

行為生態學家認為，像奶奶一樣，失去繁殖能力後仍活了很長一段時間的母虎鯨，在虎鯨社會中扮演許多重要角色。其中一個常見的理論是「祖母假說」（grandmothering hypothesis），這也解釋了人類女性為何在失去繁殖能力後仍十分長壽。自身幼子都已成年的年長女性能幫助年輕女性養育後代，增加整體的存活機會。比方說，在人類社會中就有證據顯示，有祖母的小孩通常也活得比較久。[19]

除此之外，有些社會學習解釋符合某些經濟學家的自利群聚和社會學習模型，不過稍有差異。年長的母虎鯨具備珍貴的社會和環境知識，並把這些資訊**傳授**給年輕虎鯨，幫助牠們悠遊於獵場中。這種資訊分享的過程，並不只是年輕虎鯨觀察年長虎鯨而已。行為生態學家把教導（teaching）定義為個體必須付出一定代價，好把知識傳達給其他成員。[20] 教導比學習更加複雜而細膩。只要一個個體觀察另一個個體，就是學習。被觀察的個體是被動的，牠們可能沒有鼓勵、甚至沒有察覺其他動物正藉由觀察自己來學習。然而，教育是雙方刻意的合作。傳授資訊和知識的過程，仰賴老師和學生同步主動參與。行為生態學家也注意到，教育過程中包含一定程度的自我犧牲。老師必須付出「機會成本」。當牠們致力於教育，就浪費了本可用來照顧自己的時間和精力。牠們犧牲自己的利益好幫助其他動物生存。在教導過程中，為師者可能拿不到任何好處。但是，老師對整個團體以至整個物種都有貢獻，因此由演化的觀點看來，教導具備重要的社會目的。虎鯨奶奶顯然在晚年全心投身於教育。獵捕鮭

---

19 原注：相關例子請見Kristen Hawkes, Jonathan F. O'Connell, Nicholas G. Blurton Jones, Helen Alvarez and Eric L. Charnov, 'Grandmothering, Menopause, and the Evolution of Human Life Histories', *Proceedings of the National Academy of Sciences of the United States of America* 95(3), pp. 1335–9.

20 原注：Davies, Krebs and West (2012), pp. 77-8.

魚時，其他虎鯨形成數條隊伍，跟在奶奶後面行進。當奶奶注意到年輕虎鯨偏離牠安排的航道，就會用魚尾拍打海水，提醒大夥兒跟緊牠。教導是一來一往的互動。

年長虎鯨扮演了複雜且十分細膩的教育與社會支持角色。研究者注意到，虎鯨奶奶和兒子之間的關係格外穩固。相比之下，公虎鯨的壽命比母虎鯨短得多，多半只活三十幾年，而母虎鯨經常活過八十歲。就像奶奶一樣，J小群中其他年長母虎鯨花比較多的時間與兒子相處，而成年母虎鯨和母親相處的時間少得多。母虎鯨會和兒子共享鮭魚，卻不會分給女兒，也許這是生態界的成本效益分析實例。兒子的繁殖成本比女兒的繁殖成本要低，因為兒子會和其他虎鯨小群的母虎鯨交配，而這些「親家」小群必須負責養育後代，因此偏心兒子不無道理。如果兒子壽命長，就有更多的繁殖機會，其後代出生時，也不會影響母親小群的資源。而當女兒繁殖時，整個小群共同承擔養育後代的成本。研究學者透過精算分析發現，和母親一起生活的虎鯨兒子存活率比沒有母親的高得多。當母親過世，兒子死亡率增加八倍，而女兒的死亡率則低得多。

動物文化

除了人以外，許多社會動物也都有文化現象，而文化也是群聚本能促成的現象之一。人隨著演變而發展的某些策略，也反應了長久以來的文化演進。[21]

社會學家理察·道金斯（Richard Dawkins）致力於把達爾文演化概念延伸到社會學領域，成果可參見他於一九七六年所出版的突破性名著《自私的基因》（*The Selfish Gene*）。在本書中，道金斯宣稱達爾文法則不只在基因中運作，也影響了我們的社會。迷因（Memes），即人們的社會基因，指的是透過語言之類的形式在人們之間流通的概念。迷因是社會互動最重要的基礎，藉由**模仿傳染**（memetic contagion）過程，眾人不斷複製類似的看法和常規，蔓延於不同的文化和社會中。[22]在這個過程中，模仿者不可或缺。雖然道金斯的觀點在現代科學家間引起許多爭議[23]（因為他認為人的命運由社會制度和基因組來決定，社會生物學和演化心理學為此爭論已久），但許多學者原則上仍同意達爾文的天擇說的確適用於社會。

---

21 原注：Colin Camerer (2003), 'Strategizing in the Brain', *Science* 300, pp. 1673–5.

22 原注：Richard Dawkins (1976), *The Selfish Gene*, Oxford University Press. 亦可參閱Susan Blackmore (1999), *The Meme Machine*, Oxford University Press; and Aaron Lynch (1996), *Thought Contagion: How Belief Spreads Through Society*, New York: Basic Books.

23 原注：威爾森和史蒂芬·傑·古爾德（Stephen Jay Gould）等科學家，以及經濟學家約翰·梅納德·史密斯（John Maynard Smith），著重研究生物在演化過程中扮演的角色，反對達爾認為基因才是天擇工具的說法。若想進一步了解這些爭論及經濟學的看法，可參閱Robert Axelrod (1984), *The Evolution of Cooperation*, Cambridge, MA: Basic Books; Stephen Jay Gould (1992), *The Panda's Thumb: More Reflections in Natural History*, New York: W.W. Norton; Stephen Jay Gould (2001), *The Lying Stones of Marrakech: Penultimate Reflections in Natural History*, London: Vintage; John Maynard Smith (1982), *Evolution and the Theory of Games*, Cambridge University Press; 及John Maynard Smith (1974), 'The Theory of Games and the Evolution of Animal Conflicts', *Journal of Theoretical Biology* 47, pp. 209–21.

物種之所以發展出文化傳統是為了凝聚社會和社群，而文化的從眾也能幫助整個物種生存下來。在文化傳遞過程中，群聚扮演了極為重要的角色，同時文化也幫助形塑社會常規，增強動物群聚和模仿的本能，兩者相輔相成。逆向操作者想起義反抗的社會架構，也是由文化常規塑造的。在許多物種身上，比如鯨魚和海豚，都能觀察到社會常規。[24]行為生態學家還發現，黑猩猩會學習不同地區的同類捕抓螞蟻的習慣方式。有些黑猩猩利用小棍子，一次抓少量螞蟻，再吃下肚。其他的猩猩則會使用比較長的棍子，等許多螞蟻爬滿棍子，再大手一揮，把所有螞蟻掃進嘴裡。[25]行為生態學家相信，不同的食用方式反應了不同的黑猩猩文化。[26]

聖安德魯斯大學的心理學家安德魯．懷頓（Andrew Whiten）設計了一個實驗，好測試文化常規是否會在猴群之間傳遞。他和同事研究了住在南非夸祖魯－奈塔省（KwaZulu-Natal）的一百零九隻長尾猴。實驗的第一階段，研究者分別餵兩群猴子染上不同顏色的玉米。他們餵第一群猴子摻有苦葉的粉紅色玉米，和沒有加上苦葉的藍色玉米。第二群的玉米剛好相反：藍色玉米摻有苦葉，粉色玉米則是天然又美味。第一群猴子學會藍色玉米比較好吃，而第二群則偏好粉色玉米。為了了解猴子是否會互相學習，學者研究兩群猴子生下的二十七隻小猴子。新生的小猴子從沒嘗過任何難吃的玉米，研究者讓牠們享受粉色和藍色玉米的美好滋味，兩者都沒加上有苦味的葉子。因此，小猴子沒理由偏好某個顏色，排斥另一個顏色；對牠們來說，不管是粉色還是藍色玉米都一樣好吃。雖然如此，小猴子卻模仿母猴的行為，依母親偏好藍色或粉色，愛吃特定顏色的玉米。

目前為止，這些都符合我們討論過的社會學習模型，但研究學者還注意到別的現象。他們把十隻公猴移到另一群猴子中。偏好粉色玉米的猴群中，十隻成年猴子被移到偏好藍色玉米的猴子中，反之亦然。這些搬了家的猴子很快就學會新團體中的社會常規，改變自己對玉米顏色的偏好。這些成年猴子沒有嘗過含有苦葉的玉米，也沒有母親插手干預，沒有理由改變自己的喜好，轉而偏好另一種顏色。唯一的理由就是身邊其他猴子形成的社會影響力促使牠們改變。研究學家將此歸因於猴子服從於新猴群的文化常規。我們也在座頭鯨身上發現類似現象：鯨魚會模仿其他鯨魚的進食習慣，就算這些習慣並非更有效率的狩獵策略。[27]

---

24 原注：若想閱讀介紹動物文化和其他社會行為的文獻，請參見Hal Whitehead and Luke Rendell (2015), *The Cultural Lives of Whales and Dolphins*, University of Chicago Press; Carl Safina (2015), *Beyond Words: What Animals Think and Feel*, New York: John Macrae/Henry Holt and Company;及Kieran C.R. Fox, Michael Muthukrishna and Susanne Shultz (2017), 'The Social and Cultural Roots of Whale and Dolphin Brains', *Nature Ecology and Evolution*. https://www.nature.com/articles/s41559-017-0336-y (accessed 30 September 2017).

25 原注：Davies, Krebs and West (2012), pp. 76–7.

26 原注：Richard W. Wrangham, W.C. McGrew, Frans B.M. de Waal and Paul G. Heltne (eds) (1996), *Chimpanzee Cultures*, Cambridge, MA: Harvard University Press; Michael Balter (2013), 'Strongest Evidence of Animal Culture Seen in Monkeys and Whales', *Science*, 25 April. http://www.sciencemag.org/news/2013/04/strongest-evidence-animal-culture-seen-monkeys-and-whales (accessed 7 September 2017).

在其他所謂「比較低級」的物種上，也能發現文化的不同。行為生態學家為了在研究文化差異的影響力時增加控制度，特別研究黃仿石鱸的遷徙路徑和群游（schooling）形式。不同的黃仿石鱸群落有自己的群游模式，就算魚生魚死，也會維持同樣模式。為了了解背後的原因，學者在一群黃仿石鱸中抽出一隻魚，送到不同地點的另一群黃仿石鱸中。牠很快就運用社會學習技巧適應新同伴的傳統，比如覓食地點和遷徙路線。更有趣的是，這實驗也讓科學家排除覓食傳統受環境或基因影響的可能性。當一隻魚被移到新地點，又沒有機會學習當地魚群的覓食方式時，牠也不會延用過去的覓食習慣，反而會發展新的覓食方式。[28]研究者認為，模仿行為並不只是本能，並非只是為了用以反應不同地點的資源分布特色。就像人有不同的文化常規與傳統一樣，魚群的社會傳統也受到模仿和群聚行為驅使。

人類群聚的演進

我們已看到演化生物學解釋了人類和其他動物都具備同樣的社會本能。如果自利群聚和集體群聚都有適應上的優勢，這兩者之間究竟有何不同？演化神經科學也許能為我們帶來答案，讓我們進一步了解人類經演化而習得的社會本能，包括群聚本能。

現代人類是**智人**（*Homo sapiens*），從二十萬年前演化至今，特色是直立站姿、可相對的拇指，而且腦的體積偏大。有些神經科學家認為，社會本能和人腦發展並行不悖；有些生物學家則認為，人和其他哺乳動物的高度社會化特質都是大腦的產物[29]。演化神經科學家主張，人腦分為三大區域，每個區域都反應了演化的不同階段。腦幹是爬蟲類腦（reptilian brain）的遺跡，邊緣系統是哺乳動物腦（mammalian brain）的遺跡，而新皮質（neo-cortex，前額葉皮質區就位於此）是人腦經過演化發展的新區域。[30]這種假說引起各方爭議。有些神經科學家主張，這種腦部演化模型過於簡化。然而這個簡單概念的影響力強大，暗示人的行為是由不同神經區域驅使的原始或精細反應互相影響而成，而且每個腦部區域都蘊藏了獨特的演化歷史。

這和群聚行為有何關聯呢？所有動物都有比較古老、沒那麼進步的腦部區域，包括蜥蜴和猿猴。這些區域和直覺、原始的情感回應有關，包括某些系統一快思模式。也許這些古老

---

27 原注：Luke Rendell and Hal Whitehead (2001), 'Culture in Whales and Dolphins', *Behavioral and Brain Sciences* 24, pp. 309–82.

28 原注：Gene S. Helfman and Eric T. Shultz (1984), 'Social Transmission of Behavioural Traditions in a Coral Reef Fish', *Animal Behaviour* 32, pp. 379–84.

29 原注：這稱為「社會腦假說」（social brain hypothesis）。若想了解此假說，可參閱Robin I.M. Dunbar (2009), 'The Social Brain Hypothesis and Its Implications for Social Evolution', *Annals of Human Biology* 36(5), pp. 562–72.

30 原注：Harry J. Jerison (1973), *Evolution of the Brain and Intelligence*, New York and London: Academic Press; Paul D. MacLean (1990), *The Triune Brain in Evolution: Role in Paleocerebral Functions*, New York: Springer.

的衝動和某些無意識動機有關，因而促使集體群聚。新皮質的主要區域（進行深層思考、講求邏輯的區塊，包括高度認知功能和社會化）是近期才發展出來的，系統二的慢想也是。這可能解釋了自利群聚的傾向。若真是如此，那自利群聚和集體群聚可能是人在不同演化時期發展出的適應策略。也許它們是異曲同工的生存策略，由演化得來的合作本能催化，使人一生下來就習於加入團體和模仿。[31]

順從的重要性

我們看到各種動物，包括所謂的「低等生物」如黏菌，都會犧牲自己，但為何人類經過演化後，內建了自我犧牲的本能呢？賀伯特・西蒙（Herbert Simon）致力發展前一章提到的捷思理論，同時也想找出有些人比其他人更樂於犧牲奉獻的答案。他認為透過自我犧牲，我們會進一步認識親社會本能的演變過程。西蒙認為社會團體中，若有成員秉持利他主義且樂於從眾，在團體壓力下很容易屈服，那麼團體就能運作得更加順暢。他模擬了一個數學模型，來展現這些利他主義者如何幫助演化。如果人類完全沒有利他主義者，就無法逃離滅亡的命運。

西蒙如何解釋這個觀點呢？首先，他找出樂於犧牲的順從者的共通特質：**順從性**（docility）。易順從的人對社會影響力特別敏銳。他們具備高度情緒智能（emotional intelligence），能迅速從社會資訊中學習。順從性是種社會性捷思（social heuristic），就像我們在前一章中提到的捷思法，兩者都是快捷的決策法則。易順從的人不需要直接證據就會相信某件事情，因此不費多少力氣，就能快速吸收社會資訊。我們可能會說，易順從的人很容易被其他心懷不軌、不受教的人利用，因而種下暴政、高壓虐待的禍因。不過西蒙倒是樂觀得多，他認為在各種挑戰嚴酷的環境中，易順從的人可能正是讓團體存活的關鍵。易順從的從眾者為人類帶來適應優勢，讓我們更適於生存。[32]

西蒙的受教理論中最有趣的概念就是，人並不是為了自身利益而順從。順從的人可能擅長評估社會資訊，但他們這麼做並不是為了自己。西蒙的順從理論指出，為了確保社會物種的生存，某些心理特質占有重要的一席之地。西蒙的模型說明，人類和哺乳動物演變成為高度社會化的物種，而演化神經科學的發現正好解釋這些觀點。

---

31 原注：可參考David G. Rand and Martin A. Novak (2013), 'Human Cooperation', *Trends in Cognitive Sciences* 17(8), pp. 413–25. 本文以演化觀點分析人類的合作行為。

32 原注：Herbert Simon (1990), 'A Mechanism for Social Selection and Successful Altruism', *Science* 250, pp. 1665–8.

心智理論

人類高度發展的社會本能，包括模仿和群聚的傾向，都和我們的**心智理論**（Theory of mind）能力有關，也就是我們對他人的信仰、感受和行為的推理能力。人腦處理社會資訊時的反應，可能不只受到觀察他人的直接經驗影響，也受到自身同理心、想像中情感反應的影響。神經科學家發現，想像別人的經歷時，特別是我們親近的人，人的神經反應和親身經歷的反應相同。同理心幫助身為社會動物的人類理解他人，產生同一種情緒。

神經科學研究發現，同理心的反應來自自動的感情處理迴路，而且有些迴路早在很久以前就演化成形了。倫敦大學學院衛康神經科學造影部門的塔尼雅・辛格（Tania Singer）和其同事就曾以此做為研究主題。辛格和其團隊邀請十六對二十幾歲的情侶，到實驗室參與同理心實驗。在過程中，研究人員以fMRI腦部掃描監控參與者的神經反應。所有的參與者都受到溫和的電擊，研究者並要求女性參與者觀看另一半受到電擊的情況。實驗者發現，女性不只在自身受到電擊時，也會在看到另一半受到電擊時，啟動痛覺的神經網路。[33]為什麼會有這種現象呢？有個解釋是，經過演化，我們在在乎的家人與朋友受苦時，也會產生類似的感情反應。就某個角度來看，這種情緒反應有助於學習。體會他人痛苦的過程中，我們也懂得預測自己若遇上類似情況，會發生哪些事情。[34]觀看他人的神經反應，正是自己若置身於同樣的情境下，可能體驗到的感受。研究者推論，同理心來自腦島等區域的自動感情處理機制——腦島是人腦中非常古老的區塊，處理許多不同「價性」（valence）的情緒。正面、「好」的情緒是正價性，而負面、「壞」的情緒就負價性。害怕、噁心、難過都是負價性情緒，信任、愛和快樂是正價性情緒。

這和群聚或反抗本能的演化過程又有什麼關聯呢？前一章提到，神經科學的證據顯示，群聚選擇可能是受到系統一快思和系統二慢想的交互影響。當心智理論能力激發人的模仿本能時，系統一和系統二可能也出現交互作用。[35]同理心之類的社會情緒扮演相當重要的角色。想像自己處在別人的立場，讓我們理解別人的想法和感受。舉例來說，一名好老師會設身處地為學生著想，想像學生的困惑感。也許老師會利用自身學生時期的經驗，來安排適宜學生的課程。心智理論能力也能自助。在資訊錯亂或不足的情況下，「心智化」（mentalising）的

---

33 原注：Tania Singer, Ben Seymour, John O'Doherty, Holger Kaube, Raymond J. Dolan and Chris D. Frith (2004), 'Empathy for Pain Involves the Affective But Not Sensory Components of Pain', *Science* 303(5661), pp. 1157–62. 亦可參考Patricia L. Lockwood (2016), 'The Anatomy of Empathy: Vicarious Experience and Disorders of Social Cognition', *Behavioural Brain Research* 311, pp. 255–66.

34 原注：Tania Singer and Ernst Fehr (2005), 'The Neuroeconomics of Mind- Reading and Empathy', *American Economic Review* 95(2), pp. 340–5.

35 原注：Una Frith and Chris Frith (2003), 'Development and Neurophysiology of Mentalizing', *Philosophical Transactions of the Royal Society B* 358(1431), pp. 459–73; Chris D. Frith and Una Frith (2006), 'The Neural Basis of Mentalizing', *Neuron* 50(4), pp. 531–4.

過程能幫助我們。比方說，在高速公路上開車時，自我保護本能會讓我們盡量避免意外。我們運用高度的社會功能，包括心智理論能力，來理解其他駕駛人的想法並依此駕駛，同時預測其他人的種種決策，避免車禍發生。

我們擁有心智理論能力之類的社會本能，但這和神經功能又有何關係？神經科學家把腦中一個區域稱作布羅德曼第十區（Brodmann area 10），在這裡，我們擁有將信念和他人行為心智化的能力。當人們進行和信任、合作、懲罰有關的賽局時，實驗人員觀察到布羅德曼第十區活絡運行。當這一區受損，人可能會出現自閉症，而自閉症就是心智理論能力受限的神經發展障礙。自閉譜系障礙的孩童，包括亞斯伯格症候群（一種比較輕微的自閉症），不太了解感情，也不懂社會線索（social cues）。[36]在輕微自閉症的人身上，我們發現腹前額葉皮質（ventral prefrontal cortex）的活動特別熱絡，這可能是社會理解障礙所造成。也許，這代表自閉譜系障礙的人意識到自己的同理心不足，因此花上更多的認知能力，試圖克服這方面的不足。

猴子鏡像

心智理論解釋了人類和猴子都發展模仿能力的原因。這些高度社會化的功能又從何而來？愈來愈多的神經科學家探討腦部結構如何讓動物具備高度的社會功能。當我們模仿他人，生理上會出現哪些變化？有些神經科學研究已發現人運用同理心感知他人的痛苦時，身上會出現的運動反應（motor responses）。學者藉由穿顱磁刺激（透過暫時的磁刺激，啟動特定腦部區域）來研究。[37]其他經濟學家也在人和猴子、猿類、鯨魚、海豚、大象身上發現特定神經元（紡錘體神經元〔von Economo neurons，亦稱 spindle neurons〕），暗示人類和其他高等哺乳動物的社會能力可能源自於此。[38]除此之外，以靈長類動物為對象的單一神經元實驗，也發現另一個和紡錘體神經元類似且和模仿本能有關的神經元——鏡像神經元（mirror neurons）。在單一神經元實驗中，將電極插入一個神經元，並測量經過的電生理脈衝。如果脈衝強烈，代表神經元受到高度運用。鏡像神經元位在靈長類腦部的前運動區——和人類的前額葉皮質相比，這裡沒那麼進步，無法用意識控制。當猴子看到另一隻猴子做一個動作時，如握住一根香蕉，觀看的猴子腦中的鏡像神經元就會啟動，好像自己也伸手握住了那根

---

36 原注：Elisabeth Hill and David F. Sally (2003), 'Dilemmas and Bargains: Autism, Theory-of-Mind, Cooperation and Fairness'. https://ssrn.com/abstract=407040 (accessed 25 October 2017).

37 原注：亦可參考Alessio Aventani, Domenica Bueti, Gaspare Galati and Salvatore M. Aglioti (2005), 'Transcranial Magnetic Stimulation Highlights the Sensorimotor Side of Empathy for Pain', *Nature Neuroscience* 8(7), pp. 955–60，本文以穿顱磁刺激研究人如何同理他人的痛苦。

38 原注：Franco Cauda, Giuliano Carlo Geminiani and Alessandro Vercelli (2014), 'Evolutionary Appearance of Von Economo's Neurons in the Mammalian Cerebral Cortex', *Frontiers in Human Neuroscience* 8, article 104.

香蕉。[39]

除了猴子，人類也有鏡像神經元系統，也就是鏡像系統（mirror systems），但學者仍在研究鏡像系統的功能。藉由鏡像，也許我們能了解模仿者的感受和行為。鏡像幫助我們預測他人受到何種力量驅使，而這個資訊會幫助我們做出比較好的決策。但我們很難取得鏡像系統在人腦運作的直接證據，因為單一神經元實驗是一種極為侵入式的實驗。如果我們能從靈長類的實驗中，推論人的模仿和猴子身上偵測到的鏡像過程一致，那麼這和群聚行為可能大有關係。在人類身上，鏡像系統調節的模仿學習行為，可能和複雜細膩的社會規範學習有關，比如語言和文化等現象。[40]除此之外，鏡像系統也許也能解釋藉由社會學習出現的群聚現象，而社會學習正是自利群聚的關鍵因素之一。

社交媒體世界中的火神武爾肯（Vulcan）

在本章中，我們已認識到，許多模仿行為是數萬年下來演化的結果，在主宰現代世界的科技出現之前，就已存在於人類身上。[41]這些演化而來的行為，幫助我們在原始的狩獵、採集情境中，能夠適應小型社會團體並生存。同時，這些行為也幫助我們獲得更佳的學習效率，因為在小型團體中，個體更容易觀察他人行為，也方便監控同伴。在基本資源稀少又容易腐敗的艱困自然環境中，衝動之類的情感會增加我們的存活率。迅速行動是避免餓死的基本能力。因此，腦的邊緣系統不斷發展，鼓勵衝動的情緒反應，包括衝動的集體群聚行為。

善於模仿的物種，好點子和重要資訊更容易透過模仿迅速流傳。[42]而在情感層次，也有類似的現象。在猴子和人類身上，情感傳遞的速度很快。當孩子哭泣、大人陷入危險情境時，情緒都會快速傳染。舉例來說，哀悼者的心情（就像前言提到黛安娜王妃逝世後，蜂湧至白

---

39 原注：參閱 Giacomo Rizzolatti and Laila Craighero (2004), 'The Mirror Neuron System', *Annual Review of Neuroscience* 27(1), pp. 169–92; Giacomo Rizzolatti (2005), 'The Mirror Neuron-System and Imitation', in *Perspectives on Imitation: From Neuroscience to Social Science*, vol. 1, *Mechanisms of Imitation and Imitation in Animals*, ed. Susan Hurley and Nick Chater, Cambridge, MA: MIT Press, pp. 55–76; Marco Iacoboni (2009), 'Imitation, Empathy, and Mirror Neurons', *Annual Review of Psychology* 60, pp. 653–70;　及Marco Iacoboni, Roger P. Woods, Marcel Brass, Harold Bekkering, John C. Mazziotta and Giacomo Rizzolatti (1999), 'Cortical Mechanisms of Human Imitation', *Science* 286, pp. 2526–8. Baddeley, Curtis及Wood (2004) 認為鏡像神經元活動也許解釋了社會經濟脈絡中的模仿與群聚現象。

40 原注：Rizzolatti and Craighero (2004).

41 原注：若想了解人類行為演進的概略分析，請參閱Paul Seabright (2004), *The Company of Strangers: A Natural History of Economic Life*, Princeton University Press. 若想認識人類行為的歷史，可參考Yuval Noah Harari (2014), *Sapiens: A Brief History of Humankind*, London: Harvill Secker/Random House. 亦可參考'*Homo sapiens*', Smithsonian National Museum of Natural History online, 29 June 2017. http://humanorigins.si.edu/evidence/human-fossils/species/homo-sapiens (accessed 7 September 2017).

42 原注：可參考Elaine Hatfield, John T. Cacioppo and Richard L. Rapson (1994), *Emotional Contagion*, Cambridge University Press.

金漢宮的人所感受的情緒）正是一個實例，顯示情緒如何在人群和暴民間蔓延。宛如流行傳染病般不斷散播的情感，可能在生存機制扮演重要角色。系統一快思主導情感，而且處理的速度很快。情感不受意識控制，不自覺的在人群中擴散。快速傳遍團體的情感波向個體發散逃跑或戰鬥等信號。以這種觀點來看，在情緒感染的過程中，個體不需要任何思考，也不需要有意識的決策，就能無意識的反應、行動，幫助動物存活，而這在緊急情況中特別有用。神經科學家拉法特和其同事認為，特定的情感傳染（emotional contagion），或更廣泛的社會傳染（social contagion），在演化上具備重要價值，因為它們讓情感在模仿者群體中快速散播，讓社會常規更加穩固。[43]

而我們的原始本能，是否讓我們更容易重蹈覆轍？在簡單的狩獵、採集社會中，個體利益和團體利益通常相輔相成，很少彼此相違。一旦有人出現違背常規的行為，很快就會被眾人發現，這些人不是被流放，就是面臨被孤立的下場。但是，在人類歷史的演進過程中，隨著文明不斷發展，個體和社會利益之間的差距也一一浮現。隨著二十、二十一世紀到來，科技一躍千里，電腦和全球化的發展，個體利益和社會利益的出入也愈來愈大。這為我們的日常生活帶來深遠影響，但和漫長的演化史相比，這些改變根本發生在毫秒間。面對市場、政府等現代機構，還有金錢、電腦等現代產物，人們根本還來不及適應並改變群聚傾向和其他習慣。

神經科學家強納森・柯恩（Jonathan Cohen）以樂觀態度面對現代世界與人類本能間的衝突。社會影響力是人腦演化中重要的一環。過去，當我們處在比較小的團體中，重複互動的機率更提高。隨著社會本能發展，我們對自私和剝削行為發展出強烈的情緒反應，這正好保護了我們。柯恩認為，直覺反應是因特定目的而發展，儘管過去的目的現已消失，人類行為仍照舊不變，明顯不適合科技主導的現代世界，但也許不會像我們擔憂的，會引發毀滅性的結果。這是因為，人腦已經過火神的洗禮，正像加入硫磺加熱的橡膠變得更加堅硬穩固一樣。根據柯恩的說法，火神洗禮後的人腦具備各種機制，大部分都促使我們合作，有時使我們彼此競爭。前額葉皮質的發展讓我們更加堅韌，讓人們在許多決策過程中，調節感情的力量。[44]

自利群聚和集體群聚的遠因可能很類似，但近因則受到不同神經機制所控制，每一種機制都在演化史的不同階段中發展。演化生態學的觀點幫助我們了解，群聚本能並不是為了個體目的而發展出來。從社會動物的分析中，我們看到自我犧牲是種常見的機制，許多動物都

---

43 原注：Raafat, Chater and Frith (2009).

44 原注：Cohen (2005).

藉此增加整體物種的存活率。

在現代世界中，這些影響如何運作呢？今天和智人首次出現的時代已大不相同，而一個人或一小群人做下毀滅性的選擇，在今天和過去也會造成截然不同的影響。原始社會中，部落之間的征戰並不會造成太嚴重的傷亡。今天，當有人偏好某一團體、排斥別的團體，並啟動自我犧牲的本能（比如全球恐怖主義的例子），就可能對人類造成巨大且難以挽回的後果。握有核武等長程武器的國家偏好自己的內團體時，可能造成大量死亡，摧毀其他國家。以經濟來說，全球化雖然讓部分團體積聚驚人財富，但許多人卻陷入貧窮、不平等的境地。

在過度仰賴科技的世界，我們從演化發展的群聚本能足以造成邪惡的後果。新發明幫助我們在全球各地建立虛擬的社會網絡，而這些網絡已不受過去傳統的成本和審核制度規範。不過，近來網站爆發違背道德、利用個人資訊的醜聞，也許會再次改變這種現象。社群媒體讓模仿者之間的資訊傳播更加快速，因此，至少從理論來說，我們能更有效的掌握每一秒在世界各地發生的事情。但我們是否過度連結了？也許，當人們廣泛的和世界上不同的人群聯繫，反而加強了模仿和逆向操作本能中的黑暗面？不管是假新聞或網路霸凌，社群媒體都是背後的推手，顯示人的模仿本能迅速的蔓延。現代科技使人們更頻繁的互動，而模仿本能的潛在後果也更加嚴重。今日的群聚和反群聚可能會造成哪些效應？為了了解兩者在現代的掙扎與互動，我們將在下面章節分析各種模仿者和逆向操作者，和兩者之間每天上演的衝突。

第五章　標新立異人士

我們已見識到常規和模仿如何掌控日常生活，而在我們當中通常只有一小群人是標新立異者和逆向操作者。他們多半擁有少見、與眾不同的特質，在旁人眼中，他們可能很怪異，甚至看來有點邪惡。儘管如此，許多人仍深受標新立異人士吸引，原因也許是因為他們身上有著我們欠缺的個人特質和習性。或者我們發現，若團體中只有模仿者，眾人就會陷入群龍無首的困境，因此期待逆向操作者帶領我們。不過，世上不能出現太多的逆向操作者，不然就會陷入混亂之中。

我們在第二章介紹了心理社會學家和心理分析師賴希對群眾心理的解析。除此之外，他也研究標新立異人士的心理及我們對這些人的矛盾心情。在政治領域，賴希可是名激進分子。他在一九二八年加入奧地利共產黨，提倡大規模的社會改革，包括性解放和積極改善窮人的社會狀況。他的想法引起激烈爭議，許多人因此視他為怪異乖戾之人。他的一生毀譽參半且複雜難懂。他最廣為人知的事蹟，就是提倡無拘無束的愛。據說，「性革命」（sexual revolution）一詞正是由他所創，因此他在某些圈子裡可說是惡名昭彰。最令他聲名狼籍的，就是他提倡性高潮能解決社會和心理問題，還發明了「奧根能量積蓄器」（orgone energy accumulator），一個號稱能促進性高潮的櫃子。積蓄器有各種設計和質地，有的裡面鋪了地毯，有的則呈現蛋形（電影迷也許還記得伍迪・艾倫〔Woody Allen〕在一九七三年的科幻喜劇《傻瓜大鬧科學城》〔*Sleeper*〕中，就以性高潮誘導器〔orgasmatron〕影射奧根能量積蓄器）。

賴希就像許多標新立異人士，過了大起大落的一生。他是知名精神病學家和心理分析師，年紀輕輕就成為維也納心理分析界的知名成功人士，還在佛洛伊德的精神疾病診所（Ambulatorium clinic）當了一陣子的副主任。賴希早期寫就的大眾心理學和大眾特質相關論文不但帶來深遠影響，也啟發許多新生代心理分析師，包托佛洛伊德的女兒安娜。他甚至說服不少大人物實施他奇特的性療法，好測試其理論的可靠度。愛因斯坦曾和賴希深談數次，連他也被賴希說服，根據性能量做了一些實驗。賴希提倡各種頗富爭議的療法，包括原始療法和「植物療法」（藉由按摩釋放能量的療法），引起新聞媒體和同儕學者的批評。一九四〇年代開始，賴希不得不自掏腰包，才能將自己的奇特理論付印。雖然他有不少支持者，但社會大眾最終棄他而去。面臨麥卡錫時代[1]的監視，又被共產黨驅逐，這位標新立異人士最終以慘淡的方式結束人生。他因違反禁制令，堅持製造、販賣奧根能量積蓄器而入獄服刑，在六十歲時告別人世。[2]

賴希標新立異的概念，曾受人讚揚也曾受人恥笑，至少很長一段時間，許多人勉強尊重這種想法。像賴希這樣的特異人士，最終面臨的關鍵轉折點往往是自己的想法不符大眾已知、渴望、想要或相信的觀念，也就是與當前盛行的時代精神完全背道而馳的觀念。當他們的想法與現實完全脫節，不符群眾的認知，大眾立刻從忍耐接受轉為群起撻伐。賴希亦曾指出會造成這種轉變，並不一定是受到多數人的共識影響。既得利益者處心積慮研究大眾的看法，一心想壓制反抗的標新立異者或團體裡的眼中釘。而在今天的世界，社群媒體賦予這些人更多力量，迅速將情緒訊息散布到各個角落。

大多數人都非常懷疑，甚至難以容忍標新立異者。比方說，與婚姻、家庭結構、家庭生活相關的社會常規，常常是難以撼動的傳統。即使今天，勇敢違抗傳統的女性，仍必須面對聲名一敗塗地、被家庭或社會放逐、實體排擠、心理傷害、受到暴力對待的風險，甚至也會受到各種生命威脅。舉個實例，記者荷波薩娜・紹寒（Upasana Chauhan）記述當她自行決定結婚對象時，父母就曾用各種方式脅迫她放棄。紹寒出生於印度的哈里亞納邦，長大後認識

1 譯注：指的是一九四〇至五〇年代的反共、排外浪潮，當時許多人受到監控，在沒有明確證據下就受到調查、審問和定罪。

2 原注：Christopher Turner (2011), 'Wilhelm Reich: The Man Who Invented Free Love', *Guardian*, 8 July. https://www.theguardian.com/books/2011/jul/08/wilhelm-reich-free-love-orgasmatron (accessed 7 September 2017).

一位不同種姓階級的男子，兩人雙雙墜入愛河。她向父母宣布兩人打算結婚，而父母的第一個反應，居然是恐嚇要殺了她的愛人。他們把女兒監禁在家裡好一陣子，直到她說服他們，她絕不會在沒有父母的祝福下結婚。[3]最終，紹寒的父母和社區鄰里終於同意接納兩人的親事。和其他處境相同的人相比，她實在非常幸運。許多遭遇同樣困境的異議者，除了遭社會驅逐於外，還可能落到更可怕的下場。[4]

標新立異者在人群中激起各種矛盾，上述情形只是冰山一角。我們可能擔心他們的動機或手段，也對他們提出的想法感到困惑。但與此同時，我們也對他們著迷不已。標新立異人士的奇特風格吸引眾人的注意，畢竟很多人都喜新愛異。至少就原則而言，大部分的人都欣賞與眾不同、新鮮獨特的事物。新想法很珍貴，標新立異人士往往就是敢於拋棄陳規舊習、擁抱新概念的人。正如凱恩斯的觀察：「創造新想法並不難，跳脫舊想法才難。舊想法陪伴我們成長，已深植於心靈的每個角落。[5]」

插畫家威廉．希斯．羅賓遜（William Heath Robinson）創作了一系列神奇的新發明，激起人們對特殊事物的愛好，有些跟賴希的奧根能量積蓄器倒有異曲同工之妙。他的發明異想天開又瘋狂，常常只用一條細繩支撐整組儀器。「疣椅」（wart chair）是其中一個稀奇的點子，它唯一的功能就是移除頭部的疣。他設計了一個能做出各種動作的機器，只為了採集復活節彩蛋；他又以烏克麗麗為主體，發想了一個打蚊子機。[6]英國字彙庫甚至把他的名字「希斯・羅賓遜」變成形容詞，專門描述那些用雜亂無章的零件恣意拼湊而成、勉強湊合著用的東西。[7]但他天馬行空的概念並不只是為了好玩而已；在早期，他用各種作品對抗德國的政治宣傳，同時提振在第一次大戰的戰壕中受盡苦難的軍士士氣。而在後期，他的畫作溫和的嘲諷專家的自負和官僚架子。他畫筆下那些奇形怪狀的機器，其實暗諷兩次世界大戰之間拜占庭式的官僚制度和結構。標新立異人士甚或異想天開的瘋狂點子，只要經過審慎的評估，就能在社會與政治層面上影響群眾的主觀意見。有時，我們需要他們來平衡生活中各種過度強勢的群聚現象和傳統。我們喜歡看到勇於挑戰威權和政府的逆向操作者。他們的獨立思考令人嘆服，總是迸出令人著迷的想法，啟發了我們的想像力，帶來樂觀積極的力量。

---

3 原注：Upasana Chauhan (2016), 'Why I Risked an Honor Killing to Reject an Arranged Marriage', *TIME*. http://time.com/4450544/arranged-marriage-india/ (accessed 30 September 2017).

4 原注：For a survey on the literatures covering the negative impacts, see Kipling D. Williams, Joseph P. Forgas, William von Hippel and Lisa Zadro (eds) (2005), *The Social Outcast: Ostracism, Social Exclusion, Rejection, and Bullying*, The Sydney Symposium of Social Psychology series, New York/ Hove: Psychology Press/Taylor & Francis Group.

5 原注：Keynes (1936), p. xxiii.

6 原注：W. Heath Robinson (2007), *Contraptions*, London: Duckworth; 'William Heath Robinson', Heath Robinson Museum online. https://www.heath-robinsonmuseum.org/williamheathrobinson (accessed 7 September 2017).

7 原注：倫敦的威廉・希斯・羅賓遜博物館展示他天馬行空的各種貢獻。請參閱 Olivia Solon (2016), 'William Heath Robinson Museum Finally Opens This Weekend. Who is the Man Behind the Legend?', *Wired*, 13 October. http://www.wired.co.uk/article/heath-robinson-deserves-a-museum (accessed 7 September 2017).

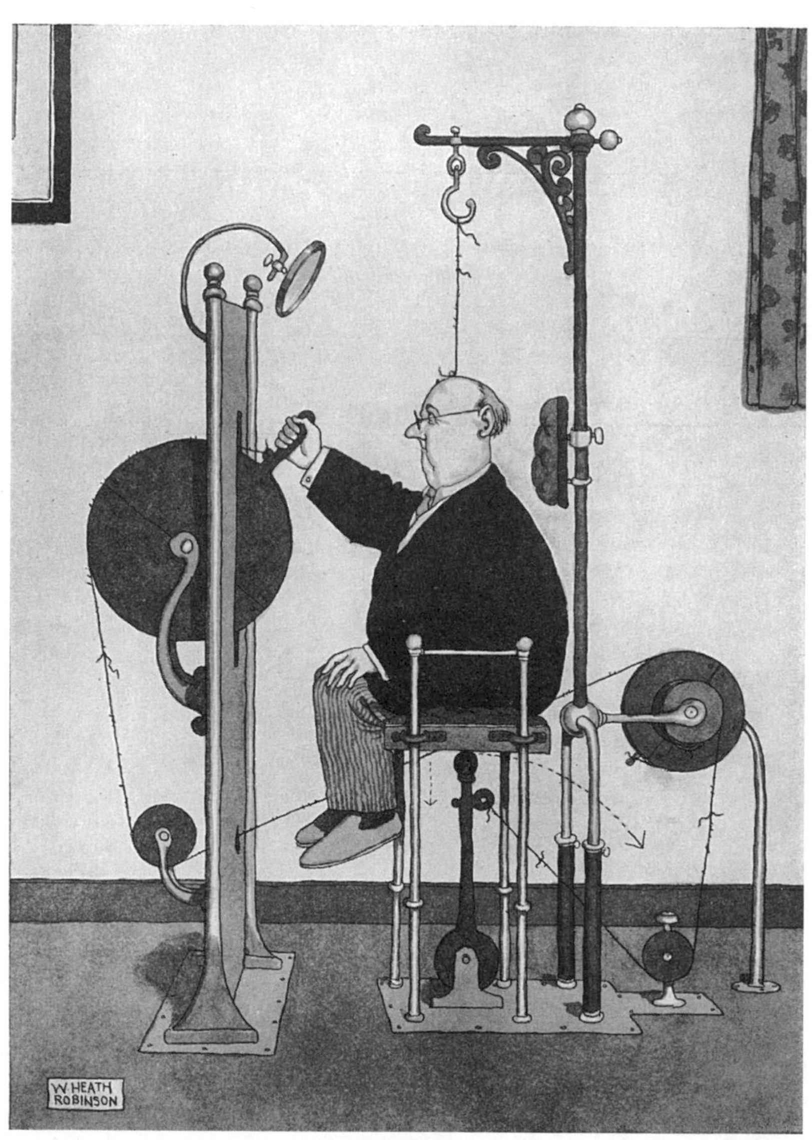

圖六：標新立異的想法。希斯．羅賓遜的疣椅。

何必標新立異？

所以，標新立異人士的動機是什麼？他們為何甘願冒著眾人反對的危險，堅持自己的路？為什麼我們之中，有些人選擇恪守社會常規，有些人卻選擇獨排眾議？各種社會影響力誘發人的從眾本能。同樣的，逆向操作者的行為也受到許多複雜的經濟、社會、心理影響。前幾章討論許多模仿者特有的行為。模仿者所追求的，有時是自身的利益，有時則依循某種集體意識而行動。不管如何，每個模仿者都因為各種不同的理由而選擇和人群共進退，而這些理由多半歸因於，在不確定性高的環境中，個人與整體必須尋求利益和存活率。乍看之下，逆向操作者的動機似乎比較難懂。逆向操作者和標新立異人士的相關文獻的確遠少於模仿者和群聚現象，但選擇反抗人群的標新立異人士，背後的動機其實和模仿者極為相似。我們選擇成為模仿者，一部分是因為團體帶來經濟效益，這和自身利益有關。自身利益同樣也是促使人們標新立異的動機。反抗人士一樣運用社會資訊，建立自己的名聲，並在風險和報酬間審慎評估所要付出的代價，取得平衡。自利群聚者的邏輯和逆向操作者差不多，只是後者以**相反**的行為增加優勢。他們和模仿者一樣斟酌經濟誘因，只是選擇走上和眾人相反的道路。自身偏好促使這些人反抗和反對主流。除了有意識的個人主義動機，促使人們集體群聚的無意識動機也是驅動標新立異者的因素。很多人並不是理性考量各種利害關係後才決定逆向操作，有時他們受到認知偏誤、個性和情感等心理影響左右，我們將一一說明。

標新立異者和資訊

要研究標新立異人士行為背後的誘因，最好的辦法就是以經濟學家的自利群聚模型為起點。根據這些經濟模型，模仿者和逆向操作者的本質相同。他們都很理性，都想獲得最大的自身利益，唯一的差異是他們在權衡利害後，做出剛好相反的選擇。

經濟模型儘管僵硬，卻充分捕捉到標新立異人士和逆向操作者的某些面向。如果資訊充足，不確定性低，那麼選擇與眾人迥異的道路，不失為符合經濟效益的作法。在匿名市場和其他體制中，人們的選擇和決定互相影響，此時犧牲自身利益對任何人都沒有好處。但真實世界並非如此。我們活在一個資訊不足、不確定性很高的世界，隨處可見市場失靈的例子。

第一章提到兩家餐廳擇一的例子，群聚經濟模型藉此分析人們權衡私人和社會資訊的過程。經濟學家假設，人們藉由數學法則（特別是貝氏定理）來評估不同種類的資訊。面對兩家餐廳，我們可能掌握某些私人資訊，比如朋友的推薦；我們也可能握有一些社會資訊，比方說，某家餐廳人滿為患，另一家卻門可羅雀。餐廳中的人潮愈多，人們選擇那家餐廳的機會也愈高。那麼，為什麼逆向操作者選擇另一家餐廳呢？

在簡單易懂的餐廳例子裡，人們公平的考量私人資訊和社會資訊，但證據的數量多寡會影響人們的決定。每個不同的資訊，對我們來說都是一個獨立信號。我們接收到私人信號（餐廳評論或朋友推薦），並接收到數項社會信號，餐廳內顧客的數量就是我們接收到的社會信號數量（我們推論，每個顧客本身都有選擇這家餐廳的理由）。對大部分的人來說，數量龐大的社會信號，比一項私人信號重要得多；但逆向操作者可能特別重視私人信號，他們很有自信，毫不在乎他人行為，全憑個人主見決定。一般人容易受他人影響，但逆向操作者不為所動，低估他人選擇的社會資訊，大大高估私人信號。

只要結合這些觀點，就能利用經濟學的群聚模型了解標新立異人士。一九九八年，赫舒勒費和他的博士班學生羅伯特．諾雅（Robert Noah）革新群聚模型，調整為「特異者」（misfits）的模型；所謂特異者就是標新立異人士和逆向操作者。他們認為，特異者打斷了自利群聚模型——若整個群體正走向錯誤方向，這不失為一件好事。在社會進步和促進整體福祉的角度上，有時特異者占了舉足輕重的角色，但端看特異者屬於哪一種類型。[8]根據赫舒勒費和諾雅的觀點，有數種人不會加入排在餐廳外的人龍。第一種是「菜鳥」（Newcomers），他們可能剛到現場，沒有機會觀察人群，也可能不太懂得運用社會資訊，或基於某種原因而不想加入人群。第二種是「先知」（Prophets），他們握有比較好的私人資訊（而且對資訊內容有所理解），不會因別人的行動而改變主意。在菜鳥和先知之外，還有自信過剩的「傻子」

8　原注：David Hirshleifer and Robert Noah (1998), 'Misfits and Social Progress', in Robert Noah (1998), *Essays in Learning and the Revelation of Private Information*, PhD thesis, University of Michigan, ProQuest Dissertations Publishing.

（Fools），他們並沒有比別人好的資訊，但自以為聰明，自大的高估私人見解，認為自己握有王牌，對群體行動的社會資訊不屑一顧。最後是「反叛者」（Rebels），他們的報酬定義與眾不同：也許反叛本身就能為他們帶來滿足感，因此他們傾向忽略他人行為中的社會資訊。9

然而，不管是菜鳥、傻子、先知還是反叛者，所有的逆向操作者在反群聚時，看起來都一模一樣，根本無法從觀察他們的外在行動分辨其中差異，畢竟我們沒有資訊來評斷他們可不可靠。這些人全都逆群聚之道而行，但背後的動機大不相同。有些逆向操作者的邏輯並不適用於一般人，甚至可能誤導民眾。我們如何決定該不該跟隨他們？難就難在，這個問題並沒有明確的答案。不知何去何從的民眾也許會重視先知握有的資訊，低估菜鳥和傻子的資訊；我們也可能會想多了解逆向操作者，以便確認他們是否名聲良好，或具備先見之明。真正聰明的先知通常已有一連串的事蹟，並因此聲名遠播。但是該不該跟隨反叛者是個難以論斷的問題，因為我們可能會因為渴望效仿他們的獨立天性而決定複製其行為。我們進退兩難：既想當個特立獨行的人，又不想完全落單。我們可能欠缺自信，不願當個孤單的逆向操作者，但若反叛者願意當領頭羊，我們就樂意加入一小群逆向操作者。

標新立異人士勇於冒險

模仿者想盡辦法規避風險，而大多數標新立異人士的共同點，就是他們熱愛享受冒險的滋味。這一點在財經界的逆向操作者身上格外明顯。對他們來說，因特立獨行而面臨風險再正常不過。[10]不管是真實案例或虛構情節，這些人士的事蹟也成了好萊塢的熱門題材，像是《華爾街》（*Wall Street*）中的戈頓．蓋柯（Gordon Gekko），一個對他人漠不關心、只在乎積攢財富的自私罪犯，到二〇一五年的傳記電影《大賣空》（*The Big Short*），描述真實世界中一群標新立異的交易員的故事，不過他們在追逐金錢的過程中，至少還保有些許社會良知。《大賣空》以一九九〇年代到二〇〇〇年代為背景，當時美國次級房貸暴增，產生大量的不動產抵押資產，而數名精通此道的交易員卻逆向下注。在大崩盤前，大家嘲笑他們，對他們不屑一顧，但最後他們卻是對的，並利用先見之明大賺一筆。他們根據客觀證據，發現美國的次級房貸市場已經變得太過浮動，客觀分析後，毅然決然反向操作。以整體而言，當標新立異人士違背眾議時，必須面對很高的風險。比方說，當大家都在出售某項金融商品時，一個

9　原注：Hirshleifer and Noah (1998).

10　原注：可參閱 Chunpeng Yang (2011), 'Maverick Risk of Individuals' Risk Perceptions', *Journal of Systems Science and Information* 9(2), pp. 119–26. 我們將在第六章進一步探討標新立異的風險。

獨排眾議、大量買進的投機者承擔了極大風險，除了可能會損失大量金錢，更可怕的是，萬一做錯決定，自己的聲譽也可能毀於一旦。為什麼投機人士樂於標新立異，反群聚的孤注一擲？原因很簡單，一旦投機人士戰勝市場，潛在的報酬可是非常豐厚。模仿者和逆向操作者所面臨的風險，可用另一個經濟模型來解釋。提出從眾模型的美國經濟學家博恩海姆認為，對重視自利、在乎地位的人來說，從眾有其價值；但對其他人來說，逆向操作的價值更高。博恩海姆認為，標新立異者和模仿者的不同，不只是因為標新立異者樂於與眾不同，而且他們的喜好非常極端，違反社會常規造成的高風險不足以使他們打退堂鼓。[11]

要了解風險如何影響人的行為，得先認識經濟學家如何詮釋風險。經濟學家花了很多心思研究風險，一般認為，只要稍加改良**效用理論**（utility theory），就能解釋人為什麼願意做下高風險決策。效用理論是主流經濟學基礎之一，經濟學家用「效用」來描述快樂和滿足感。若我們認為某個東西很有用，它就能帶來效用（有用的定義非常廣泛）。以最簡單的主流經濟理論來說，人們希望自己購買、喜歡的東西發揮最大效用，好帶來最多利益。

預期效用理論（Expected utility theory）則加上機運（chance）。[12]人無法確知接下來會發生什麼事，只能考量不同事件發生的相對機會，也就是**預測**未來結果。要買一張樂透彩券時，人們會評估贏得大獎和槓龜的機會。如果我們理性評估，就知道贏得大獎的機會非常渺茫，很有可能什麼也贏不到（不然的話，那些爭相營利的組織怎有可能發售樂透彩券？）。

為了了解人們對風險的不同態度，經濟學家結合預期和效用兩者，觀察人的欲望得到滿足時，兩者如何變化。俗話說得好，錦上添花焉知非禍。就算我們很喜歡某樣東西，但得到愈多，獲得的滿足就愈少。舉個例子來說，吃下一包巧克力棒後，我們可能意猶未盡還想再吃，但不想再吃第三包，因為這樣就太多了。若吃完十包巧克力棒又來一包，也許不會再帶給我們任何的滿足感。這就是經濟學的**邊際效用遞減法則**（diminishing marginal utility）：每多吃一包巧克力棒，它帶來的效用就隨之減少。極端結果（一包巧克力棒也沒有，或擁有一大堆）並不會帶來更多效用。我們喜歡中庸，所以五包左右的巧克力棒恰恰好。

經濟學家假設，對大部分人來說，金錢也符合邊際效用遞減法則，而且跟風險關係密切。在經濟理論中，若提供一個傾向規避風險的人兩個選擇，一個是保證獲得一筆金額（比方說十美金），另一個選擇則是賭博：贏得一百美金的機率為百分之十，但有百分之九十的機率什麼也贏不到。此時他們絕不會選擇賭博。避險的人不喜歡極端結果：一想到必須承擔完全落空的風險，就算可能贏得一百美金，也無法吸引他們。規避風險的人寧願選擇中庸，放

---

11 原注：Bernheim (1994).

12 原注：最早提出預期效用理論的文獻，是John von Neumann and Oskar Morgenstern (1944), *Theory of Games and Economic Behavior*, Princeton University Press.

棄贏得大獎的機會，以防面臨太大損失。愛好風險的人剛好相反：對他們來說，金錢的邊際效用是遞增而非遞減。擁有愈多的錢，他們對錢的渴望也愈強烈，因此樂於參與大贏大輸的賭博。雖然可能會輸得一敗塗地，但只要贏，就會得到非常豐厚的效用。

預期效用和風險的概念，正好用來分析享受冒險的標新立異人士。從眾者偏好中庸之道，墨守常規可能不會獲得太多好處，也不會面臨驚人損失。然而，跟隨他人不會為逆向操作者帶來滿足感，他們樂於成為異端，喜歡特立獨行所帶來的風險。他們不想要群聚的優勢，對他們來說，那只是平庸的滿足、平庸的存在。他們想做些不一樣的事，想要多一點刺激，就算可能失去一切也無妨。

戰勝人群

冒險的標新立異人士也渴望打倒人群。有時贏家能獲得一切，第二名什麼也得不到。所謂的獎賞可能是金錢，也可能是名聲或眾人的掌聲。為了戰勝他人，標新立異者常願意擔下驚人風險，投入昂貴成本，付出個人或金錢上的代價。發明和革新就是搶占先機的最好例子。若科學家重現別人的研究成果，就無法獲得多少好處。即使在重複過程中，他們因失敗而發現前人的研究缺陷，因此提出截然不同的看法，仍難以獲得重視，甚至無法發表，因為科學期刊偏好原創且正面的研究，對那些指出別人的原創意見有誤的論文則興趣缺缺。

擊敗群眾也會影響聲譽。標新立異人士並非不在乎名聲，只是選擇的成名手段與眾不同。第一章提到模仿者的名聲比較穩定，因為他們失誤時，代表許多模仿者也犯了一樣的錯。標新立異人士對名聲的看法剛好相反。他們重視自己獨排眾議的名聲，這樣一來，當眾人犯錯、自己一枝獨秀時，就能收割豐厚的成果。他們的名聲奠基於特立獨行，而非墨守陳規。模仿他人能保護聲譽，而當一個人發展新穎又獨到的見解，也能一夕成名。便利貼發明人艾倫．艾姆隆（Alan Amron）的例子，就顯示名聲對開創先驅來說也很珍貴。艾姆隆之所以和3M公司打官司，不只事關四億美金的和解金，他也很介意3M宣稱自己是便利貼的發明者：「我只是要他們承認我才是發明者，而不是他們……只要他們持續宣稱自己是便利貼的發明人，就等於是在破壞詆毀我的名聲。」對活在社會的艾姆隆來說，被眾人尊為一項產品的發明者，對他的名譽和自尊都有莫大的影響。[13]

不過，預期效用理論也只能解釋反群聚和冒險之間的某些關聯。但跳脫一般經濟學的範疇，行為經濟學家和經濟心理學家都批評預期效用理論，其中最著名的學者，當屬心理學家

13 原注：'Sticky Lawsuit: $400M Dispute Lingers Over Post-It Inventor', *Chicago Tribune*, 11 March 2016. http://www.chicagotribune.com/business/ct-post-it-note-inventor-lawsuit-20160311-story.html (accessed 7 September 2017).

康納曼和特沃斯基。他們以此發展出另一個風險理論：**展望理論**（prospect theory）。[14]康納曼和特沃斯基進行了一些實驗，發現人對風險的態度並非穩定不變，反而經常變動，和預期效用理論不符。[15]預期效用理論預設人們的風險偏好是穩定的：如果一個人會規避風險，那麼他會一直規避風險，就算選項透過不同的方式呈現，也不會改變心意。但康納曼和特沃斯基並不同意，並提出證據，證明人的風險偏好會隨選項的包裝方式而改變，這在他們的**趨避損失**觀念（loss aversion）中非常重要。

假設，眼前有兩個選項，第一個是一旦打賭，可能贏到十美金，也可能什麼都沒有；第二個則是一旦打賭，可能什麼都沒有，但也有機會贏得十美金。對預期效用理論者來說，儘管兩個問題只是文字陳述的順序不同，但被問的人理當回答一樣的答案，因為兩種情況都是：要不空手而回，要不贏得十美金。但康納曼和特沃斯基得到的實驗結果卻非如此。我們著眼的是報酬或損失，會改變我們對風險的偏好。損失十美金跟贏得十美金，我們比較在意前者。康納曼和特沃斯基簡潔的解釋，對大部分的人來說，「損失比贏錢嚴重得多」[16]。我們如何藉此進一步了解模仿者和逆向操作者的不同呢？模仿者比較擔心特立獨行會面臨的損失，不太在乎冒險可能帶來的利益。就像前幾章提到，自利群聚現象中，每個人都會搜集資訊，尋求安全和權力，保障名聲同時避免獨排眾議所要付出的代價（社會孤立和放逐）。模仿者擔心反抗所要面對的損失。逆向操作者則沒那麼在乎潛在損失，反而可能主動追求與眾不同；違反社會常規和階級制度的冒險，也許為他們帶來樂趣。這種現象接近康納曼及特沃斯基的風險心理分析，而非經濟學家的預期效用理論。[17]

社會比較（social comparisons）可能會啟動其他偏誤，促使人們逆向操作。哈佛大學和耶魯大學的一群經濟學家，在美國做了一項實地實驗，測試社會比較如何影響員工對退休存款的分配。研究人員給每個員工其他同事的退休金計畫，而收入低的員工的反應令人意外：得知其他員工優渥的退休金計畫後，他們並不會因此多存點退休金。研究人員解釋，這種行為是逆向操作者的「對立反應」（oppositional reaction）。收入較低的員工不想和收入較高的員工相比，因此強調社會比較的資訊對他們來說毫無用處。知道收入高的同事做出的選擇，對收

---

14 原注：Daniel Kahneman and Amos Tversky (1979), 'Prospect Theory: An Analysis of Decision under Risk', *Econometrica* 47(2), pp. 263–92.

15 原注：請參閱Amos Tversky and Daniel Kahneman (1974), 'Judgement under Uncertainty: Heuristics and Bias', *Science* 185(4157), pp. 1124–31. 亦可參考下面這本文集：Daniel Kahneman, Paul Slovic and Amos Tversky (eds) (1982), *Judgement under Uncertainty: Heuristics and Biases*, Cambridge University Press, 及Daniel Kahneman and Amos Tversky (eds) (2000), *Choices, Values and Frames*, Cambridge University Press.

16 原注：Kahneman and Tversky (1979).

17 原注：若想了解在金融市場群聚與反群聚現象中，這些不同假說的技術分析，請見 Chad Kendall (2017), 'Herding and Contrarianism: A Matter of Preference', paper presented to the Financial Management Association Conference, Boston, MA, July. http://www.fmaconferences.org/Boston/kendall-ptherding.pdf (accessed 14 September 2017).

入低的人來說只是更深切體認彼此的地位差距，因此他們完全不想模仿那些同事。[18]

標新立異者的心思

個性也會影響每個人對風險的態度，除此之外，人口統計特徵，如年齡、性別、教育程度，也都有影響力。實驗和軼事經驗證據（anecdotal evidence）也證明，逆向操作者的確如人們所想，具備某些鮮明特質：根據標準個性量表，他們的風險厭惡程度比較低，從眾傾向低，且比較樂觀。商業界的標新立異人士將這些特質發揮得淋漓盡致。企業領袖和執行長多半是領導者，而不是跟隨者。各種證據顯示，執行長勇於冒險，通常擅長訓練團隊，且個性樂觀。[19]而在私領域，企業領袖通常展現鮮明的才能和特質（常有標新立異、反社會傾向），可能會引起某些人的反感，但也會迷倒其他人。企業界的標新立異者不一定受人歡迎，事業大獲成功的企業家史蒂夫．賈伯斯（Steve Jobs）就是一例。和他一起共事過的人，對他的個性各有不同評價：有些人認為他激勵人心，其他人卻說他難以相處、從不退讓。為他寫傳記的作家凱倫．布魯門索（Karen Blumenthal）長期觀察他，評斷他的想法不同於一般人。[20]他是一位道地的逆向操作者。

到底是什麼促使人們標新立異呢？特立獨行的個性下，隱藏著什麼樣的心理狀態？我們在第三章提到，不同的思考方式可以解釋模仿者個性的不同面向。當我們選擇模仿別人，有時是有意識且經過深思熟慮的，和康納曼的系統二慢想一樣。其他時候，我們可能是出於本能、無意識甚或直覺的模仿他人，也就是康納曼的系統一快思。[21]這兩種思考方式可以反向套用在逆向操作者和標新立異者身上。也許有些標新立異者擅長系統一思考，熱愛冒險帶來的生理報酬，跟隨自己的直覺，從事新奇又不尋常的事。[22]系統一快思也會和系統二慢想一起運作：在發想新點子或新發明時，標新立異者會深思熟慮，活用豐富的智識。標新立異者可能有意識的、刻意的選擇冒險一途，也許同時也考量了未來，相信今天的冒險，會在一段時間

---

18 原注：John Beshears, James J. Choi, David Laibson, Brigitte C. Madrian and Katherine L. Milkman (2015), 'The Effect of Providing Peer Information on Retirement Savings Decisions', *Journal of Finance* LXX(3), pp. 1161–201.

19 原注：《哈佛商業評論》（*Harvard Business Review*）出版了一系列探討各種企業家特質的文章，比方來說：Timothy Butler (2017), 'Hiring an Entrepreneurial Leader', *Harvard Business Review*, March–April, pp. 84–93; 及Daniel McGinn (2016), 'Is There a Connection Between Entrepreneurship and Mental Health Conditions?', *Harvard Business Review*, 22 February. https://hbr.org/2016/02/222-entrepreneurship-ic-do-narcissists-make-great-entrepreneurs (accessed 7 September 2017).

20 原注：Karen Blumenthal (2012), *Steve Jobs: The Man Who Thought Different*, London: Bloomsbury.

21 原注：Kahneman (2011).

22 原注：想多了解「風險是種感覺」（risk is a feeling）的概念，請見George F. Loewenstein, Elke U. Weber, Christopher K. Hsee and Ned Welch (2001), 'Risk as Feelings', *Psychological Bulletin* 127(2), pp. 267–86; 及Paul Slovic (2010), *The Feeling of Risk: New Perspectives on Risk Perception*, London: Earthscan.

後帶來豐盈的回饋。成功的標新立異者懂得平衡風險和未來報償，在發展新點子和策略時審慎反思，好平衡衝動行事的風險。

如果系統一—系統二在情感與認知的相互作用，是驅使標新立異人士行動的力量，那麼一般經濟學的預期效用理論就不適用了。相比之下，神經科學對報酬的解讀，比較符合標新立異者的想法。神經科學界研究風險與報酬的相關文獻十分豐富，許多證據都顯示，冒險帶來的報酬會啟動腦部的多巴胺通路。這裡的報酬，包括飢餓口渴時進食飲水所獲得的滿足感，還有欲望和其他基本動力所帶來的報償。大吃大喝和吸食毒品等現代行為，也會啟動多巴胺神經通路。報酬會啟動一系列複雜的神經構造，包括本能的基本情緒反應和與高等認知決策有關的神經構造。而逆向操作者下決定時，腦部也出現類似的活動。由此得知，不管群聚或反群聚，人都在報償和風險之間尋找平衡點。有些人特別喜歡冒險，其他人則沒那麼喜歡。也許模仿者和逆向操作者的主要差異是，逆向操作者在冒險時能獲得更多的生理快感。

不過，其中還是有些細微層次的差別。正如第三章所提，神經經濟學的群聚研究發現，標新立異者反群聚時會啟動處理獎賞的腦部區域，對此科學家已取得非常充足的神經科學資料。逆向操作會促使前扣帶迴皮質激烈活動，第三章提過這一區負責處理高等認知功能，這可能代表逆向操作者透過認知能力，壓制與生俱來的群聚本能，解釋了標新立異者不同於其他冒險的人（比如賭徒）純粹因衝動而冒險。[23]

我們為何需要標新立異者

從個人角度來看，標新立異者的確有明確的反抗誘因和動機，但從整體著眼，標新立異者對社會的重要性也很高。標新立異者為周圍的人帶來外部利益（external benefits）。獨立思考的他們並不是不在乎社會大眾，而是渴望做些有用且特別的事並激勵他人。標新立異者為世界帶來新點子、新方法。有時獨立思考合乎群體的需求與選擇。

標新立異者之所以足以改變我們的生活，某一部分是因為他們扭轉大眾意見的風向。桑思坦探討過從眾與特立獨行的取捨代價。大部分的人認為從眾是最合理的策略，但從大方向來看，從眾可能讓社會陷入無可挽回的錯誤。有時人們選擇從眾是因為資訊不足，但當社會學習引發立意良善的從眾行為，也會造成複雜難題，因為人們並不一定會坦然分享他們所掌握或相信的資訊。而多數人對從眾的需求，更加劇了這種不誠實的情況。桑思坦指出，範圍廣大的從眾行為會使資訊斷層更加嚴重，鼓勵投機者隱藏資訊。對此，社會架構只能提供部分的解決方案。當民主制度運作順暢，新聞媒體和立法機關會盡力確保人民得知事實。然而民主架構不一定運作無礙，特別在社交媒體一呼百應的時代，此時持異議的逆向操作者就扮演了不可或缺的角色。標新立異人士比較誠實，大方提供透明資訊，因為他們並不在乎別人

23 原注：Burke, Baddeley, Tobler and Schultz (2010), pp. 8–9.

如何應對這些與眾不同的意見，而社會需要無懼社會壓力的異議人士。[24]

標新立異的異議人士透過各種方式促進社會和政治層面的福祉，但他們也能造成困惑、混亂，甚至可怕的破壞。被歸類為標新立異的人，也許懷抱私人的政治動機。不同的標新立異人士用不同方式改善或破壞我們的世界。以下針對發明家到告發者等異議人士所做的研究，能幫助我們深入了解這類人士的影響力。

發明家

「瘋狂」發明家可稱為典型的標新立異人士。他們橫向思考，不拘泥於陳規舊習。這些能力和本能讓他們設計實用的發明。他們依循內在的動機，渴望解決自行設下的挑戰，不管是智識、機械或商業層面。不過，他們並不老和群眾作對。應該說，他們超然於群眾之外，獨立行動。

發明家與企業家的各種夥伴關係，奠定了現代文明的基礎。[25]日常生活中許多方便的事物，都歸功於標新立異的發明家、工程師、化學家、物理學家、電腦科學家、生物學家和醫學家，從電力、鐵路、抗生素、電腦、網路，到開罐器和拉鍊，都必須感謝他們的創見。歷史學家蓋文·威特曼（Gavin Weightman）對現代發明做了一番引人入勝的描述，提到今日理所當然的各種發明，其實歸功於多年甚至長達數十年的孕育，才讓發明家靈光一現。有時標新立異的業餘人士靈機一動，但苦於欠缺實際的技術和知識，無法將天馬行空的想法落實於現實生活，製造不出合乎市場的產品。[26]但要是沒有各種標新立異人士出聲，告訴世人我們需要創新、與眾不同的東西，就不會出現讓生活更便利的發明。

反叛者

標新立異界的超級巨星當屬反叛者。他們叛逆倔強的行為受世人傳頌千年，當然有時也遭到唾棄。人類史上的反叛者徹頭徹尾改變了哲學、宗教和政治的面貌，蘇格拉底、伽利略、馬丁・路德・金和曼德拉都是知名實例。和其他標新立異人士一樣，反叛者很獨立，相較於熱中研發新點子的發明家和企業家，反叛者在乎的是推翻舊想法。反叛者**存在的意義**就是對抗其他人，逆向而行、抨擊傳統、推翻現狀就是促使他們行動的力量。對模仿者來說，現狀是參照點，但對反叛者來說，現狀是逆參照點。現狀讓他們確認自己不想要的是什麼，或

---

24 原注：Cass R. Sunstein (2002), 'Conformity and Dissent', John M. Olin Law and Economics Working Paper No. 164, The Law School, University of Chicago. http://chicagounbound.uchicago.edu/public_law_and_legal_theory/68/ (accessed 5 September 2017).

25 原注：相關例子可參見David S. Landes, Joel Mokyr and William J. Baumol (eds) (2012), *The Invention of Enterprise: Entrepreneurship from Ancient Mesopotamia to Modern Times*, Princeton University Press.

26 原注：Gavin Weightman (2015), *Eureka: How Invention Happens*, New Haven and London: Yale University Press.

者不想成為什麼。[27]因此，渴望和群眾作對的反叛者，並非超然於群眾之外。成功的反叛領袖需要敏銳的社會智能（social intelligence），覺察身邊群眾的情緒。以此而言，反叛者其實和模仿者一樣仰賴群眾，只是方式剛好相反。沒有群眾的觀看、支持和跟隨，反叛者就沒有反叛的目的，恐怕也沒有成功反叛的機會。

我們需要反叛者，因為他們能夠改變世界，有時領導世人走向更好的方向。反叛的思想家、社運人士、革命者展現標新立異的觀點，但他們不只是渴望與眾不同而已。同樣重要、甚至可能更重要的是，他們樂意也有能力改變眾人的生活。我們可能依照個人看法，把反叛者分為善良、邪惡或誤入歧途的人，但許多反叛者可能堅信自己走在正確而正義的道路上。他們對社會的重要性不可抹滅，因為他們迫使群眾抵達重要的平衡點，也就是桑思坦說的，從眾與異議間的妥協。

歷史上名聲響亮的反叛者，都了解自己和身後跟隨的模仿者之間，有著共生共榮的關係。出生於阿根廷的馬克斯主義革命者和廣受膜拜的英雄切・格拉瓦（Che Guevara），也許可視為二十一世紀反叛者的**終極**典範，因為他具備本章提到的所有標新立異特質。他的同伴費南多・巴洛（Fernando Barral）形容他的「自信無人能及，是個完全獨立思考的人。他非常活躍、精力充沛，跳脫傳統的局限……他最讓人印象深刻的特質，就是無所畏懼。」[28]但切・格拉瓦也深深明瞭，要對抗拉丁美洲的資本政府，其他同志和他自己一樣重要。我們能從他本人的文字中，隱約看到他高超的社會智能，特別是他擔任游擊隊醫生時，描述自己對士氣的影響力：

> 在早期的游擊戰階段，我們四處遷徙，而游擊隊醫生必須隨侍於同伴身邊一起征戰……他必須照顧病人傷患，有時這是令人疲憊、甚至傷心不已的任務，因為他沒有足夠的醫療用品來救人。在這個階段，醫生對其他人和他們的士氣有著強大的影響力，因為，對身受重傷的人來說，若開藥的人明白他的痛楚，即使只是顆小小的阿斯匹靈也意義重大。在這階段，醫生必須完全認同革命的理想，因為對游擊隊員來說，他說的話比其他人都更重要。[29]

切．格拉瓦的社會智能，讓他了解人的動機與驅力。他懂得維護同志的忠誠，以革命目標建立團結精神。然而，他從來不是群眾的一分子。就連他無私的照顧下屬時，切．格拉瓦

27 原注：經濟學家安德魯．克拉克（Andrew Clark）及安德魯．奧斯瓦德（Andrew Oswald）循相同模式提出，想顯得與眾不同的個人可能會經過理性思考才決定模仿，請見Andrew E. Clark and Andrew J. Oswald (1998), 'Comparison-Concave Utility and Following Behaviour in Social and Economic Settings', *Journal of Public Economics* 70, pp. 133–55.

28 原注：引自Andrew Sinclair (2006), Viva Che! The Strange Death and Life of Che Guevara, Stroud: Sutton Publishing.

心心念念的仍是他個人的影響力、領導能力，他絕不會跟隨群眾。

反叛者無須成為知名的革命勇士，才能在社會和政治變化中擔綱重要角色。有時，看來微不足道的反叛行為，就能造成強烈的政治影響。許多人認為時尚只是短暫的流行或虛華的小事，但在歷史上，時尚宣言卻在政治與社會演變中扮演舉足輕重的角色，其中提倡女權就是最著名的例子。生於一八一八年的美國人愛米麗亞・布魯默（Amelia Bloomer），勇於挑戰當時限制女人行動的流行打扮。她不只是婦女選舉權運動中的領袖，也是女權運動的要角。她反抗當時盛行的緊身馬甲，提倡全新的女性服裝。當女權主義分子伊莉莎白・米勒（Elizabeth Miller）設計寬鬆的燈籠褲，讓女性不但行動自如，也得以更健康的生活，布魯默立刻積極推銷燈籠褲，甚至用自己的名字來命名。燈籠褲為當時的女性提供更舒適的衣著選擇，也成為女權主義的象徵。和許多標新立異的觀念和發明一樣，燈籠褲如今不再是時尚新潮的代表，但燈籠褲的中心思想，也就是女人應該過著更舒適而容易的生活，伴隨著其他解放女性的重要政治、社會變革一起流傳下來。[30]

告發者

告發者也是改善世界的標新立異人士，但和反叛者不同，其實他們並不想特立獨行。他們無意創造新事物，但他們揭發了其他人想要隱瞞的問題。和其他標新立異人士一樣，他們也有自動自發的特質。反叛者具備天生、難以抗拒的反叛本能，而告發者卻受到權勢要脅。他們獨立思考且重視原則。看到別人犯罪，他們挺身而出，但同時往往猶豫不決。若置身於不同處境，這些告發者也許寧願隱身於群眾之中。他們恐懼公然反叛的後果，因此常常匿名告發或選擇私下的非正式管道。但他們自我犧牲的義舉，為社會福祉帶來深遠影響。

在企業舞弊、或輕或重的政治犯罪、不適宜或危險的醫療處置、肢體或性虐待等案件裡，勇於挑戰的告發者扮演關鍵角色。財務、法律或健康制度的改變和改革，都必須仰賴告發者發聲，因此他們對社會不可或缺。然而有時由於短視近利（short-termism），社會和體制對告發者抱持非常矛盾的態度。告發者所帶來的利益，往往過一陣子才會顯現。然而，媒體、政治家和社會整體卻可能基於某些迫切理由，不希望告發者揭發醜聞，引起軒然大波。

民眾對標新立異人士的各種反應，證明一旦處罰逆向操作者，就會破壞社會福祉。告發者是標新立異人士中最脆弱的一群，常因勇於舉發而承受嚴厲的懲罰，畢竟民眾不一定樂於接納他們的異議。告發者常因表達相反意見而遭到唾棄，而民眾常因眼前的利害關係而改變

29 原注：節錄自Sinclair (2006).

30 原注：若想了解潮流、時尚的另一面，請見Rolf Meyerson and Elihu Katz (1957), 'Notes on a Natural History of Fads', *American Journal of Sociology* 62(6), pp. 594–601.

評價。在告發者揭發黑暗面的當下，許多人可能會武斷的稱他們是一群背信忘義、性格乖戾的人。二〇〇三年，聯合國的武器調查專家大衛・凱利（David Kelly）以匿名、非正式的管道告訴英國新聞記者，他奉命前去伊拉克調查的某棟建物，並非如英國和美國所宣稱是用來製造生化武器的實驗室。[31]新聞公開指出正是他暗中宣揚那裡的大型毀滅武器並不會帶來可怕威脅，據說此舉完全違背了他的個人意願。[32]過沒多久，他就過世了。官方說法是他自殺身亡，但疑點重重。[33]凱利為了告發，付出慘重的代價。

不幸的是，凱利並不是少見的特例。近年來，許多高調的告密揭發事件登上頭條新聞。有些國家漸漸明白中傷告發者會造成長期後果，開始建立新的法令和組織保護告發者的權利和利益。[34]我們得鼓勵告發者站出來，並保護那些因勇於揭發不法情事而身陷危險的人，比如設立限制機制，確保告發者不會因此受罰。有幾名告發者被媒體捧為名人，近年最著名的例子莫過於朱利安・亞桑傑（Julian Assange）[35]和愛德華・史諾登（Edward Snowden）[36]，兩人都成了好萊塢的賣座題材。但除了聲名大噪之外，告發者是否真揭發了不法情事？說到這個，史諾登巧妙迴避的態度，比亞桑傑的明星光環還刺眼。

然而，除了保護告發者的種種措施，如果勇敢發聲的人必須面對無法挽回的後果，相關法令仍難以推行。不只如此，告發者揭發的不法行為常牽扯數名人士，而犯罪者與其他共犯都有動機，也有機會掩飾或銷毀相關罪證。當證據不足，司法當局和其他體制的相關人士就無法確認誰必須負責，因此難以證明告發者所言不虛。

---

31 原注：Peter Beaumont, Antony Barnett and Gaby Hinsliff (2003), 'Iraqi Mobile Labs Nothing to do with Germ Warfare, Report Finds', *Guardian*, 5 June. https://www.theguardian.com/world/2003/jun/15/Iraq (accessed 7 September 2017); Justin Ling (2016), 'The UK's Iraq War Inquiry Vindicates a Whistleblower Who Took His Own Life', *Vice*, 6 July. https://news.vice.com/article/the-uks-iraq-war-inquiry-vindicates-david-kelly-a-whistleblower-who-took-his-own-life (accessed 7 September 2017).

32 原注：Kamal Ahmed (2003), 'Revealed: How Kelly Article Set Out Case for War in Iraq', *Guardian*, 31 August. https://www.theguardian.com/politics/2003/aug/31/davidkelly.iraq1 (accessed 7 September 2017).

33 原注：他的死亡判定引發爭議，有些醫生向《衛報》（*Guardian*）寫了一封公開信，直接表達他們的懷疑。請見David Halpin, C. Stephen Frost and Searle Sennett (2004), 'Our Doubts about Dr Kelly's Suicide', *Guardian*, 27 January. https://www.theguardian.com/theguardian/2004/jan/27/guardianletters4 (accessed 7 September 2017).

34 原注：比方說，澳洲揭發者協會就是一個致力保護揭弊人士權利的組織，勇於揭露舞弊、瀆職和其他違法行為。請見網址：www.whistleblowers.org.au (accessed 7 September 2017). 美國新訂了一系列法規來保護告發者，但範圍有限，特別是那些跟情報或國家安全有關的條款：'Whistleblower Protection in the United States', Wikipedia. https://en.wikipedia.org/wiki/Whistleblower_protection_in_the_United_States (accessed 7 September 2017). 英國政府對告發者的建議可見於：'Whistleblowing for Employees: What is a Whistleblower?' https://www.gov.uk/whistleblowing/what-is-a-whistleblower (accessed 7 September 2017). 想得知近年的告發者，請見「告發者名單：二〇〇〇年代」：Wikipedia. https://en.wikipedia.org/wiki/List_of_whistleblowers#2000s (accessed 7 September 2017).

35 譯注：澳洲記者，洩密網站維基解密（wikileaks）的董事與發言人。自創辦至今，維基解密公布了相當數量的機密檔案，這之中包括關於美國部隊在伊拉克與阿富汗的行徑、發生在肯尼亞的法外處決、在象牙海岸的有毒廢物傾倒事件的檔案、山達基的手冊等等。

36 譯注：前美國中央情報局職員，美國國家安全局（NSA）外包技術員。因於二〇一三年六月在香港將美國國家安全局關於稜鏡計畫監聽專案的祕密文件披露給英國《衛報》和美國《華盛頓郵報》，遭到美英兩國通緝。

我們看到群聚足以造成負面後果，特別是人與人過度緊密聯繫的現在。標新立異者為了自己的利益，發想新概念、創造新發明，同時也抑制人們的模仿傾向。因此，標新立異者對我們來說非常重要，能調節群聚引發的後果。為了讓標新立異者勇敢反抗群眾，我們可能得多製造一些誘因，好讓他們願意冒險。但我們該如何確定反叛者的方向正確？如何制定鼓勵「好反叛者」、壓制「壞反叛者」的政策？特別是在複雜的現代社會，光是好與壞的界線就能引起各種爭議。民主社會的各種體制，包括自由公正的媒體，幫助公民對能夠改變世界的反叛者和其他標新立異者，建立自己的看法。然而，世界上仍有許多地方欠缺自由媒體，也沒有民主制度。

標新立異者所扮演的經濟角色也很獨特，其中兩種人的影響力格外顯著：企業家和發明家。我們在本章中已提到發明家的功能，而在市場中，發明家和企業家都面臨非常特別的限制。企業家和發明家創造自身渴望的報酬，滿心享受建立新事業或發明新機器的過程，但常常得付出昂貴代價。投資新企業或新產品是一場拉鋸戰，特別是新的小型公司。這讓我們看到經濟學的另一面：企業家必須想盡辦法尋找資金，而在現代金融市場中，每天都有上兆的金錢流動。企業家要如何獲得這些錢？他們得通過那些看守金錢流向的金融巨頭的審查才行，但這為模仿者和逆向操作者帶來一連串的新問題。我們如何確保投機者有效的將金錢挹注在握有最佳點子、促進就業率和經濟繁榮的企業家和創新人士身上？下一章，我們就要探討這些問題。

第六章　當企業家尬上投機者

身兼經濟學家和政治家的凱恩斯性格鮮明，具備讓人著迷的魅力。[1]他對經濟的真知灼見，歸功於英國頂尖教育機構的培育：他的學業成績一向優秀，少年時就讀伊頓公學，後來進入劍橋國王學院念大學。除了智識天分和深厚知識，他還本能的了解投機者與企業家。凱恩斯對金融交易員的心態瞭若指掌，因為他本身也進出金融市場，而且令人意外的是，獲利豐碩。關於他在劍橋的生活，有個流傳至今的傳說，儘管真實性已不可考。當時他簽下一紙合約，購買期貨市場的穀物。眼看合約即將到期，卻遲遲沒有售出機會，不得不把一袋袋穀物堆放在國王學院的禮拜堂裡。[2]雖然難免會出錯，但凱恩斯特立獨行的交易方式其實經常大獲成功。他擔任國王學院財務長期間負責管理各界捐款，並在金融市場中達成百分之八的平

1 原注：許多人為凱恩斯寫傳記，其中最詳盡、最引人入勝的，當屬斯基德爾斯基（Skidelsky）的版本，請見Robert Skidelsky (2005), *John Maynard Keynes: 1883–1946 – Economist, Philosopher, Statesman*, London: Penguin Books.

2 原注：David Chambers, Elroy Dimson and Justin Food (2015), 'Keynes the Stock Market Investor: A Quantitative Analysis', *Journal of Financial and Quantitative Analysis* 50(4), pp. 431–49.

均報酬率。他成功的祕訣之一，就是仔細研究股東權益，小心選股。[3]凱恩斯對企業家的了解也十分透徹。在一九三六年的巨著《就業、利息與貨幣通論》中，他就在第十二章精采解析了企業家投資事業的心理驅力。令他特別好奇的是，不確定性如何減緩企業家的腳步。

凱恩斯足以譽為二十世紀最偉大的經濟學家。天資聰穎的他本能的了解真實世界的商業活動。他熟知企業家和投機者如何受到社會和經濟因素驅使，也明白在總體經濟中，兩者之間的共生關係扮演何種角色。企業家需要資金挹注，才能建立自己的事業。變動快速、現金大量流動的金融市場，正好有助於企業家迅速募得資金。凱恩斯的剖析經得起時間的考驗，還能解釋二〇〇七、八年間的全球金融危機和其他金融動盪事件。在一個充斥不確定性的世界，從眾本能主宰民眾的金融選擇，很容易就引爆金融風暴[4]，帶來廣大的影響：要是政府不出手干預，商業與金融的相互作用其實無法促進健全經濟體所需的就業率和生產力。

最先研究模仿者和逆向操作者的社會互動如何幫助和阻礙商業投資和金融的人，正是凱因斯。現今金融市場已有重大改變。隨著現代科技的發展，金融市場互動也更趨複雜，比如演算交易（algorithmic trading）[5]的出現。單一交易員的行為足以引發市場大幅震盪，因為幾乎一秒之差，一大群交易員就可能跟著他做出同樣決定。儘管如此，凱恩斯對商業界企業家和投機者成為模仿者或逆向操作者的社會誘因解析，依舊引人入勝。

若要了解模仿者和逆向操作者的交互作用在各方面影響民眾日常生活之餘，還會在商業界造成多大的影響，就該以凱恩斯為起點。成功的企業家是否常標新立異？為什麼投機者經常也是模仿者？在經濟界，模仿者和逆向操作者如何互動？為了找出這些問題的答案，本章會探索模仿者和逆向操作者在追求收益和新的事業機會時，如何回應社會影響，而背後的原因又是什麼。

貨幣常規

要研究投機者與企業家的社會互動，得從貨幣開始講起。貨幣是投機者和企業家共同追求的目標，但兩者使用的方法卻大不相同。概略來說，面對金錢，大部分人都展現模仿本能。畢竟我們都跟隨著貨幣常規[6]。

---

3 原注：'Keynesian Investment: Returns Fit for King's', *The Economist*, 22 June 2012. http://www.economist.com/blogs/freeexchange/2012/06/keynesian-investment (accessed 7 September 2017); David Chambers, Elroy Dimson and Justin Foo (2013), 'Keynes the Stock Market Investor: A Quantitative Analysis', *Journal of Financial and Quantitative Analysis* 50(4), pp. 431–49.

4 原注：若想了解金融危機史，請參閱 Charles P. Kindleberger and Robin Aliber (2005), *Manias, Panics and Crashes: A History of Financial Crises*, 5th edn, Hoboken, NJ: John Wiley and Sons.

5 譯注：事先擬定交易策略，寫成電腦程式，利用電腦演算決定下單的時機、價格、數量等等。

貨幣常規如何運作呢？如果群體中的其他人，不願意接受有形貨幣（紙鈔和硬幣）作為經濟學家口中的「交易單位」（例如，人們用貨幣來換取商品，雇主用貨幣來換取員工的勞力），有形貨幣就會變得毫無用處。貨幣還有其他的用途，比如當作價值尺度（unit of account）。會計師用金錢單位來計算個人的利潤、損失、收入和納稅額。在總體經濟，統計機構用貨幣來衡量一國的收益和產出。不過貨幣之所以具備各種用處，都源自隨著時代演進，人們習於使用貨幣進行經濟和金融交易，形成社會常規。我們交換紙鈔和硬幣，從沒想過它們其實是廢紙和便宜金屬，在別的情況下根本毫無價值。要是火星人拜訪地球，可能會狐疑為什麼有些紙和廉價金屬對人類來說特別重要。當他看到人類站在一個金屬盒子前揮揮塑膠卡片，就能帶走一車的食物和日常雜貨，可能會更加困惑。大部分人的薪水都在線上入帳，我們根本不會親眼見到自身勞力換得何種實體報酬。我們跟隨社會常規，使用貨幣來交易，只是因為別人也這麼做，而且貨幣有中央銀行和政府的背書和支持。

在現代世界，貨幣常規變得更加複雜，甚至讓我們忘了金錢的真正目的：藉由刺激生產力和就業率，使經濟活動更加熱絡。電腦全球化激發了新穎的金融科技，包括新的電子貨幣和加密貨幣；近年最知名的例子，莫過於聲名大噪的比特幣（Bitcoin）。比特幣和傳統貨幣不盡相同，但能在某些方面取代傳統貨幣。有些人為了潛在獲利而購買比特幣。理論上來說，它的確可作為交易和會計的單位，但目前為止，大部分人恐怕還沒機會在日常生活中用比特幣來交易。除非比特幣常規的接受度、應用度大幅擴增，不然它和其他的加密貨幣恐怕終究是投機的新奇玩意。[7]其他不同於傳統貨幣的另類貨幣，則在小型社群中流通。有些城市或社區試著發行當地的新貨幣，比如布里斯托鎊（Bristol pound）和布里克斯頓鎊（Brixton pound）。[8]基本上，這些以社區為基礎所建立的貨幣常規，都隸屬於一國政府與中央銀行主導的貨幣常規。要是布里斯托鎊無法透過直接或間接的方式轉換成英鎊，就難以受到眾人青睞。因此整體而言，貨幣是一個仰賴模仿者才能盛行的常規。不管我們使用哪一種形式的貨幣，唯有群體接納它作為交易單位，才能廣為流通。

人類的貨幣常規並不愚蠢。就算金錢漸漸變成無形的交易工具，它仍是個聰明又實用的東西。就連古老形式的貨幣，也是有助經濟的發明。在貨幣存在之前，人們以物易物，但這種方式不但礙手礙腳，交易和尋找的成本也非常高。換句話說，以物易物既不方便又耗時費力，特別是要交換比較特別或複雜的東西時。舉個例子來說，想像你想買台新電腦。在以

---

6 原注：貨幣常規奠基於貨幣是一種社會制度的概念，傑佛瑞．英格姆（Geoffrey Ingham）仔細探討過這個概念，留下精闢的著作，請見Geoffrey Ingham (2013), *The Nature of Money*, Cambridge: Polity Press.

7 原注：若想了解電子貨幣的經濟效應分析，請見Michelle Baddeley (2004), 'Using e-Cash in the New Economy: An Economic Analysis of Micropayments Systems', *Journal of Electronic Commerce Research* 5(4), pp. 239–53.

8 原注：請參閱https://bristolpound.org及https://brixtonpound.org (accessed 7 September 2017).

物易物的世界，你必須找到擁有電腦且打算賣掉的人，再用某個你擁有而且對方也想要的東西來換取。在網路出現之前，你只能跟你認識或住在附近的人交易，因為光是想到交通運送的成本，就會讓你打退堂鼓。就算你能在居住地找到想賣電腦的人，你還必須擁有他們想要的東西才行，而這樣的巧合很少發生。找到一個鄰居，他剛好擁有你要的東西，又剛好想賣掉，機會小得很。但在一個貨幣流通的世界，你只要走進商店，付店家一筆他們可以用來買其他東西的錢，你就能帶走一台電腦。因此，只要許多模仿者跟隨貨幣常規，經濟就會更加繁榮。

鬱金香狂熱事件

貨幣是種社會常規，要有一定數量的模仿者支持，才能成為交易與會計的單位。但隨著時間流轉，貨幣已演變為更複雜的東西。現在，金錢本身就能製造金錢。市場隨著貨幣和其他資產的交易而進化，而模仿投機者就存在於這些市場中。金融資產通常具備同質性，也就是經濟學家說的「可互換性」（fungible），亦即每個單位都相同，容易互相替換。這使得金融市場流動快速：不但移動速度快，而且至少從表面看來非常順暢無礙。投機者加入金融生態系統，從各種交易機會中賺取利益。有些人認為行事俐落的投機者全憑衝動行事。

金融史告訴我們，一整群的投機者，足以形成主導金融市場和金融動盪的強大力量。[9]的確，金融市場常常發生投機事件。[10]歷史上隨處可見破壞穩定的投機風潮和狂熱。以近代來說，至少每隔十年就會出現新的投機事件，從十八世紀的南海泡沫事件、一九二九年的華爾街崩盤、一九九七年的亞洲金融危機、一九九〇年到二〇〇〇年代間的網際網路泡沫化、二〇〇七、八年間的次級房貸危機，時不時還出現一系列的房地產繁榮和蕭條期。金融群聚行為是社會本能的重要產物，而這正是引發投機泡沫的關鍵渠道。

鬱金香狂熱堪稱史上最有趣的投機事件。一六三七年的一段短暫時期，投機者瘋狂愛上鬱金香球莖。沒人確定究竟是什麼原因引爆了這場熱潮。不過有些證據顯示，自從鬱金香在前一世紀從土耳其引進歐洲，就躍身為時尚的代表物品，眾人爭相欣賞這種少見又充滿異國風情的花朵。隨著人們對鬱金香的愛好快速蔓延，馬上演變為極為投機的狂熱行為。交易員一一跳入鬱金香球莖市場，追逐風潮，一開始的確大賺一票。有些稀少球莖的價值足足飆漲

---

9 原注：經濟學家用各種面向探討投機群聚，也進行過不少實驗室實驗。相關實例可參考 M. Cipriani and A. Guarino (2005), 'Herd Behavior in a Laboratory Financial Market', *American Economic Review* 95(5), pp. 1427–43，及 Mathias Drehmann, Jörg Oechssler and Andreas Roider (2005), 'Herding and Contrarian Behavior in Financial Markets: An Internet Experiment', *American Economic Review* 95(5), pp. 1403–26.

10 原注：若想了解一些知名例子的經濟分析，可參考 Peter M. Garber (2001), *Famous First Bubbles: The Fundamentals of Early Manias*, Cambridge, MA: MIT Press. 若想得知其他各種投機狂熱事件，請見 Mackay (1841).

圖七：小揚．布魯蓋爾畫筆下的鬱金香狂熱。〈鬱金香狂熱諷刺畫〉（一六四〇年）。

了六十倍。其中，一種名叫「永遠的奧古斯都」（Semper Augustus）的鬱金香特別受人喜愛，在泡沫尖峰時期，一個球莖就能賣到一千佛羅倫金幣（florin）。根據當時的說法，這筆錢足以買下一棟舒適的連棟透天房、數艘戰艦，或三千頭豬。然而鬱金香狂熱的衰微，就和它的身價竄升一樣突如其來。到了一六三七年二月，幾乎所有球莖都變得一文不值，鬱金香市場完全消失。那些太晚加入鬱金香狂熱的投資者輸得一敗塗地。[11]

世人難以忘懷這場鬱金香狂熱。也許因為它顯現了我們的生活多麼受到直覺和無意識本能的驅動。小揚．布魯蓋爾（Jan Brueghel the Younger）在其畫作〈鬱金香狂熱諷刺畫〉（Satire on Tulip Mania）

中，把鬱金香交易員比作猴子，暗示了一窩蜂的投機者展現人最原始根本又令人厭惡的一面。布魯蓋爾的猴子比喻，顯示了人們受到本能的強烈驅使而盲從。這情形不只發生在金融界，在日常生活中也隨處可見。

理性的泡沫

讀者也許認為，鬱金香狂熱根本是場非理性的投機泡沫。的確，從團體或總體經濟的角度來看，鬱金香泡沫不但破壞平衡，也無法促進生產力。但有些經濟學家宣稱，鬱金香狂熱完全合乎理性選擇。他們認為，投機者專心尋求創造利潤的最佳途徑時，必然會形成理性的投機泡沫。對他們來說，投機泡沫是理性的泡沫。

這種說法並非沒有根據。如果你是一名鬱金香交易員，觀察他人的行為之後，你可能會理性考量，認為跟隨其他交易員買顆球莖是合理的行為。如果你手上握有一千佛羅倫金幣，想到若把球莖賣給下一個人，就能賣到一千一百佛羅倫金幣，那麼你可能會放棄買房，改而

---

11 原注：參見Edward Chancellor (1998), *Devil Take the Hindmost: A History of Financial Speculation*, New York/London: Plume/Penguin Books.

買球莖。當你付出令人瞠目結舌的高價，若你心裡打的算盤是，明天就能用更高價格賣給下一個人，那麼你並不是傻子。這一切和鬱金香球莖的真正價值無關（即使你真能知道它的價值）。[12]造就鬱金香狂熱的交易者，只是評估泡沫繼續膨脹或破碎的機率而行事。只要泡沫有可能繼續變大，那麼花上一大筆錢、投入鬱金香市場就是合理行為，畢竟，你可能隔天就賺回一大筆財富。

讓投機者這樣聚在一起的原因是什麼？乍看之下，投資群聚事件似乎推翻了兩項奠定主流經濟學和金融理論的基本假設。第一個假設是經濟學家的**理性預期假說**（rational expectations hypothesis）。[13]和第一章提到的經濟人假說一樣，經濟學家假設大部分的人，特別是金融交易員，都是聰明且理性的。在考慮買進一項資產時，得先估計它的價值。交易員必須對資產的未來價值，盡量建立精準的預測，比方說，若幾年後賣出此資產，會帶來多少收益。這個預期應該反應資產的**基本價值**（fundamental value），也就是一直持有所能獲得的價值。我們可以透過一些實例熟悉基本價值概念。一間房子對屋主來說的基本價值是，如果把房子租出去的話，在傾頹前所能獲得的房租收入；如果屋主決定自住，其基本價值就是它能為屋主省下的租金總額。一家公司的股票或股分，不管是在倫敦、約紐、利雅德或上海上市，其基本價值都是在公司上市期間能為持有者賺到的股息，而股息會隨時間和公司利潤而變動。根據主流金融理論，交易者預測資產的未來價值時，都是以基本價值為基礎。

除了理性預期假說，另一個主流經濟學和財金界的重要理論是：**效率市場假說**（efficient markets hypothesis）[14]，它和理性預期假說都能解釋投機者的行為。效率市場假說指的是，一項金融資產的價格（不管是股票、股分還是鬱金香球莖）會隨著新資訊浮現而改變。其相關概念是，當金融市場有效運作，資產價格的變動應該反應所有資訊，包括最新消息。隨著好與壞的資訊浮現，每股價格隨著人們對公司未來表現的預期而變動。一九九〇年四月深水地平線（Deepwater Horizon）石油外洩事件之後，英國石油公司的股價大幅震盪，正是負面新聞爆發後股價隨之改變的實例，顯示投資者隨著新消息而調整未來利潤的預測。位在墨西哥灣的深水地平線油井，從建造期間就出現各種問題，最後井口爆破，上百萬桶石油溢入海中，對環境、野生動物和當地企業造成浩劫。漏油消息一傳出，投機者立刻推測，未來的巨額賠償金可能會嚴重影響英國石油公司收益，於是迅速賣掉持有股分。到了二〇一〇年六

---

12 原注：大略而言，經濟學家很難客觀的掌握價值，一九七〇年代的劍橋資本爭論中，就曾對此提出批評。想了解相關例子，可參考Geoffrey C. Harcourt (1972), *Some Cambridge Controversies in the Theory of Capital*, Cambridge University Press.

13 原注：理性預測假說原始模型的創始人是約翰．弗萊瑟．穆斯（John Fraser Muth, 1961), 請見'Rational Expectations and the Theory of Price Movements', *Econometrica* 29(3), pp. 315–35.

14 原注：若想了解相關理論的回顧評析，請見Eugene Fama (1970), 'Efficient Capital Markets: A Review of Theory and Empirical Work', *Journal of Finance 25*, pp. 383–417.

月，英國石油公司的股價跌了足足一半。

經濟學家也預設投機者都是獨立行動，且根據的是自身的資訊（排除社會學習），並且都是為自身的利益著想。這些極為理性的人不會一再犯下相同錯誤，有效率的運用所有掌握到的資訊。在這樣的世界裡，交易員會在資產的基本價值和市場價格的差額間進行買賣交易。比方說，如果交易員認為英國石油公司股價的基本價值往下掉，相比之下其市場價格較高，就會賣出持股。接著，供給與需求的力量就浮現了。當很多交易員賣出持股、不想買進，市場價格就會往下掉，直到符合其基本價值，因此買賣利潤並非穩定不變。

然而，效率市場假說和理性預期假說這對姊妹花卻有個很大的問題，因為它們的基礎，不管是關於市場動態或人類行為，都奠基於極端的假設。經濟學家深知，唯有市場不失靈，交易才能運作得如此順暢。但是，不完整資訊和不確定性等重要的市場失靈現象，正是金融市場的特色。特別是處在這個不確定性高的世界，一般人如何知道持有股票的所有相關消息呢？人們連石油價格在一天內如何漲跌都難以預測，更別提其他更複雜難懂的外國資產長期下來會有什麼樣的變動了。

從鬱金香狂熱等事件就看得出來，要像主流經濟理論一樣當個聰明人絕非易事。不過，這並不代表跟隨一群投機者就是愚昧。如果你置身於鬱金香狂熱，你的最佳策略就是迅速跟隨其他投機者湧進鬱金香市場，但一旦他們退出市場，你也得毫不猶豫的離開。第三章提到的群聚捷思法，是引導投機者買進賣出的重要因素。正如我們之前提到的，人們把群聚捷思法當作一種快速思考方式。只要運用群聚捷思，預設他人已經做過研究，知道我們所不知道的消息，模仿他們的行為就好，不用耗神費力親自搜集所有可能的資訊。但在金融市場運用群聚捷思的缺點是，這些市場並不只是一小群人之間的簡單交易行為。特別是現代金融系統已經全球化且更加複雜，群聚捷思能激起一連串的危機，從金融系統急遽擴及到更廣泛的總體經濟，而二〇〇七、八年的美國次級房貸風暴就能清楚看出這一點。貨幣是流動的，方便交易，因此一個小小錯誤馬上就會被他人複製，造成重大的影響。要多了解這一點，我們不妨回到凱恩斯的理論。

凱恩斯眼中的投機者

凱恩斯針對投機交易者提出一系列很實用的觀念，其中有些預示了未來經濟學家的群聚理論[15]；其他則和社會心理學方面的影響比較相關。凱恩斯是分析社會力量如何驅動金融市場

15 原注：Keynes (1936), ch. 12. 亦可參考 John Maynard Keynes (1937), 'The General Theory of Employment', *Quarterly Journal of Economics* 51(2), pp. 209–23.

和總體經濟的先鋒。他特別在乎交易行為中，常規（convention）所扮演的角色。在充滿不確定性的時代，社會常規鼓勵投機者相信其他人相信的事，做其他人在做的行為。投機者模仿他人並跟隨群眾就體現了這種概念。[16]不過，凱恩斯並不認為社會常規不理性。從他一九二一年的早期著作《概率論》（*A Treatise on Probability*），到他的知名巨作《就業、利息與貨幣通論》，都可以發現凱恩斯認為常規是個好工具，幫助人們判斷各種選項的可能性。在一個不確定的世界，資產價格的預測往往反覆無常，因為沒人知道接下來到底會發生什麼事。在這種困惑中，我們和其他人共有的傳統意見，成了信念的定錨（雖然不太穩定），緩解我們的慌張情緒。[17]凱恩斯筆下的投機者追逐短期利潤，藉由快速買進賣出來賺錢。他們在乎當天、當週或當月賣出所能得到的價錢，而現今相關科技的革新讓交易員能在一天內頻繁進出市場，因此他們甚至會計算毫秒之差所能獲得的利潤。對一名能夠快速進出市場的交易員來說，小心關注他人的想法合情合理，畢竟他們可能必須在短時間內找到下一個買主。因此，投機者跟隨常規，緊盯他人行動，再決定自己該怎麼做。

群聚和社會學習

凱恩斯進一步鑽研金融投資者為何那麼在乎他人的行為和思想，並提出三個原因：社會學習、聲譽和選美競賽（beauty contests）。在金融市場中，模仿決定了人們要不要買進一項資產，及願意付出的價格。我們並非因為了解某項資產的潛能而買進，而是看到別人購買，認為他們知道我們所不知道的消息。人們跟隨群眾是因為相信其他人的消息更加靈通。凱恩斯認為金融市場也是同樣的道理。在不確定性高的時候，投機者意識到自己資訊不足，於是模仿其他投機者，運用他人買進的社會資訊來左右自己的決策，而且在資訊非常稀少、不確定性擴大的情況下，這種傾向更加顯著。[18] 我們之所以賣出，一部分是受到新聞影響，一部分是因為群體中其他人也這麼做。這符合第一章提到的，自利群聚的貝氏社會學習模型。當社會資訊的數量遠超過私人資訊，我們就會加入群體中當個模仿者，做出相同選擇。在貝氏思考過程中，投機者運用非常複雜的邏輯。而凱恩斯理論的特色在於他重視社會和心理的動機，沒那麼強調數學工具的應用。

---

16 原注：Keynes (1936, 1937).

17 原注：對於社會互動會增廣知識的議題，奧地利經濟學派的先鋒學者佛瑞德里希·海耶克（Friedrich Hayek）提出了有別於凱恩斯的看法。海耶克認為，在民眾逐一觀察狀況時，資訊會接連受到每個決策者處理，產生路徑依賴過程（path-dependent process），即前者的信念會決定後者的信念。請參考Friedrich Hayek (1952), *The Sensory Order: An Inquiry into the Foundations of Theoretical Psychology*, University of Chicago Press; Salvatore Rizzello (2004), 'Knowledge as a Path-Dependence Process', *Journal of Bioeconomics* 6(3), pp. 255–74.

18 原注：凱恩斯對機率判斷的看法很連貫，正如他一九二一年的著作《概率論》。此外，在凱恩斯（1936, 1937）的著作中，也能看到他對總體經濟和金融體系中，常規和社會影響力的看法如何演進。

每個人對這些資訊的敏感度不同。其中一例就是專業人士和業餘投機者的策略大異其趣。[19]業餘投機者的模仿傾向更明顯，但隨著他們獲得更多知識和私人資訊，就會沒那麼依賴他人行為中的社會訊號。職業投機者比較不會隨眾人起舞，因為他們握有更豐富的私人資訊和專業能力。而且，金融市場中有一小群人幾乎完全不在乎社會影響，在其他投機者眼中，他們根本是用極為危險的特殊策略來賺錢。比方說，像喬治・索羅斯（George Soros）和華倫・巴菲特（Warren Buffett）之類的知名投資人士，就利用獨樹一格的投資策略賺進驚人財富。因此，投機者並不全是模仿者。有時，一小群投機者可能具備專業與技巧，利用逆向操作的投資策略大賺一票。

經濟學家理查・托普（Richard Topol）為了掌握投機者行為，建立一個通用模型，包括模仿到主流經濟模型的完全獨立決策過程。模型的基礎設定是，投機者得知其他交易者的評估，依此權衡自己願意以什麼價格購入一項資產。投機者握有兩種資訊：首先，是他們對某資產合理價格的個人看法；其次，則是其他交易者在買賣時，所願意付出或接受的價格。投機者對自身看法的自信度，會改變他們如何評估不同資訊。對自身判斷沒有自信的人，特別關心其他投機者的價格。他們完全忽略自己的看法，讓群聚行為壓制個人判斷，就像貝氏社會學習模型中，社會資訊完全戰勝私人資訊的狀況。而另一個極端，就是逆向操作的投機者。他們完全不在乎他人，不將其他投機者的價格納入考量，只在乎自己的判斷。此時，托普的模型符合主流模型的假設，也就是個體都是理性獨立的投機者，不在乎周圍的投機者行為，獨立做出決斷。[20]這樣一來，托普的模型涵蓋的範圍就非常廣泛：從以理性期待和效率金融市場為基礎的標準經濟模型，到投機者只在乎其他投機者的完全群聚模型。

聲譽

我們已經了解，維持自己的聲譽是促使人們模仿的另一個原因。凱恩斯則精準的指出，追隨傳統而犯錯，比獨排眾議但正確還要好得多。這解釋了金融市場的常規：一個交易員損失一百萬英鎊時，若其他交易員也造成同樣金額的損失，那麼他被開除的機會很低。但若其他交易員都沒有損失，那他恐怕逃不了被解雇的命運。

現代經濟學理論非常重視凱恩斯的觀點，比方說，在分析投資基金經理人的決策時（這

---

19 原注：Itzhak Venezia, Amrut Nashikkar and Zur Shapira (2011), 'Firm Specific and Macro Herding by Professional and Amateur Investors and Their Effects on Market Volatility', *Journal of Banking and Finance* 35, pp. 1599– 609.

20 原注：Richard Topol (1991), 'Bubbles and Volatility of Stock Prices: Effect of Mimetic Contagion', *Economic Journal* 101(407), pp. 786–800. 以金融群聚為主題的經濟文獻非常豐富，舉例來說：Andrea Devenow and Ivo Welch (1996), 'Rational Herding in Financial Economics', *European Economic Review* 40, pp. 603–15, 及Christopher Avery and Peter Zemsky (1998), 'Multidimensional Uncertainty and Herd Behavior in Financial Markets', *American Economic Review* 88(4), pp. 724–48.

些經理人負責管理的是結合數種金融商品的基金）。投資基金經理人得說服顧客這些是聰明的投資組合。基金經理人有時難免失利，畢竟市場根本難以預測，但這並不代表他們做出愚蠢的決定，會這麼想只是事後諸葛而已。由於市場難以預測，基金經理人必須仰賴自己的名聲，而名聲建立於同行比較，其基準點是市場中其他類似的分析師。這促使交易員重視另一種不同的目標和誘因。當他們積極與他人比較，為了不落人後，就更容易跟隨他人，忽略自身的私人資訊，就算後者比較可靠。[21]

經濟學家大衛・夏福斯坦（David Scharfstein）和傑瑞米・史坦（Jeremy Stein）利用這些觀念分析金融界中基金經理人決策的群聚現象。他們認為，金融群聚是為了建立名聲而造成的結果。[22]為了賣出商品，投資基金經理人必須努力說服投資者出錢投資。問題是，潛在投資者往往重視短期表現，漠視長期表現。然而，金融市場經常變動，因此不一定能從短期獲利水準看出一名經理人的實力與績效。可能從短期看來，金融市場資產有上漲的動力，因此經理人在上漲時買進，但這並不代表他們能力突出，能在未來賺取長期利潤。不只如此，如果潛在客戶本身並不是專業人士，不熟悉金融市場，那麼資金經理人就欠缺重視複雜績效指標的動力，反正客戶也搞不懂。相反的，他們會仰賴個人名聲、勝出同行來發展事業。此時，不管客人是用口耳相傳，或以社交媒體推薦，都會大大增加投資經理人招徠顧客並維持原有顧客的能力。

選美競賽

投機者臆測他人的想法時，也會促成金融群聚現象。在決定為了買進一項資產要付出多少價格時，別人願意購入的價格是我們願意購入價格的基準點，特別是有意快速轉手時。其他人願意付的價格，暗示了我們打算賣出時可能獲得的價格。凱恩斯用選美競賽來比喻這種現象。[23]他假想了一個情境：一家報紙辦了一個紙上選美活動。社方讓讀者看了一些女性照片後，並沒有請讀者選出他們心中最漂亮的人選，而是選出他們認為**其他讀者**覺得最美的人。凱恩斯認為，金融投機也是同樣的道理：投機者買下貴得嚇人的股票或股分，並不是因為認為它們真的值那麼多錢，而是相信其他投機者也願意以類似價格買進。

投機者如此關注他人的看法，是有道理的。簡單來說，投機者處在一個藉由買賣資產來賺取利潤的事業。處在瞬息萬變、流動快速的市場中的他們打算很快轉手，因此他們的價

---

21 原注：D.S. Scharfstein and J.C. Stein (1990), 'Herd Behavior and Investment', *American Economic Review* 80(3), pp. 465–79.

22 原注：Scharfstein and Stein (1990). 若想參考團體對資產管理市場的影響分析，請見Anna Tilba, Michelle Baddeley and Yixi Liao (2016), 'The Effectiveness of Oversight Committees: Decision-Making, Governance, Costs and Charges', Financial Conduct Authority Asset Management Market Study interim report. https://www.fca.org.uk/publication/research/tilba-baddeley-liao.pdf (accessed 7 September 2017).

23 原注：Keynes (1936).

格預測必須和其他交易員一致。投機者不能浪費時間，只為找到一個基本價格與他們相符的人。因此，每個投機者都認為，自身看法和判斷無助於迅速買賣。對他們來說，知道別人願意花多少錢來買才是要緊事。別人認為其他人會花多少錢來買？別人認為其他人認為其他人願意出多少價格？別人認為其他人認為其他人又認為其他人會出多少價？就這樣，投機者不斷猜測，循環不止。凱恩斯提出，當每個人都在擔心別人認為其他人在想什麼，金融市場就不再奠基於小心評估不同資產的未來展望。在分秒變動的金融市場裡，謹慎評估各種事實，決定一項資產的基本價值，完全無法幫助投機者賺錢。預測他人想法反倒有用得多。

現代經濟學家稍加修改凱恩斯的比喻，建立了**疊代推理理論**（iterated reasoning）。我們對集體判斷的看法，來自反覆推測一個人到下一個人的價格。以股價來舉個例子：想像一下，我預測甲認為一支股票值多少錢，而甲則想搞清楚乙認為那支股票值多少；乙想知道丙認為那支股票值多少；丙想知道丁認為那支股票值多少……就這樣永無止境。因此，我得知道甲認為乙認為丙認為丁認為那支股票值多少錢。要搞清楚一大群人認為一支股票的合理股價，可要耗費大量的認知能力。我們可能會（合理的）判斷，搞懂那麼多人的想法實在太耗神，只要複製旁邊那個人，付出同樣價格即可。更重要的是，萬一根本沒人費心思考這個問題，那麼我們費心鑽研也無濟於事。直接模仿群體行為方便多了。

許多以選美競賽為基礎的金融實驗證明，許多人在面對疊代思考問題時，無法進行太深入的推理。有些實驗找來各公司的執行長和《金融時報》（*Financial Times*）的讀者，好分析他們的決策。一般說來，這些人比一般人具備更豐富的金融知識，但是連執行長都不會花太多時間推理。[24]結果就像上面所述，一一推論他人想法的人，多半到了丁就止住不前。他們之所以不再想像丁之後的人的想法，並不一定是因為辦不到，而是推斷別人的想法恐怕也猜不到更多人的想法，因此做了策略性的選擇。他們的猜測只要和旁邊的人不相上下，也就夠了。

問題是，在一個每個人都擔心其他人在想什麼的世界，正是讓金融浮動的溫床，這就是凱恩斯最重要的觀點之一。我們必須重申，對每個投機者來說，這並不是愚昧無知的策略。如果投機者只想迅速賺一票，那麼關心群眾的行為和付出的價格，是理所當然的選擇——至少從他們自身的觀點來看是如此。但從集體、社會或總體經濟的層面看來，當複雜的金融體系中，許多人只在乎臆測他人的想法，金融市場就成為金融災難的溫床了。再也沒有人願意費神搞懂長期下來哪些資產有可能在真實世界產生哪些效益。如果沒人在乎一項資產的真正價值，也就無法保證金錢會流向那些最有生產力、最有效率的企業和計畫。正如凱恩斯的觀察：

24 原注：Colin F. Camerer (2003), *Behavioral Game Theory: Experiments in Strategic Interaction*, New York/Princeton, NJ: Russell Sage Foundation/Princeton University Press, pp. 216–17.

經濟泡沫會傷害一系列的產業，而投機者的傷害沒那麼大。但當投機如漩渦般擴大，企業陷入泡沫之中，就會引發嚴重後果。當一國的資本發展，淪為賭博活動的副產品，就無法正常運作。25

當人們只在乎別人的看法和常規，金融市場就會動盪不安。當我們願意為一項金融資產付出的價格，跟自己認定的基本價格無關，那麼群眾的整體判斷就會搖擺不定。短期進出、欠缺耐性的投機者，只想以最快的速度買進賣出，賺取短期利潤，就會讓市場變得更不穩定。

情感群聚

目前為止我們一直專注於經濟學界，投機者對社會影響力敏感度的看法。不過，一個人會受到反叛特質還是模仿特質主導，個體差異（特別是個人特質）扮演了重要角色。正如前面所提，社會學習模型認為，私人和社會資訊的拿捏，會決定一個投機者加入群眾的可能性，而資訊充足的專業投機人士逆向操作的可能性較高。不過，金融群聚也可能受到比較主觀的因素影響，包括心理和情感影響。舉個例子，群聚背後的重要觸發因素之一就是衝動。當人們自動、直覺的加入群體，可能是受到演化發展而來的本能影響。和社交有關的人格特質可能也是原因之一。金融交易員跟隨群眾的傾向，和心理上的從眾與外向程度非常相關。不過，交易員是業餘還是專業人士，也會影響前面兩項因素的相關性。個人特質也會決定交易員對情感影響的敏銳度。人們做金融決策的過程中，情感扮演了重要角色，很多和風險有關的決定都受情緒主宰。金融分析者漸漸體悟到，面對工作上的各種刺激，人的生理、內在、直覺反應，特別是貪婪、希望、恐懼等基本情感，都有強大的影響力。[26]

外在事件也會影響我們，甚至連天氣也能插上一腳！有些經濟學者宣稱，季節性情緒變化會影響金融表現：例如，馬克．坎斯特拉（Mark Kamstra）和其同事就發現冬季交易表現較差，並把這種現象歸諸於季節性的情緒失調。[27]赫舒勒費和泰勒．沙姆魏（Tyler Shumway）則指出，全球股市依照天氣陰晴而起伏。[28]喬治亞州蓋恩斯維爾的社會經濟學基金會裡的學者就認為，社會情緒波動是所有經濟與金融動盪的原因，包括金融群聚現象。也許這根本不是新鮮事，畢竟社會情緒影響日常生活的每個層面。音樂、時尚、建築和文學的各種風潮，都

---

25 原注：Keynes (1936), p. 59.

26 原注：Baddeley (2010).

27 原注：Mark J. Kamstra, Lisa A. Kramer and Maurice Levi (2003), 'Winter Blues: A SAD Stock Market Cycle', *American Economic Review* 93(1), pp. 324–43.

28 原注：David Hirshleifer and Tyler Shumway (2003), 'Good Day Sunshine: Stock Returns and the Weather', *Journal of Finance* 58(3), pp. 1009–32.

是社會情緒促成的。[29]綜合這些觀點，市場與經濟上的情緒波動集合成社會情緒，造成了金融市場的群聚現象。

金融群聚：認知、情感和神經科學

在鬱金香狂熱的實例裡，那些交易員是否陷入凱恩斯的選美競賽了呢？他們理性的以高價買進，只因相信下一秒，別人就會付出更高的價格搶購？或者快思主導了他們的行為，受到當下的氣氛渲染，進入類似上癮的激動情緒中？經濟學家至今仍無法斷定鬱金香狂熱之類的投機風潮究竟是理性的，還是情緒化。[30]我們可以回到第三章提過的，康納曼的系統一快思和系統二慢想，及兩者間的分工模式，解決理性與感性間的衝突。如果我們都同意人並非單用一種思考系統下決定，那麼經濟學界傳統的理性、非理性區隔就顯得毫無必要。投機既非理性，也非不理性。它應該是系統一、系統二之間複雜交互作用的結果。

事實上，凱恩斯早就預測過人對經濟和金融的思索過程，可能反應了不同思考系統的相互影響。他曾描述過，我們的理性與異想天開、感性的自我戰鬥時，理智和情感如何互動：

我們不該藉此斷定，每件事都是一波波不理性的心態造成的。相反的，我們對未來通常都有信心，而且，就算我們沒信心，其他原因也會產生補償效應。我們只能提醒自己，影響未來的決策，不管是個人、政治或經濟層面，都不能完全仰賴精密的數學估算，因為進行這種估算的基礎根本不存在。事實上，人們內心對行動的渴望，才是推動一切的根本。理性的自我在不同方案間盡量做出最佳選擇、盡力計算，但突來的一陣衝動、情緒或偶然，常常壓倒理智。[31]

我們該如何測量這些互相影響的思考方式，好分析情緒與金融群聚間的關聯呢？正如第三章提到的，傳統經濟分析藉由觀察人們的選擇，很容易就能搜集到資料。世界上許多大型

---

29 原注：Robert Prechter (2016), *The Socionomic Theory of Finance*, Gainesville, GA: Socionomics Institute Press. 亦可參閱 John L. Casti (2010), *Mood Matters: From Rising Skirt Lengths to the Collapse of World Powers*, Berlin: Springer-Verlag.

30 原注：鬱金香狂熱、投機及經濟／金融理論三者間的分析，請見Michelle Baddeley and John McCombie (2001/2004), 'An Historical Perspective on Speculative Bubbles and Financial Crisis: Tulipmania and the South Sea Bubble', in *What Global Economic Crisis?*, ed. P. Arestis, M. Baddeley and J. McCombie, London: Palgrave Macmillan, 及Michelle Baddeley (2018), 'Financial Instability and Speculative Bubbles: Behavioural Insights and Policy Implications', in *Alternative Approaches in Macroeconomics: Essays in Honour of John McCombie*, ed. Philip Arestis, London: Palgrave Macmillan, pp. 209–34.

31 原注：Keynes (1936), p. 163.

資料庫都記錄了各種資產的交易數量和價格。然而，這些資料庫記載了實際決定，卻無法記錄每項決策背後認知與情感間的互動。幸好隨著神經科學的發展，要捕捉金融交易員所受的影響也變得簡單多了。

就像第三章介紹的，神經科學家指出，金錢就和其他如食物、性愛、藥物之類的獎賞一樣，會激發同樣的獎賞處理神經系統，因此神經科學證據能用來解釋金融決策。在一項研究中，研究人員監控專業的金融衍生商品交易員，觀察他們面對高風險賭博行為時的生理反應。從心跳加快、肌肉反應、血壓升高、呼吸急促和體溫升高等種種現象都看得出來，交易員的情緒激動。老練的交易員通常比較擅於控制自己的情緒。[32]在另一項研究中，實驗人員則觀察某些神經區域受損的人，包括杏仁核或腦島等情緒處理區域。當腦部處理情緒的神經區域受損，人面對賭博任務，就更願意挑戰風險、勇於投資。這些人比控制組的參與者賺了更多的錢，可能因為他們的感情起伏較少，降低了衝動行事會造成的問題。

我們進一步研究投機者在買賣時容易短視近利的原因。他們過度在乎每一天的短暫波動是因為擔心賠錢，正好反應了前幾章提到的損失規避現象。贏得諾貝爾獎殊榮的行為經濟學家塞勒和同事索羅摩．班納齊（Shlomo Benartzi）攜手合作，結合短視近利與損失規避，提出金融決策的異常現象：**短視損失規避**（myopic loss aversion）。當投機者太過關注短期成敗，又太害怕賠錢時，就會出現短期損失規避偏誤。這種偏誤扭曲了高風險的股票（公司發行的股分）和安全的債券（政府或企業發行的債券）間的平衡。為什麼會這樣呢？如果金融市場運作順暢，我們會預期投機者買進高報酬的資產，但受到短視損失規避的影響，投機者太害怕大賠一場，因此忽略能獲得最大收益的股票，只買進少數股票。同時，他們不顧債券的報酬率比較低，買進過多債券。股票和債券的收益無法互補，交易員就賺不到最佳收益。[33]

本章所提到的社會影響，更增加了投機者的情緒反應強度。在金融市場中，當社會常規鼓勵投機者相信別人所相信的事，做出別人也做的行為，就能看到這種情況。與處理數量和數學資訊相比，人處理情緒的速度快得多，過程也簡易得多；而在群體中，情緒也能以飛快的速度擴散開來，更添金融的不穩定性。有些經濟學家利用類似的觀點，把暴漲和崩跌的周期形容為完全受到情感主宰的躁鬱期。正如美國經濟學家海曼．明斯基（Hyman Minsky）觀察一九八〇、九〇年代（遠在二〇〇七、八年金融局勢動盪之前）後表示，在經濟繁榮時，企業家、投資者、銀行家之間，很快就瀰漫一股投機的陶醉氣氛，加速營建產業活動和金融泡沫。但泡沫很不穩定，可能一瞬間就破掉。人們一驚慌，恐慌情緒立刻擴散。當負面、不

---

32 原注：Andrew W. Lo, Dmitry V. Repin and Brett N. Steenbarger (2005), 'Fear and Greed in Financial Markets: A Clinical Study of Day Traders', *American Economic Review* 95(2), pp. 352–9.

33 原注：Shlomo Benartzi and Richard H. Thaler (1995), 'Myopic Loss Aversion and the Equity Premium Puzzle', *Quarterly Journal of Economics* 110(1), pp. 73–92.

安的力量主導大局，經濟和金融體系就陷入危機，過度悲觀和極度風險規避加速泡沫崩裂。進一步探索，明斯基預測在一段冒險、不安和恐懼的社會風暴之後，就會出現衰退和蕭條現象。[34]明斯基的分析和心理學近來的證據相符，都指向風險、情緒和群聚的交互影響會加深恐懼，引發社會恐慌。害怕的個人在群體中散播恐慌的氣氛。[35]

企業界的標新立異人士

前一章討論了不同種類的標新立異者，他們願意冒險，嘗試新奇的點子。其中，發明家和企業家是推動經濟的人。發明家是標準的標新立異人士，而他們嶄新的發明則透過另一種標新立異人士（企業家）來促進經濟。企業家願意冒險，將一項發明變成另一項發明，最終改造成可以獲利的商品或服務。著名的經濟學家約瑟夫．熊彼得（Joseph Schumpeter）曾解釋，在經濟體系中，群聚和模仿如何推動創新與企業精神。熊彼得認為，勇於創新的企業家是英雄。在成功的資本經濟中，他們是維持生命的血脈；當他們引入新穎的商業概念，就會吸引一大票的模仿者爭相仿效。一開始，這些模仿者能從創新中獲益，但當模仿者愈來愈多，利益就會消失，而整體的經濟表現就會下滑。[36]

凱恩斯在《就業、利息與貨幣通論》中，也針對標新立異的企業精神，寫下一段著名的話：

> 長期投資者才是真正促進公共利益的人，他必須面對眾多的批評……因為在眾人眼中，他必定特立獨行，跳脫常規，行事輕率。若他成功了，大家只會認為他過於躁進；若他失敗了……也沒人會憐憫他……[37]

凱恩斯也重視企業精神的遠見特質。稍縱即逝的影響力無法幫助企業家做出好決定，而且優秀的商業點子，往往不會在短期就帶來收益。凱恩斯觀察到，企業家難以計算其計畫能在未來實現的收益多寡，畢竟未來充滿了變數，因此企業家必須具備遠見和樂觀態度。企業家了解到，唯有花時間經營，才能賺得利潤，因此金融投機者往往欠缺的耐心，正是企業家

---

34 原注：請見Hyman P. Minsky (1986), *Stabilising an Unstable Economy*, New Haven and London: Yale University Press; Hyman P. Minsky (1992), 'The Financial Instability Hypothesis', Levy Economics Institute Working Paper No. 74, Annandale on Hudson, NY: The Jerome Levy Economics Institute of Bard College. http://www.levy.org/pubs/wp74.pdf (accessed 5 March 2018).

35 原注：Loewenstein, Weber, Hsee and Welch (2001); reprinted in G.F. Loewenstein (ed.) (2007), *Exotic Preferences: Behavioral Economics and Human Motivation*, Oxford University Press, pp. 567–611.

36 原注：Joseph A. Schumpeter (1934/1981), *The Theory of Economic Development: An Inquiry into Profits, Capital, Credit, Interest, and the Business Cycle*, trans. John E. Elliott, New Brunswick, NJ: Transaction Books.

37 原注：Keynes (1936), pp. 157–8.

必須具備的特質，尤其是嶄新、獨創的產業。Facebook、Instagram和Twitter都是創新企業，一開始沒有馬上獲得收入和利潤，但這些創立者已預想過公司的未來樣貌。在一九九〇年代的網際網路熱潮中，許多公司都失敗了，也許它們的創立者也是有遠見的標新立異人士，只是沒那麼幸運，或者商品不夠好。

未來的不確定性，的確讓標新立異的企業家在決策時受到限制，但他們跟大部分的投機者不同，不容易受到群聚氣氛的影響。建立事業並不只是忙著做帳、仔細計算未來的可能利潤，因為未來難以預測，而且計算未來收益所需的資訊根本不存在。企業家無意在快速變動的市場中藉由短期波動來獲利。社會學習、聲譽、選美競賽……這些因素對企業家的影響力遠低於投機者。企業家在乎長期結果，因此他人的短期意見不太會對他們造成影響。整體而言，群聚的負面影響對尋求共識的投機者影響比較大，逆向操作的企業家則不為所動。企業家仰賴的是內在動機，並以樂觀態度面對接下來可能發生的事。

不過，企業家並不是完全不受社會影響，只是受影響的方式不同。美國經濟學家達隆．阿齊莫魯（Daron Acemoğlu）[38]就以信號篩選模型，探討企業型投資者眼中的社會資訊。企業家從總體經濟資料中攫取信號，比如某項固定資產的投資資料（投資於機械或建築的金額），並藉此推論其他企業家的決策。這能幫助他們判斷情勢，比如投資某一門新事業是否明智。我們早先探討自利群聚模型與總體經濟的影響時，也提到整體數據能幫助企業家推斷其他企業家的行為。[39]企業家依此獲得信號，想像新事業的未來展望。

企業家的情緒

企業家具備遠見，但他們並非完全不受心理影響左右。最近有項以非洲小型企業為對象的研究指出，和主動出擊、設立目標有關的心理特質，比傳統的商業教育，更能確保公司的優秀表現。[40]企業家的另一個顯著特質是，他們通常是行動派，而且強烈渴望與眾不同，正好呼應其逆向操作的本性。當企業家將創新商品或服務引入市場，激勵他們的動力不只是潛在利潤，還有建立新事業帶來的心理滿足。他們的標新立異傾向格外鮮明，在各種情緒與心理

38 譯注：現任麻省理工學院應用經濟學教授，二〇〇五年美國經濟學會約翰・貝茨・克拉克獎（John Bates Clark Medal，俗稱「小諾貝爾經濟獎」）得主。

39 原注：Daron Acemoglu (1992), 'Learning about Others' Actions and the Investment Accelerator', *Economic Journal* 103(417), pp. 318–28.

40 原注：Francisco Campos, Michael Frese, Markus Goldstein, Leonardo Iacovone, Hillary C. Johnson, David McKenzie and Mona Mensmann (2017), 'Teaching Personal Initiative Beats Traditional Training in Boosting Small Business in West Africa', *Science* 357, pp. 1287–90. 亦可參考'Teaching Entrepreneurship: Mind Over Matter', *The Economist*, 23 September 2017, p. 69.

影響中，比較容易受直覺膽識的影響而決定做某件事。因此，凱恩斯這麼描述企業界的標新立異者：

> 大部分我們決定做的某件好事，其影響力可能只會在長遠的未來完整顯現。因此促使我們行動的是動物本能（animal spirits）——一股突如其來、不想再止步不前的行為衝動……[41]

「動物本能」的概念，源自古希臘的醫學家蓋倫及他的四種個性說。這位我們在第三章就認識的醫學家在發展動物本能的概念時，不忘追隨前輩希波克拉底（Hippocrates）的腳步。希波克拉底也是著名的古代醫學家和哲學家，認為人的行為由四種體液所主宰（four humours），每一種體液都和一項基本元素呼應：黑膽汁是土，血是氣，黏液是水，黃膽汁是火。蓋倫進一步發展希波克拉底的理論，將四種體液和四種性格相連：黑膽汁是憂鬱，血液是熱血，黏液是冷淡，而黃膽汁是急躁。[42]蓋倫依體液而提出的「動物本能」概念廣為流傳。這些體液有點像神經傳導物質的附屬分類。神經傳遞物質是擔任傳信員的化學物質，在我們體內流動，經過神經，幫助神經運作。對凱恩斯來說，「動物本能」將企業家的熱血性格概念化。他觀察到「滿懷熱血、有衝勁又渴望建設的人視事業為一種生活方式，只要這種人夠多，就會促進投資」。[43]儘管從現代醫學看來，蓋倫的四種個性說太過天真，但凱恩斯認為動物本能解釋了企業家視創新為投資機會的正面態度。如今，行為總體經濟學正鑽研他的說法並建構新的模型，後面我們將會提到。

生態：模仿者—逆向操作者的共生學

不難明白，企業家在經濟體上扮演舉足輕重的角色。他們從事生產，雇用員工，不在乎別人的想法。投機者在經濟上看似不太重要，因為他們本身並不從事創造實體價值的行為。既然如此，我們需要投機者嗎？事實上，企業家仰賴金融市場，而金融市場必然會創造投機者。所有想建立或維持事業的企業家，都需要流動的資金，而變化快速的金融市場，轉眼就能為企業家募集大量金錢，馬上獲得新的投資資金。在現代金融市場出現之前，企業家若想投資新事業，要不是自行募款，就得和銀行交涉。而現今的股票市場讓企業家很快就能得到

41 原注：Keynes (1936), p. 161.
42 原注：Jerome Kagan (1998), *Galen's Prophecy: Temperament in Human Nature*, New York: Basic Books.
43 原注：Keynes (1936), p. 150.

金援。企業家需要金融市場，金融市場則需要投機者，好確保金錢流通。因此，投機者和企業家之間發展出共存共生的關係。

凱恩斯在《就業、利息與貨幣通論》裡解釋了金融市場中，投機活動和企業家需求之間的關係。凱恩斯認為，如果能在股市購入某家公司的股票來投資，就沒必要自行建立新事業，至少後者不是一條確保賺錢的大道。因此，上市公司的市場價值和企業家開創事業的動機間，必定有某種關聯。若只有單一投機者和單一企業家，新公司所需的資金供需就難以平衡，因此熱絡的金融市場不可或缺。

投機者行為會對企業活動帶來哪些後果？艾克羅夫和席勒在著作《動物本能》（*Animal Spirits*）中，將情感與凱恩斯的動物本能概念連結，解釋企業精神和投機活動的互動之間，經濟和社會心理因素如何彼此影響。艾克羅夫和席勒為動物本能下了一個比凱恩斯更廣泛的定義：動物本能不只是促使企業家行動的心理影響力，也包括各種扭曲經濟和金融市場的心理影響力。[44]艾克羅夫和席勒認為，其中一個特別強大的心理驅力就是「說故事」（storytelling）。他們宣稱，社會故事能解釋不同市場中的金融群聚行為，房地產市場就是一例。在買家心中，他們加入群體，投入房地產泡沫，誤信房地產價格絕不會下跌的傳說。他們之所以如此相信，是因為政治人物和政策制定者的公開發言、新聞、口耳相傳而來的消息，都講述著一陳不變的故事：房地產價格不斷上漲。艾克羅夫和席勒認為，在一九九〇年代和二〇〇〇年代，就是天真的故事和民間智慧讓全球房地產價格飆漲。[45]民眾共識受到誤導，讓房地產泡沫過度迅速擴張，一旦崩盤，後果也更加嚴重。而購買房產的不當誘因更讓情況惡化，特別是金融交易員透過買賣資產賺取高額獎金，再把錢投入市場時。造成群聚現象的，不只是彼此模仿的投機者，包括金融市場監管人員、徵信機關、政治人物、經濟學者，甚至記者等人士和金融市場機構也難辭其咎，因為他們沒有戳破這些交易的基礎多麼薄弱。[46]

這些讓我們回想起本章前面提到的明斯基。他也分析了各種經濟體中，企業精神和投機行為間的互動。如果人們和企業懷有樂觀信念，那麼總體經濟就會瀰漫一種陶醉氣氛（**euphoria**）：企業家樂於投資事業或成立新公司，銀行積極貸款，降低貸款利率。在這種環境中，投機者會大發利市。經濟一旦繁榮，設備、機械、工廠、房地產的需求都會大增，營

---

44 原注：George Akerlof and Robert Shiller (2009), *Animal Spirits: How Human Psychology Drives the Economy and Why It Matters for Global Capitalism*, Princeton University Press. 許多人認為本書對動物本能的定義，不符合凱恩斯對企業特質和動力的原始看法。亦可參考Michelle Baddeley (2009), 'Far from a Rational Crowd: review of G. Akerlof and R. Shiller (2010), "Animal Spirits: How Human Psychology Drives the Economy"', *Science* 324, pp. 883–4.

45 原注：Akerlof and Shiller (2009), pp. 153–6.

46 原注：若想了解究竟誰該為二〇〇七、八年的金融危機負責，請參閱哈維・戴維斯（Howard Davies）內容豐富的著作：Howard Davies (2010), *The Financial Crisis: Who Is to Blame?* Cambridge: Polity Press.

建業也會欣欣向榮，民眾需要又新又大的建築物和基礎建設。然而經濟和金融系統不可能永遠一路上揚。當人群、公司和銀行意識到繁榮期造成的債務難以維持，很快就會出現壓力和裂痕。過度信心和樂觀心態煙消雲散，取而代之的則是信心不足和悲觀主義。就像繁榮期一樣，未來展望不佳的消息很快就會傳遍各種族群。隨著資產價格下跌，說故事、口耳相傳和偽直覺（false intuitions）再次發揮作用，只不過這回反向進行，在群體間快速渲染悲觀心態。[47]二〇〇七、八年間的全球金融危機和在那之前的次級房貸崩盤，正說明在經濟－金融生態中，當情節與故事扭曲企業精神與投機活動間的微妙平衡，就會產生可怕的毀滅力量——放眼望去，不管是企業、生產還是就業，都會受到衝擊。

控制投機行為，鼓勵企業精神

我們看到彼此模仿的投機者如何透過各種方式造成現代經濟的波動，帶來深遠的影響。相反的，企業家多半是經濟界的英雄人物。當金融市場電腦化、全球化、過度連結，金融感染（financial contagion）就會迅速擴散。正如英國經濟學家保羅．奧默羅德（Paul Ormerod）的分析，金融系統會受到類似蝴蝶效應的影響，陷入一片混亂。[48]一小群投機者就能引發嚴重震盪，不只金融系統受害，連經濟生產力和就業市場也會遭到波及。二〇一五年芝加哥期貨交易所的瞬間崩盤事件，就說明了少數個人的行為所造成的影響足以擴及世界各地。用炒作（spoof-trading）操縱金融市場並獲利的納文德・辛格・薩勞（Navinder Singh Sarao），終於在二〇一七年被定罪。當時他下了數量眾多的「假賣單」，將股價壓低，引發一大群投機者跟風拋售。此時，薩勞再以較低的價格買進，取消之前下的單，使股價再次揚升。他藉著自行拉低價格再買進，又刪單使價格回升的手法，賺進大把鈔票。令人意外的是，他住在西倫敦漢斯羅一帶的父母家中，從臥室操作這些短線炒作交易。在全球化、電腦化且緊緊相連的金融市場，一個人就能左右一大群的投機客，造成嚴重的金融損失。

從演化生物學的角度來看，人類與生俱來的群聚本能，在現代金融市場中根本毫無用處。如果金融投機不只是一場制度化的賭博遊戲，那麼我們原始的快思本能，可能不適用於當今高度全球化、電腦化的金融系統，也不適用於如演算交易之類的複雜現代發明。快思主導的群聚行為是否讓金融系統更加脆弱？答案是肯定的。如果交易員的獎賞取決於短期表現，那麼投機者的有形誘因和無意識本能，都會攜手支持盲從衝動。如果金融市場大範圍的

47 原注：Minsky (1986, 1992).

48 原注：Paul Ormerod (1998), *Butterfly Economics: A New General Theory of Economic and Social Behaviour*, London: Faber and Faber.

群聚讓我們看到彼此牽動的情緒反應會帶來多麼強大的影響，引發嚴重的金融動盪，那麼軟性勸阻也許還不夠。

說到底，群聚有好處也有壞處，在經濟界也是如此。有些投機行為是好事，因為它將金融資源導向企業投資、創業和就業。在某些情況下，群眾智慧和集體意見的確比個人看法還要精確。在第二章中提到的康多塞群眾智慧假說，假定個人會理性且客觀的判斷，絕不受心理或情緒的影響。然而這種假設突顯了金融群聚和金融動盪的一個重要問題：交易員並非完全獨立的做出判斷。事實上，交易員往往互通消息，利用同樣的資訊來判斷。這可能會對企業家和經濟造成嚴重的負面影響。不管如何，為了監控金融群聚，必須立下管制法規，好確保金融市場的優點，同時遏制其缺陷。

政治應該如何插手金融投機行為，又該做到什麼程度呢？政府該不該鼓勵人們創業？經過二〇〇七、八年的金融危機，這些成了政治人物、政府和國際機構亟欲研究，但至今仍無法回答的問題。當我們能更透徹的了解引爆金融群聚的原因，就能更有效的控制震盪的金融局勢，以及所引發的經濟後果。有人提出一些政策工具，好減緩金融市場的活動。有些國家將服務一般客戶的零售銀行（retail banking）和投資銀行分開，後者正是現代金融市場中風險最高也最不穩定的部分。如果這些政策能夠廣泛受到採納，就能降低瞬息萬變的投資市場造成的影響，增加消費者和企業家的利率，同時增加民間部門能夠貸款的金額。課徵金融交易稅，也就是所謂的杜賓稅（Tobin tax），能夠遏止過度群聚，及其他破壞穩定市場的影響力。問題是，要有效杜絕這種問題，就必須全球一起課稅，才能阻止資本流向避稅天堂。

假設市場中的群聚現象是種衝動、情感的表現，當交易者太過激動時，若能用某種方法「關掉」交易者的情緒，或許就能減少破壞平衡的投機活動。不過，重新思考企業管理和制度安排才能找出更有力的解決方案。金融服務公司已經創立新的政策，確保更有效的監控交易員的動向，包括更小心的線型管理和團隊架構，好讓每個交易員的活動受到更多管制，減少情緒化的買賣，限縮心懷不軌的交易員的操作空間。政策制定者也逐漸見識到群聚和社會影響力足以破壞金融市場和經濟穩定，並研究解決方案。在英國，金融行為監管局（Financial Conduct Authority）正在研究資產管理，特別是機構投資者中，群聚和團體思考所帶來的問題，並尋求改善方案。[49]在美國，證券交易委員會（Securities and Exchange Commission）也在進行類似研究。如果大型機構資金的監管委員會能夠藉由更有效的設計，減少無根據的共識造成的影響，就能控制破壞金融市場和企業平衡的群聚行為。

了解投機者和企業家的行為，讓我們意識到，模仿者和逆向操作者的複雜互動決定了經

49 原注：Tilba, Baddeley and Liao (2016).

濟和金融市場的動向。投機者通常也是模仿者，企業家則多半是逆向操作者。不過，有時一名投機者可能因承擔標新立異的風險，而獲得最佳的利潤。當企業家模仿其他人的創新，發展新的事業模型和策略，也可能大獲成功。但模仿者和逆向操作者不只在經濟生態裡共存，在其他領域，如科學研究、政治和宗教界，他們也彼此影響。請看下面兩章的討論。

第七章　專家也難逃群聚

二〇〇九年，美國馬里蘭州的一名幼兒猝死。他名叫崔佛・烏里什（Trevor Ulrich）。驗屍報告指出，他的腦部出血，頭部受到挫傷。他的保母蓋兒・都伯森（Gail Dobson）被控謀殺，但現場沒有人證。法院指派的醫生出庭作證，他依照當時傳統醫療意見，指出崔佛死於所謂的「嬰兒搖晃症候群」（shaken baby syndrome），即嬰兒因受到過度激烈的搖晃而受傷，原因可能是大人因一時憤怒沒有控制力道。經過多次重審，直到我寫本書時，都伯森仍因虐待兒童與謀殺遭定罪。[1]

這場判決乃是根據一九七四年，由小兒科醫生約翰・卡菲（John Caffey）首次提出的一份醫學診斷概要。當嬰兒受到劇烈搖晃，就會發生三種症狀：腦部腫脹，頭顱出血，眼後的視網膜周圍出血。[2]小崔佛身上同時出現這三種症狀。但是審判進行時，醫療界開始出現不

1 原注：Debbie Cenziper (2015), 'A Disputed Diagnosis Imprisons Parents', *Washington Post*, 20 March. https://www.washingtonpost.com/graphics/investigations/shaken-baby-syndrome/ (accessed 27 October 2017).

同意見。自二〇〇一年以來，在美國有許多原本認定為嬰兒搖晃症候群的病例，後來都被翻盤。二〇〇九年，美國兒科學會承認這三種症狀受到誤解，建議醫生不要再使用「嬰兒搖晃症候群」一詞，改為「兒虐頭部外傷」（abusive head trauma）。在另一件案例中，一名育有二子的母親原可能被判重刑，但法官駁回有罪判決並在結語中指出，嬰兒搖晃症候群只是「一種迷信，而非科學」。[3]許多無辜的人曾因此被定罪，但這不代表勝訴的原告贏得不公正，而是法院得更小心的詮釋證據。

英國的溫妮・史基耶（Waney Squier）醫生，也面臨同樣的爭議。當她剛開始擔任專家證人，協助英國律師團隊起訴虐待兒童的被告時，她也和其他醫生一樣，相信這三項症狀指向嬰兒搖晃症候群。但經年累月後，她轉而接納少數逆向操作者的意見，認為這三種傷害可能是嬰幼兒自己或其他原因所造成。她改變原先的專業立場，引起廣大的爭議。二〇一〇年，國家警務促進署（National Policing Improvement Agency）向醫學總會（General Medical Council）申訴，宣稱史基耶因個人主觀看法而扭曲科學證據。她被告上執業醫師法庭，並在二〇一六年三月，被判定在擔任專業證人時失職、曲解證據。[4]

史基耶的許多同事及親友都懷疑判決不公，只是想逼她噤聲。[5]二〇一六年，一群律師和科學家向《衛報》寄了一封公開信，為史基耶聲援：

每個世代都有些廣為流傳的概念，被眾人奉為宗教一樣深信不疑。許多曾被奉為至高無上的信念，都已成為明日的笑柄，這才是歷史不變的真理……史基耶醫生的案例，和其他令人憂心的前例一樣指出，一旦不服從當局，就會遭受嚴厲的懲罰……在二十一世紀的今天，當法院拒絕讓一名醫生自由的質疑『主流』觀念，足可謂為科學的悲劇。[6]

史基耶再也無法以專家證人身分出席法庭，有些專家證人因此拒絕在法庭上作證。艾琳・薛恩柏格（Irene Scheimberg）醫生也懷疑嬰兒搖晃症候群的真實性，她出席英國廣播公

2 原注：John Caffey (1974), 'The Whiplash Shaken Infant Syndrome: Manual Shaking by the Extremities with Whiplash-Induced Intracranial and Intraocular Bleedings, Linked with Residual Permanent Brain Damage and Mental Retardation', *Pediatrics* 54(4), pp. 396–403.

3 原注：Cenziper (2015). 若想參考更完整的相關內容，請見 'Abusive Head Trauma', Wikipedia. https://en.wikipedia.org/wiki/Abusive_head_trauma (accessed 7 September 2017).

4 原注：https://www.judiciary.gov.uk/wp-content/uploads/2016/11/squier-v-gmc-protected-approved-judgment-20160311-2.pdf (accessed 27 October 2017).

5 原注：'Doctor Misled Courts in "Shaken Baby" Cases', BBC News, 11 March 2016. http://www.bbc.co.uk/news/uk-england-oxfordshire-35787095 (accessed 7 September 2017).

6 原注：'General Medical Council Behaving Like a Modern Inquisition', *Guardian*, 21 March 2016. https://www.theguardian.com/society/2016/mar/21/gmc-behaving-like-a-modern-inquisition-by-striking-off-dr-waney-squier (accessed 27 October 2017).

司的節目《新聞之夜》（*Newsnight*）時，表示她不再為法庭提供醫學證據，因為她「害怕可能的後果」。[7]

事後看來，史基耶醫生在表達強烈主張時，可是冒了極大的風險。就算不少專家和她的看法一致，她仍因違背多數、贊同少數意見而付出難以估計的代價。也許，現在還無法斷言她和其他人孰是孰非。不過醫學總會關心的並非真相為何，直接宣稱史基耶操縱扭曲事實。以客觀角度來看，當嬰兒搖晃症候群仍找不到正確答案，且是各界專家爭論的焦點時，史基耶如此公開的反對普遍共識，是否為不智之舉？身為經濟學家，我無力評斷兩方的科學證據，但我知道，因意見相反而受到孤立的專家，絕不只史基耶一人。究竟她能否贏回清白，只能讓時間來證明。

幸好，當科學家勇於挑戰眾議，時間有時會扭轉形勢。澳洲醫療科學家貝利・馬歇爾（Barry Marshall）在自己身上實驗足以致命的幽門螺旋桿菌（簡稱幽門桿菌），因此流芳後世。他和同事羅賓・華倫（Robin Warren）懷疑幽門桿菌才是胃潰瘍的病因，但要測試這個假設並不容易，因為刻意讓人感染幽門桿菌有違實驗倫理。一開始，眾人嘲笑他們的看法。當時大家都認為胃潰瘍是飲食不正常、胃酸過多及壓力引起。[8]於是，馬歇爾一口飲下可能致命的幽門桿菌調製劑——他究竟有勇還是無謀，端看個人看法。馬歇爾的胃很快就產生胃潰瘍症狀，但在自行服用抗生素後就完全康復。[9]實驗很成功：馬歇爾證明了胃潰瘍的成因、結果和治療方式。[10]現在醫學人士都知道胃潰瘍的凶手是幽門桿菌，而抗生素是目前最有效的治療手段。[11]考量有百分之二的胃潰瘍病人會得到胃癌，這項發現可稱為二十世紀最重要的醫學突破之一。[12]有些人估算，馬歇爾和華倫的發現拯救了上百萬條性命，而這兩位偉人也在二〇〇五年贏得諾貝爾生理或醫學獎，可謂實至名歸。

專家一提出違背主流的意見，各界就爭相質疑的情況，其實很常發生。一六三三年，伽

---

7 原注：'Should Waney Squier Have Been Struck Off Over Shaken Baby Syndrome?', *Newsnight*, 17 October 2016. http://www.bbc.co.uk/news/health–37672451 (accessed 7 September 2017).

8 原注：Seymour J. Gray, John A. Benson Jr, Robert W. Reifenstein and Howard M. Spiro, 'Chronic Stress and Peptic Ulcer', *Journal of the American Medical Association* 147(16), pp. 1529–37.

9 原注：自體實驗或自行開藥本身就很有爭議性。有些科學倫理委員會對自體實驗仍抱持保留態度，不過以道德標準而言，比起讓他人生病，自體實驗的接受度較高。亦可參考Esther Landhuis (2016), 'Do It Yourself? When the Researcher Becomes the Subject', *Science*, 5 December. http://www.sciencemag.org/careers/2016/12/do-it-yourself-when-researcher-becomes-subject (accessed 7 September 2017).

10 原注：'Office of the Nobel Laureates in Western Australia'. https://www.helico-bacter.com/ (accessed 7 September 2017).

11 原注：Pentti Sipponen and Barry J. Marshall (2000), 'Gastritis and Gastric Cancer: Western Countries', *Gastroenterology Clinics* 29(3), pp. 579–92. https://www.helicobacter.com/single-post/2000/01/01/Gastritis-and- Gastric-Cancer---Western-Countries (accessed 7 September 2017).

12 原注：Tom Wildie (2017), 'Latest Helicobacter Pylori Breakthrough Could Lead to Eradication of Bacteria', ABC News, 4 April. http://www.abc.net.au/news/2017–04–04/researchers-who-discovered-heliobacter-learn-more-about-bacteria/8415686 (accessed 7 September 2017).

利略支持哥白尼的日心說而被判為異端；日心說指的是地球和其他星體以太陽為中心運轉，在此之前，世人都相信托勒密體系，也就是太陽和其他星球都以地球為中心繞行。今天，如果有人反對眾所公認的哥白尼理論，就像宣稱地球是平的一樣，必會被視為無知愚蠢。科學雖然證明了日心說，但在當時曾引起熱烈甚至粗暴的辯論。[13]除了伽利略，還有許多實例也證明，反世道而行的專家常常飽受各界誹謗。為何那麼多專家執迷不悟？為什麼有些專家願意捨身而出，獨排眾議？這些問題背後，常結合許多社會和個人影響、誘因和動機，而導火線則是，真相往往爭議十足。

專家也會犯錯

日常生活中，到處都能看到專家發表意見和看法。專業記者和在媒體前夸夸而談的學者，告訴我們如何解讀最新的政治和經濟動向。專業的醫生診斷我們的病情，開立處方箋。機械專家檢測我們的愛車和熱水器，告訴我們是否需要維修。專業的髮型設計師說服我們換個新造型。天氣專家預測氣象，建議我們要不要出遠門或帶傘。不管專業意見是對是錯，都帶來強大的影響：想一下，流行病學家決定人們該不該使用某種藥品、施打某種疫苗，這些都足以改變一個人的生命。或者如前所述，法庭裡專家證人提出的證據，也能帶來嚴重的後果。有時，專家說得有理。有時，專家犯了錯。但一般人無從得知他們究竟是對是錯。有時，民眾直接斷定專家必定不偏不倚，他們是掌握完整資訊且仔細評估客觀證據，才會提出意見。

我們活在一個許多人懷疑專家和專家意見的時代。專家常常受到強烈抨擊。當不可信的媚俗小報和社群媒體主導了現代新聞界，這種現象更加常見。人們不再盡信專家，這不但不是新鮮事，也不一定是件壞事。腦葉切開術和冷水療法曾經盛行於庸醫界[14]，現在則有各種非正統的醫學、外科手術、飲食風潮，只要名人背書，就能像流行病一樣到處肆虐，讓人建立莫名的強烈信心。我們也很容易受社會影響力左右。當我們相信的人大力宣揚，我們就對某套療法產生信心並身體力行。[15]既然我們是業餘人士，多少該聽聽專家的說法。

許多證據顯示，專家意見往往讓人們一頭霧水。然而，隨著科學「新聞」的報導水準每況愈下，人們變得更加困惑。我們對專家抱持著矛盾的期待：一方面，我們希望專家充滿創

13 原注：David Wootton (2013), *Galileo: Watcher of the Skies*, New Haven and London: Yale University Press.

14 原注：若想讀讀相關的有趣報導，請見Lydia Kang and Nate Pedersen, *Quackery: A Brief History of the Worst Ways to Cure Everything*, New York: Workman Publishing.

15 原注：亦可參閱Sushil Bikhchandani, Amitabh Chandra, Dana Goldman and Ivo Welch (2002), 'The Economics of Iatroepidemics and Quackeries: Physician Learning, Informational Cascades and Geographic Variation in Medical Practice', Hanover, NH: Department of Economics, Dartmouth College.

意、不斷革新；與此同時，當絕大多數專家懷抱同樣共識，又讓我們感到安心。從經濟動向到氣象，各種專家預測常因違背一般常識而遭到批評，但這類批評根本只是馬後炮。

英國國會議員麥可・戈夫（Michael Gove）在某些圈子名氣響亮，在其他圈子卻惡名昭彰，因為他曾說過「民眾已經受夠專家了」。二〇一六年英國舉行脫歐公投前，天空新聞台（Sky News）播放了他的這句發言。當時，他將許多經濟學家的意見斥為無稽之談，包括那些來自眾人敬重的國家統計局、財政研究院的專家。這些專家認為退出歐盟將對英國造成嚴重經濟打擊，但戈夫尖銳的駁斥這種看法。也許單單節錄幾個字有斷章取義之虞，他的原文為：「我國的人民已經受夠那些專家，他們全來自一些不知其名、只知縮寫簡稱的機構，自稱全知全能，卻老是搞錯。」[16]不管如何，他在這場訪談、後來的廣播節目、社群媒體以及報章雜誌上，都清楚表達自己反專家的立場。隨著六月公投的腳步愈來愈近，《每日電訊報》（*Daily Telegraph*）的國會記者麥可・迪肯（Michael Deacon）針對戈夫看似有理的意見，寫了一篇機智的反諷文章。若戈夫是對的，那我們還需要醫生嗎？還需要飛行員或數學老師嗎？

> 謝謝你，數學權威機構已確認2＋2＝4的定論，一切都很好。若你不知好歹的宣稱2＋2＝5，大家一定會說你胡說八道。在數學界，這種團體迷思實在很可怕。老實說，英國的一般中小學生都已經厭倦這些正確的數學公式。[17]

雖然戈夫的言論招來眾人譏嘲，但他說的也不是全無道理。民眾對專家的懷疑正漸漸壯大，而熱門媒體大力宣傳各種矛盾的健康與生活建議，每篇都號稱出自專家之口，讓情況更加惡化。[18]

不過，專家也無力自行掙脫困境，因為他們不擅溝通。民眾並不明白（也許因為現代媒體並不鼓勵民眾理解），專家可不是星相家。專家無法完美的預測未來。這是一個充滿不確定的世界，無人知曉未來，甚至無法推測未來，但專家仍必須做出判斷。有時，人們忘了自己之所以渴求專家意見，正是因為沒人知道真相為何。我們沒有一翻兩瞪眼的明確證據。在這個不確定的世界裡，資訊稀少且難以解讀。人難以預測複雜現象的未來走勢，不管是暴風雨的走向、股市的動盪、石油儲量，或流行病的肆虐。我們向專家尋求答案，卻忘了他們也

---

16 原注：網友rpmackay錄下戈夫在二〇一六年說的這段話，並上傳到YouTube網站，請見‘Gove: Britons “Have Had Enough of Experts”’. https://www.youtube.com/watch?v=GGgiGtJk7MA (accessed 7 September 2017).

17 原注：Michael Deacon (2016), ‘Michael Gove’s Guide to Britain’s Greatest Enemy . . . the Experts’, *Daily Telegraph*, 10 June. http://www.telegraph. co.uk/news/2016/06/10/michael-goves-guide-to-britains-greatest-enemy-the-experts/ (accessed 27 October 2017).

18 原注：湯姆．尼可斯（Tom Nichols, 2017）探討了民眾對專家冷漠的緣由、後果以及不幸的連鎖反應：民粹主義和反智主義，請見其標題擲地有聲（又令人擔憂）的著作：*The Death of Expertise: The Campaign Against Established Knowledge and Why It Matters*, Oxford University Press.

是凡人，孰能無過？有時，他們也沒有可靠的方法來找出真相或預測未來。在不確定的世界裡，專家自己也沒有十足把握，也必須承認自己無法掌握一切。

專家只是考量各種不確定性後，告訴大家某事件可能發生的**機率**。然而，他們的預測只是握有許多資訊後的概率猜測而已。科學專家完全承認自己的預測並非百分之百準確，不然的話，信譽良好的期刊恐怕不會發表他們的文章。然而，這些警告一旦經過大眾媒體（特別是社群媒體）過濾便消失無蹤，因為它們把專家的研究和判斷，都濃縮成一則上限兩百八十字元的Twitter推文，甚至更簡短。

另一個偏誤則是，儘管專家擁有深厚專精的知識，人們卻往往不夠重視他們的言論。連英國廣播公司等領先群雄的媒體機構，也給一般人和專家同樣的發言時間，並因此受到批評。這種作法隱約暗示，外行人和專家都掌握充分資訊。理論上，每個人的言論都同樣重要，但難道專家多年的培訓與研究都不值一提嗎？在科學家與反氣候變遷人士的激辯中，這種作法就引起莫大爭議。二〇一四年，英國廣播基金會評估後再次重申，並不是所有的意見都具備同樣的重要性：比起那些沒有完善知識、毫無根據的外行人觀點，科學證據和專家意見應該受到更多重視。[19]我們之所以不再崇拜專家，也許是因為現代科技讓無憑無據的個人意見，像事實一樣廣為流傳。但當科學研究不再受人敬重，也就難以募集資金，這就是可怕的後果。[20]因此，我們必須認清真正的陷阱是什麼。當專家以權威口吻提供資訊，說著艱深的技術辭彙，我們必須謹記，專家也可能受到群聚和社會影響左右。專家可能會在有意識、無意識間受到影響，甚至被惡意操弄。

如果你問專家他們的目標是什麼，（幸運的話）他們可能會說：仔細權衡現有證據後，找到某些客觀事實。學者可能會補充道，他們希望以可靠且穩定的科學方法，繼續發展現有的研究並揭露事實。聽起來，專家好像只是處理資訊的機器。我們期待他們吸收並處理資訊，再吐出最客觀的結論。如果他們的判斷失準，我們不是說他們瘋了，就是抨擊他們很遜或很蠢，或者以上皆是。我們忘了專家也是社會動物，就像其他人一樣。

19 原注：若想參考英國廣播基金會的報告，請見'Trust Conclusions on the Executive Report on Science Impartiality Review Actions', BBC Trust, July 2014. http:// downloads.bbc.co.uk/bbctrust/assets/files/pdf/our_work/science_ impartiality/trust_conclusions.pdf (accessed 7 September 2017). 亦可參閱：Emily Atkin (2014), 'To Improve Accuracy, BBC Tells Its Reporters to Stop Giving Air Time to Climate Deniers', *ThinkProgress*, 7 July. https://thinkprogress.org/to-improve-accuracy-bbc-tells-its-reporters-to-stop-giving-air-time-to-climate-deniers-c4b50fa1dddf/ (accessed 7 September 2017).

20 原注：尼可斯強調這會危及科學研究的持續進步。Nichols (2017).

不確定世界裡樂於社交的專家

在不確定性高的世界裡，社會影響力更加銳不可擋。考量到絕對客觀的基準點並不存在，無法藉此評斷專家意見的品質，那我們該如何找出專家所受的各種影響呢？正如前幾章提到的，如果人們握有的資訊模糊不清，就更容易追隨群眾。當難以得知客觀真相，主觀社會影響力的力量就會更加強大。現實的不確定性太高，專家並不是提供事實，而是詮釋資訊。要經濟學家預測下一年的房價、油價或政府赤字，可是極為艱鉅的任務。在這種情況下，專家的意見就只是意見而已，而不是事實。比方說，房地產市場受到許多無法預測且複雜的因素影響，眾所皆知經濟預測一向很少準確。有時專家最誠實的答案就是，他們並不確定會發生什麼事，只能盡量搜集更多資訊，好慢慢降低不確定性。問題是，一個連專家都只能模稜兩可回答的問題，毫無新聞價值。人們並不想知道，許多事情連專家都無法確定。[21]

這些跟模仿者和逆向操作者又有什麼關聯？我們知道，當資訊模糊不明，真相又像霧裡看花，社會影響力就能輕易主宰人類行為。不管是意見、判斷還是信念，人們都習於群聚。解讀複雜的資訊和證據已經困難重重，而群聚更讓情況雪上加霜。概略而言，知識演進是個社會過程。人們在研討會、座談會、講座等社會體制中學習別人的研究結果。大部分的研究都需要數人合作，優秀的研究更奠基於過去的研究。牛頓曾借用法國哲學家伯納德（Bernard of Chartres）的比喻：「如果我看得更遠，那是因為我站在巨人的肩膀上。」有前人的開拓，我們才能看得更遠，有更深刻的理解。而且在一定條件下，集體判斷力往往比單一意見更精準。[22]我們在第二章解析了康多塞的群眾智慧，只要許多專家集思廣益，就能實現更豐碩的成果，並遠勝單一專家的意見，但前提是，每個人的想法一開始都是獨立且不受影響的。互相牴觸的證據帶來更豐富、更完善的資訊，比驗證我們早已知道的事重要得多。而逆向操作者就扮演了重要角色，他們發掘嶄新、令人意外的知識，擾亂群眾的共識定見。作家貝爾·利夫·班德里（Beryl Lieff Benderly）觀察到，在科學界，新想法並不一定受眾人歡迎。[23]儘管世界的進步仰賴新點子，但新點子卻不常受到重視。

我們能從兩個相輔相成的角度來面對這個問題，思考貫串本書的主題：其一是符合經濟理論的自利群聚，其二是社會心理影響驅使的集體群聚。在前者的情況中，專家為了促進自身利益而群聚，我們能探討促使每個專家行動的誘因和動機。後者則比較複雜，因為這些影響力無法量化。

21 原注：若想參閱相關的概略評估，請見Ben Goldacre (2009), *Bad Science*, London: HarperCollins.

22 原注：若想了解相關的文獻探討，請見Surowiecki (2004).

23 原注：請見Beryl Lieff Benderly (2016), 'How Scientific Culture Discourages New Ideas', *Science*, 6 July. http://www.sciencemag.org/careers/2016/07/how-scientific-culture-discourages-new-ideas (accessed 7 September 2017).

自利專家

判斷專家意見時，我們想要理解的不只是專家的對錯，也想明白促使專家意見分歧的動機是什麼。專家是根據明確證據，誠實的表達意見嗎？那些獨排眾議的專家，是不是難搞的騙子，只想一夕成名？而那些頻頻點頭稱是的專家，是否為了自己的事業和著作銷量，而向當權者逢迎獻媚？要解開這些謎題，我們得探討專家之所以宣揚共識或獨排眾議的種種原因。

先從自利專家的誘因談起。講到模仿專家，第一章的自利群聚經濟模型預設人們真心想發掘某個情況的真相，並沒有違背常理。大部分的學者和科學家都渴望促進知識的發展。但當自身利益與整體利益衝突，專家究竟該選擇對自己最有利的行為，還是做對社會最有益的事？自利專家的動機究竟是什麼？若我們同意，專家不一定有誘因去測試其他科學研究的可靠性，要確認專家意見的真實性就更困難了。講到群聚，專家之所以追隨主流共識或判斷，背後的原因通常不是追求真實，而是受到個人動機驅使，不管是內在（個人滿足感，後面將會說明）或外在（以一般經濟學的金錢誘因為主）。

資訊扭曲

專業能力奠基於掌握資訊。專業的關鍵難題，不只是缺乏清晰的資訊，還有資訊扭曲的問題。資訊的散布並不均衡。並不是所有人都知道同一件事，而且人們（包括專家）常有欺騙的動機。民眾因欠缺某方面的知識而尋求專家幫助，而專家輕易就能利用專長趁機海削一筆。許多經濟學家都探討過資訊不對稱的主題，以及當專家利用專長不當得利時所引發的問題。贏得諾貝爾殊榮的經濟學家艾克羅夫在發展**逆向選擇**理論（adverse selection）時，就研究了資訊不對稱的後果，解釋逆向結果和產出會如何主導市場。艾克羅夫舉了個中古車的例子。大部分人的機械知識都不足，因此二手車商可能會利用顧客的無知，推銷我們買下一台「檸檬」（lemon，即指可疑的舊車）。此時出現一個問題。並不是所有的二手車商都賣爛車。有些人專門賣「李子」（plum，即指優質的舊車）。然而買家看不出車的好壞，只願意出檸檬的價錢來買李子，但前者的便宜價格暗示了品質不佳。賣檸檬的人大發利市，賣李子的人卻生意慘淡。從李子車商的觀點來看，如果商品無法賣得應有的價錢，那留著商品又有何用，於是他們撤掉李子。中古車市場的品質大幅下降，價格也隨之下降；更多的李子從市場上消失，車子的品質更差，價格一路向下跌，如此循環不已。這種市場選擇造成逆向結果：市場上到處都是檸檬。[24]

這和專家意見有何關係？當廣受歡迎的媒體插上一腳，專家意見的品質特別容易下滑。

---

24 原注：George Akerlof (1970), 'The Market for Lemons: Quality Uncertainty and the Market Mechanism', *Quarterly Journal of Economics* 84(3), pp. 488–500.

就算有名的專家提出精闢看法，人們又如何在分辨誰是真的知識淵博，誰又是短視近利，只想受到媒體關注引用，好讓事業蒸蒸日上呢？利眼識人並非易事，而且大部分的時候，這並不只是對錯的問題。事實上，人們常常不知道哪些專家花了很多心力審慎研究，並且用可靠的方式分析證據，因此值得信任，也不知道哪些專家在提供資料時總是隨意分析，所以不值得信任。如果民眾不了解其中差異，每位專家得到的發言時間、上台機會都幾乎相同。因此對專家來說，沒有強烈的誘因促使他們當個可靠的學者，此時專業品質就下滑了。

另一種資訊不對稱是，專家可能投機取巧，藉機利用**道德危機**（moral hazard）。也就是說，社會科學家所謂的主體（打算將某任務委託他人的人）和代理人（接受委託的人）並不一定有相同的誘因，因而造成問題。這個概念適用於許多經濟實例，如勞動、保險和金融市場，也適用於專家與大眾間的關係。前面的逆向選擇，發生於我們在簽定合約前的選擇過程，而道德危機則發生在簽下合約之後：主體雇用代理人，代理人負責商品運輸或提供服務，但主體無法確認代理人是否會規避責任。代理人可能有誘因而投機敗德。在專家與民眾的情況中，民眾以間接的方式，雇用專家和研究人員為代理人，幫我們探索知識。我們是主體，但我們無法見證也難以判斷專家的產出品質。如果專家和民眾的利益相違，例如專家能藉由吸睛的宣傳、提供有新聞價值的科學結果，謀取自身利益，那問題就大了。專家具備比民眾更豐富的知識，民眾卻難以監督專家的產出，畢竟監督耗時費力，而且難以執行。此時，民眾就容易上當。這種問題常發生在專業的金融諮詢專員身上。他們理當提供專業金融意見，但個人利益卻促使他們只推銷對自己有利的金融商品。他們的主體，也就是想選擇退休金、保險、抵押借貸計畫的民眾，沒有時間也不具備相關專業，在難以判斷的情況下，只能接受建議。民眾可能因此買下價值不佳或不適宜的金融商品，因為我們相信專家，就算根本不知道他們專不專業。

道德危機和逆向選擇也會透過不同方式影響專家，比方說，專家能隱匿其研究發現的品質。雖然刻意的欺騙並不常見，但不少專家利用他人的無知來謀利。英國醫生安德魯・韋格菲德（Andrew Wakefield）就是一例。他對麻疹、腮腺炎、德國麻疹混合疫苗（簡稱MMR）的看法，一開始受到眾人讚揚，後來則被大家抨擊。韋格菲德在備受推崇的《刺絡針》期刊（*The Lancet*）發表一篇文章，宣稱MMR疫苗可能會引發自閉症和腸胃疾病。他的說法立刻躍上新聞頭條，迅速在各地傳開，許多父母因此害怕為孩子接種MMR疫苗。受到影響的可不只是那些沒有接種的孩童，整個社群都因此暴露在麻疹、腮腺炎、德國麻疹的危險中。這樣一來，群體免疫力（herd immunity）就受到威脅。所謂的群體免疫力，指的是大多數人免疫時，整體人口就會受到保護，免於某種傳染病的危害。

就像前一章提到的金融市場震盪，單一個體的行為能快速廣泛的在複雜社會系統中到處散布，造成動盪不安，而群聚更讓情況加劇。後來，其他研究學者試圖複製韋克菲德的實驗，卻失敗了。同儕認為韋克菲德偽造了論文中的證據。《刺絡針》撤銷這篇文章，韋克菲德的醫師執照也被吊銷。為什麼他不惜賠上職涯，發表不實論文？英國記者布萊恩・迪爾（Brian Deer）為《星期日泰晤士報》（*The Sunday Times*）深入調查，後來在《英國醫學期刊》（*British Medical Journal*）上揭露這起事件。迪爾指出，利益矇蔽了韋克菲德的雙眼——據說他受到一群律師雇用，而這些人正是某場MMR疫苗官司的原告律師團。[25]如果迪爾所言不假，那麼在韋克菲德心中，自身利益戰勝了道德原則，辜負民眾期待的醫生職責。但他之所以能夠左右人心，全因資訊的不對稱。

名聲

經濟學家馬提亞斯・艾芬格（Matthias Effinger）和馬帝亞斯・波本（Mattias Polborn）分析，為什麼群聚和反群聚都是專家投資名聲的好方法。專家意識到，若他們成了唯一「明智」的專家，也就是唯一說中的人，自然會聲名大噪。一群人的意見可能是對的，也可能是錯的。重要的是，萬一一大群人犯了錯，那麼身為唯一的智者，就能獲得豐厚報償，不管是金錢、名聲或名利雙收。相反的，就算提出正確意見，但若一大群人都抱持同樣看法，就得不到太多好處。因此，若成為唯一的智者能帶來優渥的好處，專家很有可能選擇反群聚。此時，專家有反對其他專家的誘因。此外，群聚也會影響名聲。正如前面章節提過的，在許多情況下，若和人群意見相同，比較容易維持名聲。大部分的人都不是逆向操作者，因為獨排眾議所要面對的風險高得嚇人。追隨大眾意見比較不會危及名聲，第一章的自利群聚就提過這一點。當專家投入數年光陰才建立某個理論或某種地位，想當然爾，他們會抗拒改變，不願提出對抗主流的意見。[26]本章提到的史基耶案例就指出，當專家反對眾人的共識，他們的前途和名聲都可能毀於一旦。

專家也可能因短視近利而加入共識。畢竟，同意一群人可能在短期有益於專家的研究前途。但長期下來可能會面臨無法提出獨特創見的窘境，事業也難以進一步發展。剛起步的年輕學者特別容易在乎短期的影響。研究室裡的後輩學者為了建立名聲，常常模仿導師或追隨其腳步，原因一方面是社會學習，另一方面則是因為社會壓力。剛拿到博士學位的年輕學者，若藉由追隨來討前輩和領袖人物的歡心，就比較容易獲得終身職。這未必不是好事，畢竟晚輩可能得向前輩學習。但以個人職涯來看，提出貨真價實的創見才能贏得崇高的名聲，

---

25 原注：Brian Deer (2011), 'How the Case Against the MMR Vaccine was Fixed', *British Medical Journal* 342, pp. 77–82; Fiona Godlee, Jane Smith and Harvey Marcovitch (2011), 'The Fraud Behind the MMR Scare', *British Medical Journal* 342, pp. 64–6.

26 原注：Matthias R. Effinger and Mattias K. Polborn (2001), 'Herding and Anti-Herding: A Model of Reputational Differentiation', *European Economic Review* 45(3), pp. 385–403.

只是短期內可能得面臨令人望之卻步的風險。

二〇一一年九月，社會心理學家戴德里克．史泰佩爾（Diederik Stapel）因偽造都市環境社會學的資訊，遭蒂爾堡大學停職。他宣稱，混亂、滿是垃圾的環境，與歧視欺壓的行為間有很高的關聯性。他的學術詐欺持續數年，那些懷疑他偽造數據的人無力挑戰他。據說，當有人（特別是學術界的後輩）質疑他的資料和發現，他就會激烈反擊。[27]這個例子指出，大部分人都承受壓力，不得不認同特定團體。懷疑前輩的新進學者，以及公開懷疑某人偽造資料或誤導讀者的告發者，畢生心血可能毀於一旦，包括事業與人際關係。他們可能會被老闆排斥，失去權威導師的支持後，前途陷入一片黑暗。

然而，專家若偽造證據，就無法建立好名聲，至少長期來看是如此。為什麼像史泰佩爾之類的學者願意承擔驚人風險，不顧自身前途與名聲？對大部分的專家來說，逆向操作有利可圖。正如第五章提到的，標新立異的逆向操作者比模仿者更樂於冒險。研究界特別重視原創性，帶來更大的誘因。老是附和他人的研究者，可能會因穩當但欠缺創見的研究策略，不得不付出事業停滯的代價。專家若想一炮而紅，就有理由捏造驚人的研究發現，贏得原創者的名聲，而後輩恐怕不敢提出質疑。當專家很容易受團體影響，就會選擇模仿前人，但他的下場可能好不了多少，特別是當領導人物利用他對權威的服從，操縱其研究生涯的時候。

專家的平衡點

我們該如何整合所有要素、建立模型，呈現不論是身為模仿者或逆向操作者的專家所受到的社會影響力？廣義來說，這可視為某種權衡利益與成本的過程。許多專家在有意識或無意識間，都傾向專注個人信念和意見的私人價值。他們重視真相，同時也有其他內在與外在的動機。研究者若和同儕意見相同，可能就會時不時相邀去酒吧交流一番。若他們的表現令前輩驚豔，就可能獲邀加入研究團隊。追隨他人的信念，也能帶來心理上的滿足感；逆向操作可是一條孤獨的路。不只如此，加入團體為學者帶來策略優勢。這就是經濟學家說的**外部收益**（payoff externalities）。當專家附和漸漸浮現的共識，就會促使別人加快腳步，朝同樣的方向前進。加入群體所帶來的好處，促使更多人湧入，但隨著群體人數增加，所能獲得的好處也愈來愈少。當有人發表全新創見，專家加入支持新概念的一小群菁英團體，此時加入團體的價值節節升高，形成一個可稱為「知識泡沫」（knowledge bubble）的現象。隨著團體規模愈來愈大，團體成員也能得到其他報酬，比如水漲船高的名聲，還有從眾帶來的滿足感。

---

27 原注：此事件的重點摘要，可參考Yudhijit Bhattacharjee (2013), 'The Mind of a Con Man', *New York Times*, 26 April. https://www.nytimes.com/2013/04/28/magazine/diederik-stapels-audacious-academic-fraud.html?pagewanted=all (accessed 29 March 2018).

以策略來說，加入新的共識會促進事業發展。儘管重現他人研究為個人帶來的好處有限（這是學術界特有的問題），但隨著重複新發現，共識會像雪球一樣愈滾愈大。但這過程並非以線型發展。共識一成了主流，就失去新鮮度和原創性，此時加入團體所能帶來的好處也降低。隨著共識形成的團體規模愈來愈大，後續加入的專家所能獲得的好處就愈來愈少。根據此共識所寫就的論文，愈來愈難爭取到發表機會，因為這些發現不再新奇。套用經濟學的說法就是，加入團體的邊際效益不斷下滑。最終，邊際效益降為零——例如，支持某個共識被視為欠缺新意，無法帶來研究進展或新點子。此時陷入停滯階段，許多人都做相同的研究，但只能累積極少且不重要的知識。這時，有野心的專家再也無法從加入共識獲得任何好處。

逆向操作研究者則從反其道而行來獲得報酬：愈多專家加入共識，逆向操作者就愈像被眾人遺棄的賤民。隨著專家彼此追隨、建立新共識，知識泡沫形成，逆向操作者成為輸家，他們的名聲敗壞，前途無光。然而，這種情況終會翻盤。當共識變得不再新潮，逆向操作者雖沒得到好處，但其所承受的壞處也減少了。當所有人都受夠了共識，更多資訊浮現，逆向操作者的名聲不但會回升，還可能搖身一變成了走在尖端的名人。從眾和逆向操作所能帶來的好處，有個勢均力敵的平衡點。

專家偏誤

上面提到的都是比較主觀和有意識的影響。但當專家無意識的運用群聚捷思和其他經驗法則來分析事件，特別是不確定性高的情況下，更多難以察覺的問題就會浮現。當專家同意別人時，其私人看法也就流失了。此時，專家並非因個人的前途發展，而是因無意識的偏誤，而成群結隊步上錯誤的道路。專家可能會為了建立或保護名聲而刻意操縱社會影響力，使社會影響力變得有害，但這些有意識的違法行徑能透過精心設計的誘因結構、制裁或懲罰來控制。相反的，如果專家在不自覺的狀況下，判斷力受到扭曲，那就更傷腦筋了。

正如前幾章所提，為了了解影響決策過程的心理因素，行為科學家正在研究人們遇到複雜資訊時，為什麼又如何運用快速規則（捷思法和經驗法則）來做決定。正如康納曼和特沃斯基的觀察，捷思法和經驗法則都會導向偏誤。比方說，當個人因某種不客觀的理由，同意身邊其他人早先的看法，就會出現團體迷思和其他團體偏誤。捷思法和經驗法則不只形成群聚現象，還會造成**路徑依賴**（path dependency），亦即用過去決定未來，而非謹慎徹底的評估當前、即時的新知，或以嶄新、不同於過去的方式來思考。這歸諸於各種社會心理影響，比如說，大部分的人都習於從眾。工作壓力也會帶來偏誤，促使人群聚。舉例來說，有份研究指出西班牙百分之七十八的醫生在治療多發性硬化症時，都會跟隨同伴推薦相同的療法。研究人員認為，在這種需要大量認知能力的決策過程中，精神疲勞是關鍵因素。[28]另一個會造成群聚的是驗證偏誤（confirmation bias）。行為經濟學家和心理學家指出，人們傾向依循自身的世界觀來解讀證據。比方說，如果一個人不認為氣候變遷真的存在，就會將全球暖化速度趨緩視為支持自身原先看法的證據，也就是說，氣候變遷只是一種迷思。驗證偏誤會影響人們對專家和專業證據的看法，因此團體信念和群眾意見會占上風。

研究者也探討過這些現象在科學研究界如何運作，索卡爾惡作劇（Sokal hoax）就是一例。一九九六年，物理教授艾倫・索卡爾（Alan Sokal）決定測試學術期刊的審查制度，於是向《社會文本》期刊（*Social Text*）交出一份毫無條理的研究論文。他以〈逾越邊界：朝向量子重力的轉形詮釋學〉（Transgressing the Boundaries: Towards a Transformative Hermeneutics of Quantum Gravity）為題，結合社會學界推崇的各種看法，寫了一篇胡說八道的論文。然而，期刊和其審查團隊竟接受了這篇隨意寫就的文章。根據索卡爾的說法，這篇文章符合期刊檢閱員和編輯的先見，肯定了這些人的世界觀，因此他們伸出雙臂歡迎它。[29]當然，專家也是凡人，難免也會犯錯。當研究結果和他們的原先定見相符，他們就不太會細心審查，剛好給了驗證偏誤伺機為亂的機會，反之則會比較小心。他們常忽略研究方法的瑕疵。當研究者受到無意識的偏誤左右，他們可能會以為手上的證據非常客觀，但事實可能剛好相反。

另一個和群聚及社會影響有關的行為偏誤，反應在「定錨調整捷思法」，我們在第三章介紹過這個由康納曼和特沃斯基發現的捷思法。[30]行為經濟學家和經濟心理學家指出，人經常依參照點來做決定：我們根據現狀定錨並調整決策。此時社會影響力很重要，因為人們的參照點通常都是由社會決定，而人們自然而然偏好廣受歡迎的定見。捷思法和偏誤的各種文獻中，還有一個我們已在前幾章提過，康納曼、特沃斯基和其他人也探討過的損失規避問題。因反對共識而造成的名聲損失，包括心理和實質上的損失，往往遠大於從眾所能獲得的利益。而且在這世上，損失和利益兩者相較，我們往往更擔憂損失而不是利益，因此專家通常不想承受提出異議所可能面臨的名譽損失。

個性也會決定科學家傾向當個模仿者還是逆向操作者。性格鮮明的人，通常也具備強烈的定見，那麼他們之所以傾向反群聚，是因為強烈的定見還是鮮明的個性？我們尋求答案

28 原注：Gustavo Saposnik, Jorge Maurino, Angel P. Sempere, Christian C. Ruff and Philippe N. Tobler (2017), 'Herding: A New Phenomenon Affecting Medical Decision-Making in Multiple Sclerosis Care? Lessons Learned from DIScUTIR MS', *Patient Preference and Adherence* 11, pp. 175–80.

29 原注：Alan D. Sokal (1996), 'A Physicist Experiments with Cultural Studies', *Lingua Franca*. http://www.physics.nyu.edu/sokal/lingua_franca_v4/lingua_franca_v4.html (accessed 5 September 2017). 若想閱讀此篇論文，請見Alan D. Sokal (1994), 'Transgressing the Boundaries: Towards a Transformative Hermeneutics of Quantum Gravity', *Social Text* 46/47, pp. 217–52. 若想知道期刊編輯如何回應這場鬧劇，請見Bruce Robbins and Andrew Ross (1994), 'Editorial Response to Alan Sokal's Claim . . .', *Social Text*. http://www.physics.nyu.edu/sokal/SocialText_reply_LF.pdf (accessed 7 September 2017). 亦可參考'Sokal affair', Wikipedia. https://en.wikipedia.org/wiki/Sokal_affair (accessed 7 September 2017).

30 原注：Tversky and Kahneman (1974).

時，又如何分辨這兩者呢？在實驗科學中，我們常常想像精心設計的簡潔實驗、可靠的運用統計原則及科學方法或兩者並行，就足以阻止盲目的團體迷思。它們的確有某種程度上的作用，前提是研究者必須具備自覺和洞察力。但是學者可能為了服人而操縱統計數據，而且連最有洞察力的研究者也難以克服驗證偏誤。

專家的群聚外部性

每個研究者所面對的影響力，也會對整體造成效應。就算仁善之心會緩和功利欲望，每個人還是希望自己能成功。問題是，專家的判斷在本質上會左右其他人。這就是所謂的「外部性」：經濟學家用這個詞彙描述個體在其他人身上加諸的成本或利益，儘管這些人無法控制個體的選擇或決定。精確點來說，團體迷思和群聚也許能幫助某一名專家，但會對科學社群和整體社會造成負面的外部性。當傾向模仿的專家跟隨彼此的腳步，他們其實正在丟棄珍貴的個人知識，而社會不得不共同承擔其後果。

在第一章中，我們強調群聚所造成的負面後果，並不局限於群體走向正確或錯誤的方向，而是私人資訊和私人判斷的流失。在專家的情況中，這一點更加鮮明。如果群聚令專家難以發掘新事物，那麼群聚的外部性足以為科學研究帶來嚴重問題。以專家意見為例，新觀點的欠缺，反應了人們過度重視廣受歡迎的理論。一個知名的學者可能發現了和常識相反的證據，卻基於一連串的理由，最後捨棄了這些資訊。舉例來說，一名金融分析師評估次級房貸市場的前景時，可能直覺認為這些資產很危險，卻看到周圍的人都繼續投資。雖然他私下判斷這項投資風險很高，卻高估了社會證據的重要性。投機的房地產泡沫繼續壯大，為世人和經濟體系造成毀滅性的後果。

人群中的專家

這個主題讓我們想到經濟學家提過的，個體和群體的利益並不一致。知識和證據，很類似經濟學家口中的公共財（public goods）。最純粹的公共財，民眾應該能自由取用，沒有人會被禁止使用，也沒有任何限制。一個人的使用，並不會降低別人使用的機會。最純粹的公共財是取之不盡、用之不竭，多一個人使用的邊際成本是零。從個人主義的觀點來看，公共財的困境是，人並沒有提供公共財的市場誘因。若你無法阻止人們使用公共財，也就難以要求他們付費。如果使用者不付費，就沒有利潤。那麼，誰來負擔公共財的成本？

從社會角度來看，知識的累積仰賴眾人之力，除了市場以外的組織不斷演進並幫助知識累積；相反的，市場則演變成利用知識賺錢的體系。更值得爭議的是，在學術界，科學期刊昂貴的收費限制甚或財務安排，都是藉由將知識私人化來獲利。學者想發表自己的研究，還得付費給期刊。彼此模仿的專家實例中，研究和知識的累積都有賴團隊合作，更讓人難以分辨一項共識究竟是真的很有道理，還是欠缺證據。如果知識的累積來自許多專家的集體努力，那麼單一專家不該承擔犯錯的所有責任。

正如前面提到的，當原本吹向模仿專家的風向，轉為支持逆向操作的專家時，名聲也會受到影響。當模仿者的名聲比較響亮，就容易產生過度共識（over-consensus）和團體偏誤。實證哲學家麥克．魏斯柏格（Michael Weisberg）和其同事曾研究過，眾人的信念如何對整體造成負面效應。魏斯柏格和其團隊假設有兩群人，一群人以崇尚模仿的「跟隨者」為主，另一群人則以逆向操作的「標新立異者」為主。他們用電腦運算兩群人對周圍環境的探索程度，並依此製作虛擬地圖。電腦模擬結果顯示，標新立異者探索了比較多的知識，跟隨者則少得多。偏好團體行動的跟隨者不太會分頭研究。標新立異者則樂於踏進未知領域，因此探索了更寬廣的知識面積。這暗示當一群專家中滿是跟隨者，就不會全力發掘知識。傾向跟隨眾人的專家忙著模仿彼此，不斷重複前人走過的軌跡，所獲得的知識有限。若專家中出現一群標新立異者，結果就大不相同，眾人認識知識全貌的機會也比較高。當專家不只滿足於享受前人的成果，就會積極朝外發展。因此魏斯柏格主張，應增加誘因，讓學者甘願在研究時冒險，好抵銷太多模仿學者造成的損失。[31] 魏斯柏格的研究展現了逆向操作者是不可或缺的。

人們需要逆向操作者來引導成群結隊的專家，跳脫社會影響力的控制，走向新觀點，以嶄新的方式解析數據和證據。然而這並不容易達成，因為社會影響力也很重要，比方說，實驗結果的再現性是科學研究中很重要卻常被忽略的一環。如果一項假說經得起不同研究的驗證，那麼比其他理論，它可能更可信，或更可能是事實。

我們都知道，經濟的群聚模型顯示，當人們相信他人握有更精準的資訊，跟隨他人是合理的作法。同理，眾人堅信某個觀點，並不代表它是錯的。如果跟隨他人會為我們帶來好處，那麼忽略自身握有的少量資訊也是合理的。專家也是如此。問題是，以總體角度而言，這會導向路徑依賴。簡單來說，如果一個理論受到多數專家支持，在沒有其他因素影響之下，這個理論就很有可能為真。但這並不代表它就是絕對的真相。學術研究常常提不出絕對的證據。想像一下，現在有兩個假說彼此較勁，它們都剛成立且沒有「學術幫派」的支持。當許多專家支持其中一項理論或假說，人們就會理所當然的相信它比較**可能**是真的。多數專家支持錯誤假說的機率，可能看起來比多數專家支持正確假說的機率要小得多，特別是專家

31 原注：Michael Weisberg (2013), 'Modeling Herding Behavior and Its Risks', *Journal of Economic Methodology* 20(1), pp. 6–18; Ryan Muldoon and Michael Weisberg (2011), 'Epistemic Landscapes and the Division of Cognitive Labor', *Philosophy of Science* 76(2), pp. 225–52.

因良好、客觀的理由而同意彼此的時候。

只是，共識很少亙古不變。正如前面嬰兒搖晃症候群和胃潰瘍的例子，逆向操作者不斷出現並改變風向。就像哲學家托馬斯．庫恩（Thomas Kuhn）主張的，知識的演進多半很平和。但當社會互動成為學習和知識的一部分，而不只是提供協助的管道，那麼知識就有可能走上錯誤的道路。要是人人隨時將這一點謹記於心，問題可能不大；但學者和其他專家仍可能有意識或無意識的跟隨團體共識。因此，正如庫恩的觀察，當人類的共識突然躍入全新的道路，斷斷續續的革命期總會伴隨著典範轉移發生，真值得慶幸！32

當業餘人士加入專家行列

我們從專家身上學到的這些教訓，亦可應用在更廣泛的集體決定情境中。當決定的後果是由他人來承擔時，不只專家，一般人也會受到個人壓力的影響，其中陪審團就是一例。當門外漢也來插一腳，所造成的正負外部性也隨之升高，因為門外漢的意見常常欠缺根據。門外漢正如其名，欠缺深刻的知識和相關專業。他們握有的私人資訊不多，因此很容易受社會影響力左右。當資訊零零落落，瀰漫著不確定的氣氛，群聚似乎是唯一的明智選擇。以陪審團為例，在判斷被告究竟有罪還是清白時，他們常常受到團體互動的影響，也常出現群聚行為。模擬陪審團實驗就指出，社會影響力足以造成嚴重的扭曲。[33]模擬陪審員很容易受同儕壓力擺布。此外有些研究顯示，一名陪審員容不容易受他人意見影響，也取決於個性差異。有些陪審員特別容易跟隨他人意見，比一般人更容易受影響。儘管民眾需要陪審團保持客觀一致的標準，他們卻時常無法保持公正。[34]

另一個由門外漢擔綱半個專家的角色，是投資監督委員會的成員。英國金融行為監管局委派我和杜倫大學的安娜・蒂芭（Anna Tilba）博士來研究這些團體的影響力，而我們特別關注它們是否會阻礙英國資產管理業的競爭力。資產管理業包含了許多大型機構投資者，包括退休基金、保險公司、慈善事業和捐贈信託。這些組織握有大量的基金組合，而監督委員會負責確保資金受到良好運用。我們特別注意退休基金監督委員會，他們手上的資金極為豐厚。在投資決策委員會中也有門外漢參與，比方說員工代表。委員會的重要任務之一，是派任適宜的投資顧問，而委派過程常由所謂的「選美遊行」（beauty parade）來決定，也就是投資顧問推銷自己能為投資者帶來哪些優勢，委員會再依此挑選。[35]選美遊行時，群聚能造成相

32 原注：Thomas S. Kuhn (1996), *The Structure of Scientific Revolutions*, 3rd edn, University of Chicago Press.

33 原注：因法律因素，無法直接研究真正的陪審團。

34 原注：Michelle Baddeley and Sophia Parkinson (2012), 'Group Decision-Making: An Economic Analysis of Social Influence and Individual Difference in Experimental Juries', *Journal of Socioeconomics* 41(5), pp. 558–73.

當大的影響力。想像一下，委員會中有名成員握有特別精確的私人資訊，他可能額外做了不少研究，好了解所有投資選擇，可能也熟悉候選諮詢師歷來的投資表現。但他一看到其他人的選擇，特別是資深或決策能力更好的成員，就會轉而採納眾人的意見。這些委員會之所以廣納門外漢的意見，是為了確保兼容並蓄。然而，當門外漢太容易被共識說服，他們存在的價值也就消失了。[36]

所有的專家，不管是科學家、研究學者或如醫生和律師等專家證人，通常樂於分享他們根據事實而建立的客觀觀點。民眾需要人幫忙解釋證據。在現實生活中，資訊不足、不可靠的數據和深沉的不確定性，讓我們難以釐清證據。人們無法分辨哪些是好的假說、理論，哪些又是錯的。當知識或理解之間出現鴻溝，專家就像一般人一樣，很容易受到群聚影響。正如前面提到的，這種社會敏感度不只對單一專家，也會為知識研究之道帶來深遠影響。以整體來看，社會可能為此付上嚴重代價。

不管專家是模仿者還是逆向操作者，都難以分析他們的意見。民眾並不知道究竟是模仿者還是逆向操作者的意見比較正確。群聚、支持常識的專家可能扭曲專業意見，因為這麼做容易得多，但逆向操作者也可能曲解專業意見，因為他們亟欲爭取鎂光燈的注意，或想讓事業更上一層樓。民眾需要獨排眾議的專家，但他們必須是因正確的動機而逆向操作才行。

但最大的挑戰在於，我們該如何理解專家的動機和誘因，分辨他們是出於真心認同常識而選擇支持，而非盲目的同意多數看法。同樣的，面對逆向操作的專家意見，也必須理解促使他們獨排眾議的個人動機和誘因，確認他們是真心挑戰錯誤的常識，那麼他們正確的可能性才比較高。群眾共識有時是對的，有時是錯的。在解讀專家意見時，民眾最艱鉅的任務就是分辨兩者的不同。當專家難以判讀證據，也就無法確定自己是否握有正確答案。正如前面提到的，當人們不確定，群聚的力量就容易占上風。信念堅定的專家比較不會盲目從眾，但若他們過度自信，可能也容易因反主流而堅持異議，造成毀滅性的後果。

我們到底該怎麼做呢？也許從公共資源管理的文獻中，我們能找到一些解決方法。贏得諾貝爾獎的經濟學家埃莉諾·歐斯壯（Elinor Ostrom）曾剖析緊密相連的社群如何超越經濟學家的預測，更有效的管理公共資源。[37]這是否能為研究和知識管理帶來教訓，好讓專家（不管是模仿者還是逆向操作者）都展現最優秀的能力？我們不能仰賴個體來管理知識和專業，因

35 原注：在金融投機行為中，選美遊行和前一章提到的選美競賽並不相同。在選美遊行中，一群商業人士向委員會（比方說董事會）提交他們的商業計畫，而在這次的金融行為監管局研究中，提交報告的對象則是監督委員會。

36 原注：Tilba, Baddeley and Liao (2016).

37 原注：Elinor Ostrom (2015), *Governing the Commons: The Evolution of Institutions for Collective Action*, Cambridge University Press.

為個人的誘因和偏誤可能在有意識、無意識中，導引他們走上錯誤的方向。我們需要機構來管理專業。

我們能採用哪些具體的解決方案？學者和專家之間，必須鼓勵大量重複測試實驗結果。學術社群必須棄絕唯有新穎原創的觀點才值得發表的想法。專業團體已開始朝這個方向前進，例如美國心理科學協會所採用的「註冊再現報告」（Registered Replication Reports）政策。同樣的，像《負面結果期刊》（*Journal of Negative Results*）之類的刊物也能扮演重要角色，控制學術界用短期吸睛的效果來引導風潮流行。期刊的編輯委員會能藉由保護文章提交的匿名性及匿名審查，來阻止社會壓力的影響。我們需要更多的學術、科學、專業機構鼓勵不同的意見。公平監控研究人員、在發表論文同時也公布審定人員的資訊、要求研究者公布其使用的資料好確保其結論的公正性，這些都是有效的手段。有些期刊和學會已開始制定這些解決辦法。但若專業協會、專家團體、期刊和出版業都已在現狀共識投入大筆心血，那麼要實行具體有效的改變政策，可能會遇上不少困難。

本章中，我們已見證在不確定的情境中，社會影響力就會發揮強大的作用。我們該如何判斷專家？他們都是善與惡、對與錯的綜合體，民眾常常無法分辨。現在，人們知道馬歇爾和伽利略是對的；史泰佩爾和韋格菲德是錯的。但當我們不知道真相，就無法輕鬆做出評斷。但就像上面提到的，我們能落實一些方案，確保人們盡量在短時間內得知真相。比如在學術研究界立下更適宜的分析準則和報告，更好、更透明的期刊審查流程，以及更完善的教育，讓門外漢更容易理解科學論證。此外，當專家利用自己的權威剝削他人，必須面對更明確的懲罰。上面這些解決方案，都能將專家無意識的偏誤和扭曲最小化，不管他們是模仿者還是逆向操作者。

本章探討專家和專家意見，而我們也注意到，鮮明強烈的個性常會扭曲專家對證據的評斷。若一名魄力十足甚至激進的人成為團體領袖，更容易造成嚴重的曲解。團體成員基於心理和經濟因素，當然不想跟領導者唱反調。領導者和跟隨者的關係，再次印證模仿者和逆向操作者並非不相干的個體，反而建立深刻的共生關係。下一章，我們就要討論逆向操作領導者和模仿跟隨者的關係。

第八章　跟著領袖走

舉世聞名的童話故事〈翰姆林吹笛手〉（The Pied Piper of Hamelin）中，為了解決翰姆林市的鼠患，市長尋找捉鼠大師。吹笛手吹著魔笛，老鼠隨著旋律離開小鎮，最後全淹死在河裡。事成之後，市長卻拒付賞金。吹笛手為了報復，再次吹起魔笛。小孩一聽到笛聲，就跟著吹笛手一路走進山區。這故事既詭異又迷人，有些人認為故事中暗藏史實，隨著吹笛人消失的孩子可能在影射黑死病時期過世的孩童。[1]不管這說法正不正確，吹笛手的故事讓我們見識到領導者加諸於跟隨者的力量。

當今的全球恐怖主義是另一個真實且駭人的例子。二〇〇一年九月十一日，十九名蓋達組織（al-Qaeda）的恐怖分子劫持四架飛機，同步攻擊紐約、華盛頓和五角大廈。這場攻擊造

1　原注：'Pied Piper of Hamelin', Wikipedia. https://en.wikipedia.org/wiki/Pied_Piper_of_Hamelin (accessed 7 September 2017); 'The Disturbing True Story of the Pied Piper of Hamelin', *Ancient Origins*, 14 August 2014. http://www.ancient-origins.net/myths-legends/disturbing-true-story-pied-piper-hamelin-001969?nopaging=1 (accessed 7 September 2017).

成三千名平民喪生，許多人身受重傷，許多建物、基礎設施也蒙受數以兆計的損失。近代歷史上，本事件在人類集體記憶留下不能抹滅的印記。蓋達組織創始人奧薩瑪・賓拉登（Osama bin Laden）和其同志的動機看似直截了當：他們藉此獲得權力和令人不恥的榮耀。但許多人無法回答的問題是：那些執行攻擊的人為什麼願意服從領袖，以如此驚人的方式犧牲自己的生命？在今天的反恐戰爭中，這個現象並不只局限於宗教狂熱。令人難過的是，回首人類歷史，隨處可見各種人們受到壓力而參與恐怖行為的例子——從歧視到種族屠殺，及介於這兩者間的各種殘暴行為。事實上，諸如納粹大屠殺和史達林大整肅（Great Purge）的事件，並不如我們想像的少見。種族屠殺可說是人類歷史的常見特色，別忘了不久前盧安達、波士尼亞和達夫（Darfur）的事件，以及伊拉克和敘利亞正在發生的慘劇。[2]

群聚行為中特定逆向操作者和特定模仿者，也就是領袖和其追隨者之間的關係，足以造成非好即壞的強大影響，也極有可能引發邪惡的一面。領袖所握有的影響力能引發悲慘後果，許多殘暴的獨裁者都犯下泯滅人性的暴行。當人們盲目追隨暴君，助紂為虐，就會形成駭人聽聞的結果。野心十足的政客充斥於你我四周，雖然他們沒那麼惡劣，但也操縱選民以求贏得個人權力。正面一點來說，我們也有幸追隨許多善良仁愛、重視平等的領袖，其中最著名的莫過於聖雄甘地（Mahatma Gandhi）、馬丁・路德・金恩（Martin Luther King）和曼德拉（Nelson Mandela）。當鼓舞人心的領袖起身領導群眾，就能帶來正面結果；反之，殘暴的領袖則會帶來慘痛後果。

人們為了什麼而追隨領袖？為什麼有些人甘願以極端行徑證明自己的忠誠？第二章提過佛洛伊德也研究團體心理學，他認為這些領袖對團體關係不可或缺，特別是軍隊及教堂等組織。[3]對佛洛伊德來說，領袖扮演了改造的角色：

> （團體中）所有成員之間必須彼此平等，而且都渴望被某人統治。在長存不滅的團體中，我們都看到這種情況：許多地位平等、彼此認同的群眾和一名地位高於眾人的領袖。依此，讓我們修正「人是群居動物」的宣言，改為主張人是部落動物（horde animal），由一位首領帶領一群部落成員。[4]

2 原注：彼得．巴薩哲特（Peter Bazalgette）以種族屠殺和集體謀殺為例，探討人性的黑暗面，特別是二十世紀的數場可怕暴行，包括猶太人大屠殺：Bazalgette (2017).

3 原注：現代神經科學家對此持相反意見，比如拉法特和其同事分析人類群聚後，就認為領導者並非群聚的絕對要件。參見Raafat, Chater and Frith (2009).

4 原注：Sigmund Freud (1921), p. 121.

企業領袖和追隨者

第六章分析，標新立異的企業家是經濟界的領袖。他們經常搶先生產與流通創新的產品與服務，其他企業則緊跟在後。模仿是常見的商場策略，能帶來最佳利潤。第六章也提到熊彼得的創新概念和企業精神，除此之外，他也探討企業間彼此模仿的領袖—追隨者關係。對熊彼得來說，經濟的繁榮仰賴這些企業領袖。樂於創新、冒險的企業家帶領一大群的模仿者，發動新一波的商業熱潮。[5]以個體經濟的層面來看，我們能用追求自我利益來解釋領袖—追隨者的關係，也能用簡單的理性選擇理論來說明。德國經濟學家亨里齊・費海爾・馮・史塔克柏格（Heinrich Freiherr von Stackelberg）就以寡頭壟斷的企業龍頭模型來詮釋領袖—追隨者的關係（這是大學經濟系課本中的經典範例）。[6]史塔克柏格的模型展現了經濟學家口中的**先驅者優勢**（first-mover advantage）。如果新公司生產創新產品，或進入某個目前缺少產品或服務的新領域，那麼這家先聲奪人的公司就有機會獲得大部分的潛在客戶。後來才加入的公司只能得到剩下的少數客戶。

比方說，假想有座小鎮目前還沒有寬頻網路。一家網路供應商看到潛在商機，想要進入市場。但供應商必須投入不少心血，包括初始成本、新科技、新的基礎建設，這些就是經濟學家所說的**進入障礙**（barriers to entry）。當進入障礙很高又昂貴，新公司就難以進入市場，因為必須先耗上一筆資金才能營業。高於進入成本的營收和利潤，是促使一家供應商率先踏入市場的動機。但當第二家公司也想加入市場時，也必須克服同樣的進入障礙，投資新科技和新建設，但這時他們只能獲得不多的營收，因為大部分的顧客都已選擇第一家供應商。對第二家供應商來說，成為市場老二毫無吸引力，因此可能乾脆放棄。許多獨占或寡占事業很少遇到競爭對手，正是因為他們占得先機，因此沒有削價競爭的壓力，經常以不符消費者福祉的價格來獲利，也因此這種產業常受到法規限制。

並不是搶得先機，就一定掌握先驅者優勢。在其他情況中，也許企業模式、產品或服務更為複雜，有時跟隨者能從領導者身上學到教訓，進而改善經營策略。此時，跟隨者就握有**後進者優勢**（second-mover advantage），並且成為贏家。藥廠的藥物設計就是爭議頗大的實例。一家公司投資大筆資金研發，發展了新藥。而跟隨者搭上順風車，利用第一家公司的投資和創新，以非常低廉的價格提供類似藥物，在市場爭奪戰上吃下一塊大餅。就某方面來說，這對消費者而言不啻為一件好事，特別是亟需便宜藥物的開發中國家。但是，若跟隨者輕易就奪取市場和利潤，公司怎會願意花錢研發、創新改革呢？因此，先驅者利用專利來保

5 原注：Schumpeter (1934/1981).

6 原注：Heinrich von Stackelberg (1934/2011), *Market Structure and Equilibrium [Marktform und Gleichgewicht]*, trans. Damien Bazin, Rowland Hill and Lynn Urch, New York: Springer-Verlag.

護自己的研發。不過，重點在於，一個簡單的經濟世界中，不管是領導者還是跟隨者（先驅者或後進者）都可能成為贏家。有些成功的企業家或投機人士特別注意時機，看何時該當個領導者，何時又該當個跟隨者。他們會依這些觀察擬定企業策略，看準機會，適時扮演不同角色。

經濟學家哈洛德・霍特林（Harold Hotelling）提出個體經濟觀點來解釋商業界的模仿者。他用了一個簡單模型說明，為什麼人們在選擇營業地點時，常會出現彼此模仿的現象。想像一下，雪梨的邦迪海灘上有兩家冰淇淋店，分別叫做「班」和「傑利」。你可能會想，這兩家冰淇淋離得愈遠愈好，才不會上演客人爭奪戰。霍特林的模型卻顯示，如果兩家冰淇淋店距離很遠，只能取得一小部分的市場，比兩家冰淇淋開在附近所獲得的客源要少得多。因此，這兩家冰淇淋店會想辦法靠近彼此。舉個例子：邦迪海灘長達一公里，而班已選擇在海灘中央設置攤位，傑瑞則觀察到班的生意蒸蒸日上。我們再假設，潛在客人都是慵懶的海灘發呆客，只會去最近的攤位買冰淇淋。此時，傑瑞該在哪裡開業呢？如果傑瑞決定在班的南邊兩百公尺處開店，他就會吸引附近四百公尺內的客人：攤位北邊一百公尺（也就是他和班之間一半距離的客人，因為另一半的人離班的攤位比較近），以及南邊三百公尺的所有客人。班的生意會比傑瑞好得多，因為他得到其攤位北邊的所有客人（長達五百公尺的海灘）和其南邊一百公尺內的客人（他和傑瑞之間的一半距離），共有長達六百公尺海灘的人會湧向班。

傑瑞轉念一想：如果我在班的旁邊開店呢？那麼，其攤位南邊五百公尺的所有客人都成為他的囊中之物，而班則會有其攤位以北五百公尺的客人。只要緊臨班開店，傑瑞不但能將利益最大化，還能帶走班一半的客人。霍特林的模型解釋了類似的店家，像是外餐店、下注站、服飾店、房地產仲介，為何常常群聚在主要街區的某一帶。企業不但在選擇營業地點時會彼此模仿，而且在模仿過程中，也能奪取市場和消費者。[7]政治學家借用這個發現，建立**中間選民理論**（median voter theorem），說明為什麼政黨發表各種往中間靠攏的宣言，以求得到最多選票——雖然在當今分化嚴重的政治界，這種說法可能已不再適用。

有些地方（比如城市），正式和非正式的「地域」領導是經濟繁榮的決定因素。區域科學家安德魯・畢爾（Andrew Beer）和泰瑞・克勞爾（Terry Clower）已解開所謂「地域」領導的根源。所謂地域領導，指的是代表特定地區的領袖，比如代表當地社群、當地政權、城市、地區和州省。有能力的領袖幫助社群、地區開創未來願景並加以落實，監督政策制定過程，在政策實行不佳時適時調整策略。依據體制不同，地域領導的形式也各有不同。有時，在傳統的階級制度中，領袖有正式的地位和角色，比如市長。有時，領導眾人的是非正式的領袖，比方說以社群為基礎的領袖。非正式領袖常以「寬裕資源」（slack resources）作為籌

7 原注：Harold Hotelling (1929), 'Stability in Competition', *Economic Journal* 39(153), pp. 41–57.

礙，亦即那些有時間、精力志願服務的人，像是代表社群民眾在地區發展機關出任諮詢委員的人。

所有的領袖都一樣重要。一個地區的繁榮，同時仰賴正式和非正式的領導者，而且每個區域都需要多元的領導人物。跟其他領域的領導人物一樣，地域領袖的個人特質不一定符合一般人的印象，他們不一定大聲發言，愛好交際，用言詞鼓動人心。不容否認，「多話領袖」比較擅於建立人脈與網絡，但「安靜領袖」也具備醒目特質：他們以行動來領導，專注於建立信賴和有效的合作關係。這些特質和外向、過目難忘等人格特質一樣，都是領導者必須具備的素質。以整體而言，畢爾和克勞爾認為，不管是地方還是地區都需要有效率的領導人物。有優秀領導者的地方，經濟繁榮的機會也比較高，因為經濟賴以生存的不只是當地可運用的資源。建造基礎設施、吸引企業家、高技術的勞力都無可取代。預算限制也扮演重要角色：政府支出集中管理的國家，有力的領袖能左右中央政權對特定區域的支持，藉此帶來明顯影響。[8]

追隨鄰居

消費者跟隨領導者的傾向可作為經濟政策工具，鼓勵人們跟著他人群聚，有時能降低個體因追求自身利益而行動、忽略整體經濟後果時所引發的外部成本。能源或環境保護領域就有很多實例。領袖成為鬥士，鼓勵民眾用行動促進社會利益，宣揚社會學習，實踐環保。英國有群環境科學家透過「環保尖兵」的實驗計畫來了解員工的環保行為。計畫長達三個月，受到指派的「環保尖兵」必須以身作則，向兩百八十名辦公室員工傳播環保資訊，增進大家的知識，同時分享降低環境足跡（environmental footprints）的實用建議。這個計畫效果奇佳：參與者的辦公場所，能源消耗量不但降低了百分之十二，廢棄物也減少了百分之三十八。身為領袖的環保尖兵很積極的向跟隨者灌輸良好的環保習慣。[9]

領袖與跟隨者關係也主宰了人們的消費選擇。大部分的人都從社群媒體的聯絡人獲得各種資訊和意見，而聯絡人包括朋友、朋友的朋友、朋友的朋友的朋友……等。經濟學家安睿亞・格列第（Andrea Galeotti）和桑吉夫・戈伊爾（Sanjeev Goyal）特別關心資訊在私人網絡中傳遞速度更快的概念，建立了社交網絡的數學模型，呈現「影響力人物」（influencers）的領導角色。正如其名，這一小群人的影響力強大，能左右他人的選擇和決定，比如尋求資訊

---

8 原注：Andrew Beer and Terry Clower (2014), 'Mobilizing Leadership in Cities and Regions', *Regional Studies, Regional Science* 1(1), pp. 5–20.

9 原注：Michael Nye and Tom Hargreaves (2010), 'Exploring the Social Dynamics of Pro-Environmental Behaviour Change: A Comparative Study of Intervention Processes at Home and Work', *Journal of Industrial Ecology* 14(1), pp. 137–49.

的消費者。格列第和戈伊爾稱此現象為「少數法則」（Law of the Few）：影響力人物常是很有主見的領導者，不需要群眾的肯定。[10] 為什麼他們能主導民眾的選擇？他們和我們沒有什麼不同，只是他們握有廣大而密集的社交網絡。和我們相比，他們的人脈更多更廣，一言一行都以驚人速度在社交網絡上散布。[11]

在這個充斥社群媒體的世界，影響人物已從經濟理論走入真實世界的時裝業。現代行銷專家深知模範和潮流人物的重要性，以及他們在社群媒體的影響力。利用民眾追隨領袖選擇產品的本能，企業只要接納追隨者眾多的時尚領袖，用各種誘因說服他們為商品背書，就能獲得大量曝光的機會，銷售量隨之暴增。因此，奢華品牌和大眾零售業常徵求世界各地的影響人物，透過社交媒體向數百萬計的粉絲推銷。比方說，流行服飾連鎖品牌Mango在推出二〇一六年春夏系列時，同步推出「#Mango女孩」活動，每季都邀請數名女性時尚部落客現身參與，特別是那些在Twitter或Instagram擁有大量粉絲的人。同樣的，奢華女鞋品牌Jimmy Choo也有一群影響人物，在網路上提供流行建議和時尚看法，同時不忘恭維自家品牌。和其他時尚企業一樣，Jimmy Choo向影響人物提供免費產品和「#Choo之遊」等旅行體驗，招待他們前往令人欣羨著迷的旅遊勝地，如馬拉喀什、策馬特或拉加斯坦，同時向其粉絲傳送一系列的非正式廣告。受到Jimmy Choo款待前往印度的平面和影音部落客，總計擁有六百五十萬名線上粉絲。[12]

為什麼追隨領袖？對權威的心服口服

經濟模型只呈現了一小部分的逆向操作領導者與模仿追隨者關係。正如我們看到的，當經濟體由重視自利且理性的個體組成，領袖－追隨者的關係沒有什麼壞處。但真實世界並不像經濟模型那麼單純。一旦考量到社會心理層面的影響力，領袖－追隨者關係可就不是無害關係。沒有順服的人群，領袖就毫無用處。追隨者受到某種力量或權威的影響，而社會壓力就扮演了重要角色，一方面維持團體內的合作和模仿，另一方面諄諄教誨「跟隨領袖」的思想。社會壓力的威力難以抗拒。我們習於服從，不只是從**眾**，也服從**特定人士**的判斷與意見，比如父母和長輩，出了社會後，則服從老闆及權威人物。我們服從，因為同儕壓力為我們帶來真實或想像的阻力，讓我們感到不安，就像第二章提到的阿希線條實驗。人們服從權威者的命令或期望，一方面是因為社會壓力，一方面則擔心反抗的報應。

這些社會壓力促使我們屈服於權威之下，而這正是許多領袖－追隨者關係的基本特色。

---

10 原注：Andrea Galeotti and Sanjeev Goyal (2010), 'The Law of the Few', *American Economic Review* 100(4), pp. 1468–92.

11 原注：若想了解這些影響力如何在商業貿易界發揮，請見引人入勝的Julia Hobsbawm (2017), *Fully Connected: Surviving and Thriving in the Age of Overload*, London: Bloomsbury. 若想了解相關的經濟理論分析，請參閱Sanjeev Goyal (2010), *Connections: An Introduction to the Economics of Networks*, Princeton University Press.

12 原注：Sarah Harris (2017), 'Under the Influence', *Vogue*, March, pp. 318–23.

許多社會科學證據顯示，人們不只有從眾本能，服從也是本能之一。社會心理學家史丹利・米爾格倫和其研究團隊發展了一系列早期（且爭議十足）的實驗，測試人們服從權威的極限。米爾格倫和其團隊試圖了解，為什麼那麼多平凡人配合極權政府為非作歹。他特別想探討希特勒納粹政府的種種卑劣行徑中，平凡民眾扮演了什麼樣的角色——不只是為了理解平時不起眼的民眾為何願意做出可怕邪惡的事，也想知道為什麼民眾好像不認為自己該承擔個人責任。

為了了解這些影響力，米爾格倫和其團隊設計了一個實驗，參與者必須向他人施加殘酷的懲罰。在「照著命令做」的過程中，平凡人會變得多殘暴呢？實驗參與者以為參加的是一場制約實驗，測試懲罰如何影響學習。實驗人員告訴參與者，為了訓練「學習者」，後者一犯錯，參與者就得施加電擊。他們也告訴參與者，隨著學習者犯錯次數增加，電擊強度也愈來愈高，電壓會從十五伏特增加到四百五十伏特。參與者並不知道的是，學習者由一群演員扮演，他們假裝犯錯並承受電擊的痛苦，但事實上他們根本沒有遭到電擊。權威人物一下指令，大約百分之六十五的參與者會對學習者施加足以致死的四百五十伏特電擊。而且，所有的參與者都對學習者施加三百伏特的電擊。在另一場實驗中，研究人員稍加變化，讓參與者看到其他參與者（在實驗中被稱為「老師」）拒絕施加電擊的場面。看到有人拒絕的參與者，比較會反抗施加電擊的命令。整體而言，米爾格倫實驗顯示了領袖對追隨者的強烈影響力，但平輩的同儕壓力也很重要，甚至能扭轉盲目服從權威的行為。[13]

概略而言，米爾格倫的實驗證據顯示，不管是領袖出手干預或情況使然，一般人都能做出令人意外的可怕行徑。這解釋了為什麼平常很有同情心的一般人，卻會受到心懷不軌的獨裁者或其他人物的操弄。雖說如此，人們仍常掙扎於良知和服從權威的本能。[14] 後來，米爾格倫提出另一個概念。他認為服從反應了人類自主存在狀態（autonomous states of being）和「代理」存在狀態（'agentic' states of being）間的拉扯。在自主存在狀態，我們為自己的行為負責。而在代理存在狀態，我們跟隨別人的指示行動，並將責任推給他人。當我們成為別人的代理人或工具，就失去自主力。但領袖必須先讓人們接受他是合法、符合資格的權威人物，才能主導他們的行動。我們勸自己相信，領袖會承擔被我們棄絕的責任，甚至在毫無根據之

---

13 原注：Milgram (1963); Adam Cohen (2008), 'Four Decades After Milgram, We're Still Willing to Inflict Pain', *New York Times*, 28 December. http://www.nytimes.com/2008/12/29/opinion/29mon3.html?mcubz=1 (accessed 7 September 2017). 近來，有人分析並指出米爾格倫的早期實驗有缺陷，他可能主導了參與者服從權威的行為，比如下文：Adam Sherwin (2014), 'Famous Milgram "Electric Shocks" Experiment Drew Wrong Conclusions About Evil, Say Psychologists', *Independent*, 4 September. http://www.independent.co.uk/news/science/famous-milgram-electric-shocks-experiment-drew-wrong-conclusions-about-evil-say-psychologists-9712600.html (accessed 7 September 2017).

14 原注：Saul McLeod (2007), 'The Milgram Experiment', *Simply Psychology*. http://www.simplypsychology.org/milgram.html (accessed 7 September 2017).

下，盲目的相信領袖公正且負責的引領我們。[15]

領袖和追隨者的思考模式

本書一直探討模仿和逆向操作選擇與決定背後，系統一直覺情感及系統二理性認知的思考方式。在米爾格倫實驗極端與強制的情境中，人是否也用雙系統思考呢？因道德限制，研究者無法以人類做實驗對象。幸好一群來自英國、奧地利和西班牙的神經科學家、心理學家、電腦科學家組成的跨領域團隊找出新的實驗方法，用虛擬實境科技、腦部顯影技術避開道德限制，偵測米爾格倫實驗中參與者的神經反應。研究團隊召集了十六名健康成人，進入虛擬實境的世界。就像米爾格倫的那場實驗，研究者請參與者施加電擊，不過這一回的對象是一名女性虛擬人物。她像人類一樣，一被電擊就會露出痛苦的肢體反應。當虛擬人物的回答正確，參與者按下不施行電擊的按鈕。若回答錯誤，參與者則按下另一個按鈕施加電擊，不管電擊造成多大痛苦。

實驗者以fMRI掃描參與者的大腦。虛擬人物受苦的影像啟動了參與者的杏仁核，如前幾章所述，這裡通常處理令人厭惡的情緒，比如恐懼及憂慮。杏仁核的活動顯示某些快思情緒正在運作。參與者是否體會到虛擬人物明顯流露的恐懼呢？觀看虛擬人物的痛苦也啟動了前額葉皮質，這裡通常處理高等的慢想。由此得知，在虛擬的米爾格倫實驗中，參與者同時進行快思與慢想。儘管實驗團隊無法直接掌握促使參與者服從的原因，但顯然參與者內心即使激烈交戰，仍會服從指令。[16]若從實驗結果推論真實生活的情況，也許人們服從領袖權威，比如依照上層指示傷害別人時，其實也會陷入天人交戰。對他們來說，這並不是容易的決定。

監獄中的學生

米爾格倫和其團隊的實驗是社會心理學的經典案例，也啟發許多社會科學家進行各種類似實驗，好進一步理解服從權威現象的地位階級關係。史丹佛監獄實驗也是如此，但後來引發各界抨擊。研究者找來一群學生加入一場模擬監獄實驗，學生自行選擇要當獄警還是囚

---

15 原注：Milgram (1963). 亦可參閱 Stanley Milgram (1974), *Obedience to Authority*, New York: Harper and Row.

16 原注：Marcus Cheetham, Andreas F. Pedroni, Angus Antley, Mel Slater and Lutz Jäncke (2009), 'Virtual Milgram: Empathic Concern or Personal Distress? Evidence from Functional MRI and Dispositional Measures', *Frontiers in Human Neuroscience* 3, article ID 29. https://doi.org/10.3389/neuro.09.029.2009 (accessed 7 September 2017). 亦可參閱 Mel Slater, Angus Antley, Adam Davison, David Swapp, Christoph Guger, Chris Barker, Nancy Pistrang and Maria V. Sanchez-Vives (2006), 'A Virtual Reprise of the Stanley Milgram Obedience Experiments,' *PLOS ONE* 1(1):e39. https://doi.org/10.1371/journal.pone.0000039 (accessed 7 September 2017).

犯。這座模擬監獄很快就變得像座真正的監獄。學生迅速融入其扮演的角色，「獄警」對「囚犯」做出跋扈凶狠的行徑，而「囚犯」則變得卑躬屈膝、唯唯諾諾。不管是獄警還是囚犯都像約好似的，助長獄警的反社會惡劣行為。模擬監獄很快變成一個危險又暴力的地方，即使學生心知肚明這不過是場實驗。更令人擔憂的是，實驗者也逐漸喪失客觀判斷力，將學生的虐待行為合理化。這場實驗因道德因素不得不提早結束。[17]

史丹佛監獄實驗顯示，人們的服從傾向根深柢固，完全投入自己被指派的角色。但情境並非鼓勵不人道行為的唯一因素，個性的重要性也不容忽視。前幾章就提過，個性讓人們特別容易感受到某種情緒，像是一個天性焦慮的人很容易怕東怕西。個別傾向也會影響人們的社會情緒，例如當自己或他人受到不公平的待遇，人們所體會到的感受。社會情緒兼具正面性和負面性，也可能決定我們的反社會行為傾向。監獄實驗的研究人員認為人格特質相關分析可能有影響，因此在實驗前要求參與學生填寫人格特質測驗。他們發現，選擇扮演獄警的學生比較不愛社交，利他傾向較低，同情心也比較弱，而且在檢測反社會傾向的測驗中，如馬基維利主義、侵略性、獨裁主義、自戀、社會優勢等傾向上，都出現高分。[18]史丹佛監獄實驗中，學生可能依性向及個人特質選擇扮演的身分，因此才會那麼迅速投入角色。

壓抑社會情緒

在社會情境中，情緒舉足輕重，但情緒也能受到壓抑。社會常規可阻止情緒流洩，從溫和的文化習慣（某些文化比較容忍公開且喧鬧的表達情緒）到嚴厲的禁止，比如監獄等機構體系。在後者這樣剝奪人性的環境中，人們更容易跟隨他人，服從權威人物。

有個說法認為，史丹佛監獄實驗中，學生的情感反應受到壓抑。[19]當我們將電擊和監獄實驗的觀念套用在真實世界，就會發現情感壓抑的證據。實驗室之外，社會的許多實例都顯示，暴政仰賴人們服從權威的本能而茁壯，特別是自身處在艱困情況或受到威脅時。這些本能足以解釋人類史上許多殘暴的事件中，領袖與追隨者之間的反常關係，也能解釋戰亂時期、受到迫害等極端的狀況中，為什麼社會情緒受到壓抑。

---

17 原注：Philip Zimbardo (2008), *The Lucifer Effect: How Good People Turn Evil*, London: Rider/Random House. 亦可參閱 Craig Haney, Curtis Banks and Philip Zimbardo (1973), 'A Study of Prisoners and Guards in a Simulated Prison', *Naval Research Review* 30, pp. 4–17. http://www.garysturt.free-online.co.uk/zimbardo.htm (accessed 7 September 2017); 及 Philip Zimbardo (1999–2017), 'Frequently Asked Questions', *Stanford Prison Experiment*. http://www.prisonexp.org/faq (accessed 7 September 2017).

18 原注：Thomas Carnahan and Sam McFarland (2007), 'Revisiting the Stanford Prison Experiment: Could Participant Self-Selection Have Led the Cruelty?', *Personality and Social Psychology Bulletin* 33(5), pp. 603–14.

19 原注：Craig Haney, Curtis W. Banks and Philip G. Zimbardo (1973), 'Interpersonal Dynamics in a Simulated Prison', *International Journal of Criminology and Penology* 1, pp. 69–97.

史丹佛大學心理教授菲利普・金巴多（Philip Zimbardo）寫下許多知名著作，探討服從權威、權力關係及它們在不同情況下帶來的影響。金巴多也是電擊和監獄實驗的研究學者之一。二〇〇三年，許多伊拉克戰爭時期的照片浮上檯面，揭露阿布格來布（Abu Ghraib）軍事監獄的伊拉克戰俘受虐事件，美國軍事和情報人員遭到控告，金巴多也擔任被告的專家證人。阿布格來布簡直是史丹佛監獄實驗的真實版，監獄人員都處在身心俱疲且卑劣的情境中。軍事人員若反抗權威、違背團體常規或同時觸犯兩者，就會面臨真實的肢體報復。金巴多將被告虐待戰俘的行為歸諸為「路西法效應」（Lucifer effect），宣稱任何人處在如此暴力、違反人性的環境中，都可能變得邪惡殘暴。只要施加足夠的壓力，大部分的人都會變成別人眼中的壞蛋。凶殘並不只是個人的責任。權威人物和當下情境足以讓我們成為惡煞（或英雄）。在這些情況中，服從領袖命令的本能促使我們犯下無情駭人的行徑，但若情況不同，我們絕不可能這麼做。要是沒有組織立下禁律，要是當下情境沒那麼慘烈，身陷阿布格來布醜聞的被告可能做不出那麼凶惡的行為。[20]他們處在違反人性的情境中，不得不壓抑原本的同情心。

在阿布格來布及古巴關達那摩灣（Guantanamo Bay）的美國監獄，軍人及監獄人員壓抑了自己的人性和同情心等社會情緒，才犯下凶殘獸行。但這一切並不只是服從權威的本能與衝動所造成。一旦出聲抗拒，就會面臨領袖的暴力報復或同儕的排擠，重視自利和自保的深思慢想也開始運作。軍事人員可能心想，自己也是泥菩薩過河，除了服從也別無他法。他們並非不理性的泯滅人性。真實經驗證實，若不好好扮演跟隨者的角色，就難逃可悲下場。阿布格來布的案例中，後來外流的證據顯示虐待戰俘的指示不但來自高層，甚至受到國家批准。告發者喬．達比（Joe Darby）原本受到保護、身分成謎，但後來其身分仍被公開，據說是當時的美國國防部長唐納．倫斯斐（Donald Rumsfeld）所洩露。達比面臨各界威脅，連鄰居都嚴厲斥責他出賣同袍，軍方不得不出面保護達比和其家人的安全。就算為了純潔高尚的理由反抗群體，也會被權威人物、甚至同儕放逐。達比和第五章提到的告發者凱利一樣，因拒絕當個聽話的追隨者而嘗到苦果。

除了監獄和戰場，在比較無害的情境中也存在服從權威的現象。前一章也曾提及，學術界、科學研究團體也有明顯的地位階級。菜鳥學者習於追隨指導教授和師長的腳步，尊重他們的權威。當不確定性高，人們常對自己的意見欠缺信心，此時接納某個學術「幫派」的意見會帶來安全感，類似數大安全效應（safety-in-numbers effect）。恐懼也許也是原因之一。和前輩持相反意見，可能帶來有害後果。就像國王的新衣一樣，不管國王到底有沒有穿衣服，只要從自身利益著眼，就知道和權威人物唱反調可說是自找死路。因此，服從權威不完全是

20 原注：Zimbardo (2008).

無意識的自動反應。自利邏輯和深思加入衝動與本能的行列，攜手鼓勵跟隨者服從領袖。

領袖—追隨者的共生關係

模仿者尾隨其他模仿者，但總要有隻領頭羊來帶領他們。通常擔綱領袖的是逆向操作者。畢竟，至少要有兩個人才能模仿：被模仿者和模仿者，領袖和追隨者，他們之間存在著共生關係。模仿者需要一名領導者，而無人追隨的領導者什麼也不是，因此領袖必須為忠誠的追隨者帶來一些好處才行，可能是某種歸屬感、認同感或意義。我們必須慎選領導者，太多領導者反而會造成混亂。但為什麼當領袖的人很少，大部分的人寧願追隨？和一般人相比，領導者通常不太想追隨他人，而背後的原因五花八門，包括經濟、心理和情感因素。人類是社會群居動物，因此和領導有關的逆向操作行為比較少見。模仿跟隨者和逆向操作領導者各自具備獨特的人格特質，以不同方式受到系統一情感快思和系統二理性慢想的驅使。快思與慢想的互相影響，也定義了領導者與跟隨者的共生關係。正如前面提到的，領袖—追隨者關係有時會造成破壞性的後果，不過大部分的結果都是良性的。分析人們加入的團體種類，可以看出不同領袖—跟隨關係，也能判斷人們是經過認真思考還是基於本能和情感因素而加入。我們下面將會解析俱樂部、集會等不同組織。

俱樂部

一群興趣相近的人組成俱樂部，比如運動團隊、讀書會、減重俱樂部等。俱樂部成員聚在一起，分享對某件事的愛好，或一起參加某種活動。從主流經濟學來看，俱樂部是個簡單明瞭的理性自利實例。每個成員都能透過與他人合作來幫助自己。俱樂部是一種聯盟形式，加入一群人、跟隨俱樂部的領袖，一般說來是合理的行為。領袖協助成員，一起用更容易的方式達成共同目標。團隊領袖的角色不可或缺。當成果由團體成員共享時，要如何讓成員願意付出？畢竟很容易出現搭便車難題（free-rider problem），也就是重視自利的個體坐享他人成果。因此俱樂部和團隊需要一名領袖站出來，承擔協調和激勵眾人的責任，並勸阻好逸惡勞的人。那該由誰來領導？經濟學的**剩餘索取權人**（residual claimant）是解決方法之一。當團體成果很差（或很好）時，握有剩餘索取權的人就會面臨金錢或其他形式的處罰（或獎賞）。剩餘索取權為領導者帶來附加的私人誘因，讓他們願意到處奔走、激勵團員。不管在工作場合或學生團體，團隊的成功通常仰賴優秀的領導。[21]

日常生活中的減肥俱樂部就是一個實例：一群過重的人齊聚一堂，討論減肥妙方，彼此

21 原注：Armen A. Alchian and Harold Demsetz (1972), 'Production, Information Costs, and Economic Organization', *American Economic Review* 62(5), pp. 777–95.

打氣，每週測量體重，此時俱樂部團長扮演一個重要角色。他一呼百應，安排活動，提出各種構想，成果豐碩。當眾人共享一個客觀目標，常能獲得顯著的效果。此時領袖—追隨者的關係很有建設性，雙方都能得到最大利益。運動俱樂部或團隊也很類似，眾人也追求同一個目標，一旦實現，整個團隊都得到強大的滿足感。成功的減肥俱樂部也展現了系統一、系統二思考方式的相互影響。心理學家和行為經濟學家發現，重視短期利益、衝動的系統一決策方式，常是讓人們吃太多的罪魁禍首，容易致胖的現代環境則讓情況更加惡化。人為了適應食物稀少的原始環境，發展出一套新陳代謝系統，但它不適用於食物不但容易取得且數量豐富、甜食垂手可得的現代生活。加入減肥俱樂部能幫助我們克制大吃大喝的衝動，讓系統二的慢想更容易主宰我們的行為。當領導者挺身而出，激勵、協調跟隨者，確保大家都成功減肥，俱樂部才能有效發揮功能，順暢運作。

俱樂部並不單純為了自身利益而成立。前面提及的環保尖兵研究，不只在工作場合推廣環保行為，也探究落實居家環保的辦法。他們利用類似俱樂部的方式鼓勵親社會行為。研究人員透過「綠團隊」（EcoTeams）計畫，召集一些家庭來研究常見的居家習慣和行為。在鄰里會議上，環保尖兵擔任領袖，向當地社區介紹各種節省能源的辦法。就像環保尖兵計畫一樣，綠團隊的成效顯著：參與會議的家庭中，百分之十六接受綠能方案，百分之三十七安裝省電燈泡，百分之十七降低暖氣使用頻率。雖然這計畫多少受到自我篩選（self-selection）的影響（願意加入的人，通常原先就具備一定的環保意識），但許多參與者表示，綠團隊計畫之所以成效卓著，在於它透過團隊合作來宣傳實用的環保知識。[22]

靈性集會

當團體訴諸的是靈性和認同時，比如靈性集會，比較主觀、沒那麼客觀的影響變得非常重要。喜劇演員丹尼・華勒斯（Danny Wallace）提倡的非宗教活動「加入我吧」（Join Me）就是個好例子。華勒斯在免費廣告雜誌《戰利品》（*Loot*）上刊登廣告，邀請民眾加入「加入我吧」活動。令人意外的是，加入的人數眾多，就算他們根本不知道活動宗旨為何。[23]就建立社群的角度來看，連局外人也會認同，召集一大群人參與靈性集會本身就是件很有意義的事。華勒斯宣稱，加入一群陌生人的冒險行為很吸引人。加入一個盛情歡迎的團體，和眾人共享一個目標，就是成為團體一分子所能獲得的好處。

在宗教集會中，領袖與追隨者之間的關係包含了加入團體的客觀報酬，以及歸屬感和生存意義，而我們曾在第二章提過它們是集體群聚的驅力。宗教集會的信仰，超越了系統一

22 原注：Nye and Hargreaves (2010).
23 原注：Danny Wallace (2004), *Join Me: The True Story of a Man Who Started a Cult by Accident*, London: Ebury Press.

本能情感快思和系統二冷靜深思慢想的分際。強烈的信仰顯然不客觀，但信仰似乎也無法滿足任何基本需求與本能。系統一快思帶領我們回到佛洛伊德的無意識動機。我們受到難以言喻、超脫世俗的信仰吸引，它們超越理性或本能，不管是相信上帝、眾神、其他靈性存在或無神信仰。宗教令佛洛伊德困惑。他本身沒有宗教信仰，也無法將宗教信仰分門別類。他回想起朋友的來信中提到宗教引發的感受，和宗教領袖如何利用它們：

（我朋友）很遺憾我無法完全理解宗教情感的真正源頭……（它）由一種特殊的感受形成……一種『永恆』的感動，對某種無邊無際、不受限制的事物的感動——就好像『海洋』一樣。這種感覺……是純粹的主觀事實，並非來自信仰的對象；它不保證個人的永生，但它是宗教力量的起源，各種教會和宗教組織都緊緊抓住它，用各種不同方式引導它，無庸置疑的，也消耗它。一個人……只要感受到這種如海似洋的感覺，就可以稱自己是虔誠的，就算他排斥任何一種信仰和幻象。24

把宗教和靈性信仰當作一種自利產品，這對一般人來說可能很難理解，也難以用邏輯分析，但神經科學家已開始研究不同宗教信仰背後的驅力。數名美國神經科學家組成團隊，以fMRI掃描十五名虔誠基督徒和十五名無信仰人士的腦部。實驗過程中，研究人員提出各種和宗教有關（童女生子、上帝……等等）和無關宗教的議題。研究人員發現人們思考宗教主題時，腦部處理情感和報酬的區域，以及處理認知矛盾的區域都活絡運作；而在思考非宗教事實時，則啟動處理回憶的部分前額葉皮質區塊。[25]實驗證據顯示，和非宗教觀念比起來，宗教信仰更鮮明反映了人的本能和情感，不過邏輯和理性思考也占一席之地。整體而言，宗教信仰結合了系統一和系統二的相互作用。

追根究柢，加入靈性團體和其他團體為許多人帶來超越個體、甚至超越團體本身的存在感。成為信眾讓人們感覺自己和一個遍布全球的信仰組織心手相連。宗教領袖扮演了關鍵的宣導角色。和世俗組織相比，宗教組織中領導者和跟隨者之間的階級制度沒那麼明顯，因為大家追隨同一個靈性目標，相信一個更高等的存在，或兩者兼具。正如勒龐在研究心理群眾時觀察到：

---

24 原注：Sigmund Freud (1930), *Civilization and Its Discontents*, in *The Standard Edition of the Complete Psychological Works of Sigmund Freud*, Vol. XXI (1927–31), trans. James Strachey in collaboration with Anna Freud, London: Vintage, p. 64.

25 原注：Sam Harris, Jonas T. Kaplan, Ashley Curiel, Susan Y. Bookheimer, Marco Iacoboni and Mark S. Cohen (2009), 'The Neural Correlates of Religious and Nonreligious Belief', *PLoS ONE* 4(10): e7272. https://doi.org/10.1371/journal.pone.0007272 (accessed 27 October 2017). Le Bon (1895), p. 12.

（這樣的）群眾處在情感的國度……正如所有事情都屬於情感的國度——包括宗教、政治、道德、關愛與嫌惡……（人群中）再傑出的人物也極難超越平凡人心中的標準……[26]

狂熱性宗教

靈性集會背後的目的通常是良善的，而狂熱宗教正好相反，它呈現了最糟糕的模仿跟隨者和逆向操作領導者共生關係。在日常生活中，狂熱性宗教（cults）一字通常帶有貶意——雖然一個宗教是不是狂熱性宗教，端看個人的主觀看法。狂熱性宗教有別於一般宗教的特色之一，是領導者和他的（女性領導者很少見）跟隨者之間的關係並不正當。信眾認為領導者身兼凡人和神的角色，僅管外人看來他與常人無異。

古時候，迷信與信仰對一般人影響甚鉅，領導者與跟隨者之間的社會階級森嚴，上述的情況特別常見。例如，古埃及人信奉「君主崇拜」（cult of the living king）。在登基大典上，法老的肉身和王室的「卡」（ka），也就是靈魂結合，受封為「ntr」，也就是神的地位。法老的ntr和卡一結合就成為神之子。接下來經過各種儀式，法老的神子地位會更加穩固，有時法老還會向自己的神我獻祭。[27]法老阿肯納頓（Akhenaten）把君主崇拜提升到新的層次，提出以太陽光輪為中心，崇拜阿頓太陽神（Aten）的一神教。[28]

阿肯納頓相信自己是阿頓神之子，鼓勵埃及民眾把他視為阿頓神的人間代表人來崇拜，同時把阿頓神像換上他自己和妻子娜芙蒂蒂皇后的容貌。自封為神的阿肯納頓，想將埃及傳統的多神信仰改為一神信仰。他是位獨裁領袖，毫不留情的關閉神廟、放逐祭司，移除膜拜地點和紀念碑上和過去神祇有關的文字圖像。深陷苦難的埃及民眾常英年早逝，若名字指涉其他神祇，就非改名不可。儘管阿肯納頓的王朝為期短暫（僅維持十七年左右），但他自命為神、創立宗教的行為，直到今天仍具有重要的歷史意義：這是人類史上所知的第一個一神教。

第二章提到的吉姆・瓊斯和人民聖殿，正是魅力十足的領導者創立邪惡狂熱宗教的現代版。許多人則認為山達基教（Scientology）是另一個實例。會催眠術的大衛・密斯凱維吉（David Miscavige）是山達基教的唯一領袖。山達基藉由如湯姆・克魯斯（Tom Cruise）、約翰・屈伏塔（John Travolta）及克斯蒂・艾莉（Kirstie Alley）等明星的背書，成為著名的狂熱宗教，吸引眾多信眾。一般狂熱性宗教都很隱匿且排外，常用無法實證的神話傳說來解釋其

---

26 原注：Le Bon (1895), p. 12.

27 原注：Stephen Quirke (2014), *Exploring Religion in Ancient Egypt*, London: John Wiley and Sons. 亦可參閱 Alastair Sook (2014), 'Akhenaten – Mad, Bad or Brilliant?', *Daily Telegraph*, 9 January. http://www.telegraph.co.uk/culture/art/10561090/Akhenaten-mad-bad-or-brilliant.html (accessed 7 Septembe 2017).

28 原注：光輪（disk）一詞亦有表面之意，因此太陽光輪指的是太陽表面。若想了解更多奇特的狂熱性宗教，可參閱 Debra Kelly (2013), '10 Bizarre Cult Teachings', *Listverse*, 4 December. http://listverse.com/2013/12/04/10-bizarre-cult-teachings (accessed 7 September 2017).

圖八：帶領阿頓教的膜拜儀式。阿肯納頓敬拜太陽光輪。

源頭，山達基教也不例外。山達基教宣稱以科學和心理實證為本，但在外人眼中，它正是情感與慎思失調的產物：情感與直覺單方面運作，理性無力干預協調。[29]

整體而言，俱樂部以系統二思考主導，宗教則是系統一、系統二同步運作的結果，而狂熱性宗教多半是系統一主導的情緒反應。狂熱宗教領袖利用跟隨者的不安，鼓勵他們切斷與朋友、家庭、社群的聯繫。[30]恐懼和猶疑的跟隨者尋求安慰和肯定，這是經由演化而產生的自然反應，我們藉此面對人生中大小輕重不一的壓力。對狂熱宗教領袖來說，跟隨者正是其權力與存在的根源。沒有跟隨者，狂熱宗教就無法生存。

---

29 原注：Janet Reitman (2013), Inside Scientology: The Story of America's Most Secretive Religion, Boston, MA: Mariner Books/Houghton Mifflin Harcourt.

30 原注：Lou Manza (2016), 'How Cults Exploit One of Our Most Basic Psychological Urges', *The Conversation*, 14 April. https://theconversation.com/how-cults-exploit-one-of-our-most-basic-psychological-urges–57101 (accessed 27 October 2017); Mark Banschick (2013), 'What Awful Marriages and Cults Have in Common', *Psychology Today*, 28 May. https://www.psychologytoday.com/blog/the-intelligent-divorce/201305/what-awful-marriages-cults-have-in-common (accessed 27 October 2017).

現代偶像崇拜

對狂熱宗教領袖的執著信念常導致可怕的後果，而日常生活中，舞台和螢幕明星不乏熱情追隨的粉絲。這通常是種良性的英雄崇拜，不脫共生的領袖—追隨者關係。領袖（流行明星和青少年偶像）的誘因很明確：粉絲的愛戴幫助他們積累財富、名聲和榮耀。但許多人無法理解粉絲如此迷戀偶像的原因。英雄崇拜的經典範例莫過於披頭四狂熱。這股熱潮起於一九六三年的英國，並在隔年達到高峰，披頭四在電視節目《艾德・蘇利文秀》（*The Ed Sullivan Show*）演出時，超過七千三百萬名觀眾守在電視機前觀看。歌迷親眼見到披頭四時，展現瘋狂、歇斯底里的舉止：尖叫、暈眩是家常便飯，甚至有人將自己的內褲丟向偶像。[31]記者馬丁・克瑞斯（Martin Creasy）在著作《披頭四狂熱》（*Beatlemania*）中提到，在某場演唱會上，五分鐘內就有五十名淚流不止的崩潰女歌迷被抬出場外。另一場於格拉斯哥舉辦的演唱會中，多達三千名歌迷陷入瘋狂境地，彼此推擠甚至打鬥，場面一片混亂。[32]

團體狂熱現象和集體群聚，都和團體、群體、暴民為一獨立整體的特質習習相關，但明星和其粉絲、樂迷之間，究竟存在著什麼樣的關係？許多人認為對明星的迷戀是一種病，也許粉絲顯露某種心理疾病癥狀，不過真相可能複雜得多。不管如何，就算把粉絲熱情視為心理疾病，也無法進一步解釋明星與粉絲的關係。明星為粉絲提供某些東西，對粉絲來說，他們代表某樣美好、可實現、令人渴望的事物。

歇斯底里迷戀可不是新現象，粉絲也不全是女性。而且，不是只有現代媒體會引發粉絲暴動，並使熱潮長盛不衰。德國作家漢里希・海涅（Heinrich Heine）在一八四四年，就觀察過類似披頭四狂熱的現象。海涅記述，自從作曲家李斯特（Franz Liszt）在德國聲名大噪後，很快就風靡歐洲各地。隨著樂迷愈來愈多，李斯特狂熱引發數次集體歇斯底里現象。某場柏林演奏會結束後，一群熱情樂迷蜂湧而上，扒光他身上的衣服和珠寶。[33]愛好藝術的人，也會因崇拜而出現極端的情緒反應。觀賞者站在某些作品前，會產生心跳加快、昏厥甚至看到幻象的情況。學者稱此為「司湯達爾症候群」（Stendhal syndrome），親眼見到偶像的粉絲也會有相同症狀。[34]整體說來，粉絲對偶像的崇拜不只是一種精神病症。不過，就像狂熱宗教信徒一樣，粉絲的系統一情緒與直覺占上風，主導了系統二的理性慎思，而市場等外界體系更加劇

---

31 原注：Dorian Lynskey (2013), 'Beatlemania: "The Screamers" and Other Tales of Fandom', *Guardian*, 29 September. https://www.theguardian.com/music/2013/sep/29/beatlemania-screamers-fandom-teenagers-hysteria (accessed 7 September 2017).

32 原注：Martin Creasy (2010), *Beatlemania!: The Real Story of The Beatles UK Tours 1963–1965*, London: Omnibus Press. 亦可參閱 Joli Jensen (1992), 'Fandom as Pathology: The Consequences of Characterisation', in Lisa A. Lewis (ed.) (1992), *The Adoring Audience: Fan Culture and Popular Media*, London: Routledge, pp. 9–29.

33 原注：O.G.T. Sonneck (1922), 'Henrick Heine's Musical Feuilletons', *Musical Quarterly* 8, pp. 457–8.

34 原注：T.R.J. Nicholson, C. Pariante and D. McLoughlin (2009), 'Stendhal Syndrome: A Case of Cultural Overload', *British Medical Journal* case reports.

這些情緒反應。銷售周邊產品的公司只要刺激、擴大粉絲的歇斯底里舉止，就能大賺一票。明星經紀人也會操縱粉絲文化。披頭四在美國巡迴表演時，不只賣出上百萬張唱片，也從販售正版周邊商品賺到超過兩百五十萬美金的收益。現在的明星所創下的銷售紀錄更是驚人。

政治部落主義

在凡人世界，狂熱性宗教多半會引發部落主義。自從人類建立狩獵、採集的群居社會以來，部落主義就是持續不衰的特色，這也是另一種複雜的領袖與追隨者關係。而在現代，渴望加入部落的原始衝動依舊存在。現代民主社會中，從人們的政治關係就看得出部落主義。常與企業領袖密切往來的政治領袖，透過操縱資訊來扭曲投票模式、利用民眾。

凱恩斯觀察到，若將對權力的渴望，導向更物質化的目標，可能對社會有利；畢竟，一群利欲薰心的貴族比殺人不眨眼的獨裁者要好得多：

> 危險的人類癖好，只要透過賺錢機會來積攢私人財富，就能導向相對無害的方向。如果他們不能藉此獲得滿足，可能會以暴行來發洩，瘋狂追求個人權力和權威，或其他形式的自我膨脹。一個汲汲營營於帳戶數字的人，好過虐人害眾的暴君。雖然重利忘義常被

斥為後者的前奏，但有時，它至少提供另一種解決辦法。[35]

凱恩斯特別用了「有時」，暗示現代世界裡，政治領導與商業利益之間的關係恐怕更加緊密。正如凱恩斯所說，將市場和政治一分為二並不會讓民眾受益。大眾媒體讓政治與商業密不可分。讓人們將注意力轉向商業而非政治，無法阻止他們操縱擴及全球的過度權力和影響力，特別是連媒體也受到這幫人控制時。唐諾．川普（Donald Trump）就是一例。另一例則是媒體大亨魯柏特．梅鐸（Rupert Murdoch），其廣大的商業帝國也帶給他強大的國際政治影響力。

現在，社群媒體讓人們更容易群聚，也加劇了政治部落主義。社群媒體讓領袖與追隨者之間的關係更加穩固。Facebook和Twitter成為獲取私人訊息的直接管道，更增加親密感。Twitter的推文鏈、Facebook的臉書牆，還有其他各種線上論壇，都讓當今的追隨者對領袖產生強烈的連結感，也更容易直接獲得領袖的回應。就算多數人明白網路的另一端其實是一群社群媒體團隊，以目標團體為對象發送訊息，但這些社群媒體工具仍讓追隨者以為自己和領袖建立出實質關係。而一群目標相同、想法相近的追隨者，也會因共享的認同感、支持同

35 原注：Keynes (1936), p. 374.

一個領袖，加深心手相連的親密感受。正因如此，當英國進行脫歐公投時，當時英國獨立黨（United Kingdom Independence Party，簡寫為UKIP）黨魁奈傑爾・法拉吉（Nigel Farage）坐在酒吧喝啤酒的眾多照片和影片，在社群媒體及主流媒體上瘋傳，其支持度也應聲大漲。將法拉吉塑造為「尋常漢子」，立刻激發支持者的認同感，儘管法拉吉有別於其黨派的支持者，其實來自背景顯赫的富裕家庭。

政治群聚：理性與感性之爭

在做出政治選擇時，人們並非總是理性慎思。這並不是說我們把理智棄之一旁。第一章提過的比卡盛達尼和其同事就利用資訊瀑布效應研究美國選舉。選民會權衡自己對不同候選人握有的私人資訊，以及從其他選民身上所能搜集到的社會資訊。當候選人的可靠資訊難以取得，社會資訊就會主導風向，猶豫不決的選民會蜂湧追隨群眾意見。[36]

常規也決定了候選人爭取選票的戰術。正如前一章所提，**中間選民理論**暗示了對一般政客來說，最好在特定議題上採取中庸立場，再根據選民意向建立政治宣言。這也跟風險脫不了關係。沒有強烈信念的政客會盡量從眾，若想當選，這是風險最低的策略。不過，政治風向也漸漸改變，社群媒體讓中庸路線不再獲得選民的青睞。二〇一五年十一月，雜誌《經濟學人》(*The Economist*)提出證據證明，極右派和極左派都活躍於社交媒體，可能因為社交媒體偏好膚淺的短文摘要更勝於意涵深遠的訊息。[37]這也證明冒險能帶來報酬。直白粗鄙的宣言很容易招來各方駁斥，巧妙的溝通則留給人們更多的詮釋空間。過去，政治極端分子不願承擔這些風險，因為要透過傳統媒體宣揚極端立場並不容易。現在，有了Twitter、Facebook和各形各色的社群媒體，這種限制已消失無蹤。

放眼看去，不管是崇拜政治領袖的選民，或更廣泛的政治決策過程，情感的影響無孔不入，系統一思考隨處可見。二〇一六年英國舉行脫歐公投前夕，康納曼也注意到情感主導了社會。富有遠見的他擔憂，破壞心態矇蔽了眾人雙眼，恐會造成英國脫離歐盟的長期後果。公投前數週，康納曼接受英國《每日電訊報》採訪時表示：「觀察兩派辯論留下的最深刻印象就是，脫歐派的訴求都很情緒化……他們的論點唐突莫名：不但短視近利，而且都出自不滿與憤怒。」[38]過度依賴感情其實是難以避免的結果。選民沒有時間，有時也沒有能力研究並了

---

36 原注：Bikhchandani, Hirshleifer and Welch (1998).

37 原注：'Extreme Tweeting', *The Economist*, 21 November 2015, p. 43.

38 原注：Ambrose Evans-Pritchard (2016), ' "Irritation and Anger" May Lead to Brexit, Says Influential Psychologist', *Daily Telegraph*, 6 June. http://www.telegraph.co.uk/business/2016/06/05/british-voters-succumbing-to-impulse-irritation-and-anger---and/ (accessed 14 June 2017).

解候選人、遊說集團的政策內容，更無法一一檢視政治人物的背景。更糟糕的是，政治新聞變得吵吵鬧鬧又不可靠，連那些有閒也有能力了解政治的人都看得一頭霧水。仰賴系統一思考簡單多了，有時還帶來更強烈的滿足感。

不過選民運用政治群聚捷思時，也不全是情緒化。正如前幾章提到的，人們運用捷思（簡單的經驗法則）好快速下決定。每個選民都心知肚明，自己的一票不足以改變任何一場選舉的結果，因此，他們根本沒有動力仔細了解所有選項，草草選擇政治群聚。我們不想耗費太多心力做下政治選擇，因為眾人的選擇結果無法歸咎於單一選民身上。這就造成搭便車問題。無人有動力花心思查證事實。當責任由大眾共同承擔，就等於變相鼓勵個人透過投票給極端的候選人或選項來表達抗議。

在一個不確定的世界，資訊又模糊不清時，情勢更加惡化。當人們難以評斷資訊的可靠度，就難以權衡不同資訊。從脫歐公投就能看到，選民不再信任領導者宣布的政策時，會造成不少問題。競選過程中，脫歐派和留歐派都散播誤導民眾的資訊，困惑隨處蔓延。一般選民不知道誰講的話是真的、誰值得信任，找不到一個經得起考驗的可靠團體來跟隨。

除非我們能確定自己沒被牽著鼻子走，不然群聚捷思和社會學習並不是很好的策略。隨著「假新聞」浮濫，藉由他人來學習也變得複雜——經濟學家杭特．艾爾柯特（Hunt Allcot）和馬修．詹茨克（Matthew Gentzkow）定義假新聞為經查證後確認不實、刻意誤導讀者的新聞。艾爾柯特和詹茨克用計量經濟工具，分析二〇一六年美國總統選舉期間的假新聞數據，並在選後調查將近一萬一千位美國選民，好了解民眾看了哪些新聞文章。他們發現，有二十一篇假新聞廣受民眾閱讀並留下深刻印象。這些證據顯示假新聞的影響力令人擔憂，足以左右選舉結果。[39]當政客和其形象塑造專家刻意散播不實「資訊」，而民眾基於這些資訊而群聚，那麼大家已在不知不覺間受到操弄。當民眾難以確認資訊的真假，後果更加嚴重。若假新聞訴諸心理和感情，我們容易在無意識間受到情緒左右，陷入被玩弄的陷阱。

「自由世界」的領袖

要在政治界出人頭地，冒險犯難是不可或缺的特質。美國總統川普的成功故事，就是將冒險的企業精神，完美的從商業界移植到政治圈。他做出別人認為高風險的行為，卻摘下豐碩的果實。除了選擇危險戰術外，他也操縱其內團體的從眾傾向。二〇一六年美國大選，從他與另一熱門候選人希拉蕊·柯林頓（Hillary Clinton）的激戰，就能看出族群與政治的對

39 原注：Hunt Allcott and Matthew Gentzkow (2017), 'Social Media and Fake News in the 2016 Election', *Journal of Economic Perspectives* 31(2), pp. 211–36.

立，以及兩者和其追隨者之間的關係。川普和希拉蕊都是爭議十足的候選人，同屬富裕的菁英階級，只是川普在商界呼風喚雨，希拉蕊則在政界長袖善舞。兩者都曾陷入難堪醜聞。從表面看來，至少希拉蕊的政治經驗豐富，具備耀眼的學術和專業背景，其聰明才智無可質疑（雖然選民對女性的偏誤，可能阻礙了她的事業發展）。

川普則仰賴其商業帝國積累的財富來競選，最終也成功戰勝希拉蕊。儘管各種私下和解的可怕控訴繞著他轉，他還是勝選了，但若時勢比較平穩，光是這些醜聞就可能毀了他的雄心壯志。對川普和其支持者而言，這場仗他贏得漂亮，而且沒幾個權威人士能料到會有如此結果。但對他人來說，這是場徹頭徹尾的災難，似乎加劇了各界分歧、極化現象和部落主義，除了美國選民，全球各地也難逃其害。

川普怎能吸引到如此廣大的選民支持？不管是藍領或白領階級，那些投票給他的選民和他之間似乎沒多少共同點。川普繼承了龐大財富，一生都過著有權有勢的富裕生活，但其支持者不乏極為拮据貧困、勉強苟活的人，而且死心踏地的相信川普是他們的鬥士。川普具備的煽動天賦，讓一般人認同他對掌權菁英的反抗。對某些人來說，他既情緒化又衝動的狂言令人震驚，但這正是其他人欣賞他的原因。不管是競選期間或就職典禮之後，他都展現不懼衝突的姿態。他挑釁所有人，特別是傳統上被視為權威的人，包括其共和黨內的重要人士、美國情報顧問和司法單位。川普的反叛和勝利，讓一般人相信自己也能扭轉命運，跳脫政治菁英的鉗制。

激起選民認同感的能力，可回溯到心理學家泰弗爾的觀點。正如第二章所提，泰弗爾發現，人與人之間很容易就建立內團體，也很容易和外團體產生衝突。藉由煽動對外團體的恐懼，內團體建立強大的認同感，隨著成員加強彼此的內心定見，親內排外的認同感愈演愈烈，而團體的力量也勢不可擋。川普的民粹主義就是這麼成形的。川普不擇手段的利用人對外團體的恐懼，引起廣大爭議。例如，他在競選期間指控某些墨西哥移民是強暴犯和罪犯，並承諾大眾在美國南端國界建立圍牆。基於「讓美國再次偉大」的信念，他利用人們對伊斯蘭和恐怖主義的恐懼，主張造成分裂且不明智的「穆斯林禁令」，若遊客來自幾個多數人民是穆斯林的國家，就必須面臨更嚴格的簽證規範（諷刺的是，沙烏地阿拉伯並不在禁令之中）。[40]大部分的人可能沒有發現，川普其實詭計多端，展現老練的社會智能。他了解群眾，也知道如何煽動群眾。也許這是他與生俱來的才能，且在參與美國版《誰是接班人？》（*The Apprentice*）節目、成為電視明星期間，磨練得更加敏銳。

支持他的民眾既是模仿者，也是逆向操作者。支持川普的少數人協力對抗反對他的多數

40 原注：'Trump's Executive Order: Who Does Travel Ban Affect?', BBC News, 10 February 2017. http://www.bbc.com/news/world-us-canada-38781302 (accessed 10 February 2017).

選民。川普不需要多數人的支持，就能合法成為一國領袖，就算當選後其支持度一路下滑，對他來說也沒有實質影響。雖然川普的支持度在不到一年內就降了百分之三十五，但更重要的是，他的支持者夠瘋狂也夠團結，足以奠定其權力基礎。川普的狡猾之處，在於了解支持他的少數民眾不在乎可證實的事實，反而無法抗拒吸睛的社群媒體訊息。眾人皆知，他到處指控別人散播假新聞，每週都發言攻擊別人誹謗他，每天都在Twitter上散布激烈言論。在競選期間，他的幕僚和相關網站利用虛假抹黑的文章，精心策畫一場極為有效的選戰。川普深知，了解和宣揚真實並非奪取政治勢力之道。

所以，他何必說真話呢？監督美國政治人物言論真實性的政治真相新聞網（PolitiFact），判定川普在競選期間所發表的言論，有百分之七十屬於「多半虛構」到「胡說八道」，百分之十四為「半真半假」，也就是說，他所說的話只有百分之十六是真實的。[41]相較之下，希拉蕊在競選期間的言論，有百分之二十六為「假」，百分之五十一為「真」或「多半為真」，也就是她說的話大多可靠。[42]除去其他不應投票給川普的原因，他的信口雌黃似乎也不影響其支持者的忠誠度。既然用誇大不實的言論吸引眾人注意並不會受到明確懲罰，野心勃勃的政客漫天撒謊也是合情合理，不是嗎？而且，當政客用Twitter發言，短短的推文稍縱即逝，還能快速移除，很容易躲掉指責聲浪；不過，這些言論仍會激起支持者的情感。

儘管我們能夠輕易的說，投票給川普的選民和希拉蕊的支持者不同，沒有獲得充足的資訊，但這種說法指出我們對領袖與追隨者的互動關係不夠了解，甚至有所分歧。民主奠基於民意。當事實難以取得，情況不確定性高又令人困惑，民意就會建立在不甚道德的基礎上。民粹主義的政客鼓勵民眾拒絕客觀資訊和專家意見，而Twitter和其他社群媒體讓他們輕易散播民粹思想。社群媒體正是造成二〇一六年政治大地震的關鍵因素，不只是美國的川普，英國的脫歐公投也受此影響。儘管美國參議院委員會仍在調查俄羅斯是否透過社群媒體幫助川普勝選，但社群媒體已受到強烈抨擊。二〇一〇到二〇一二年的阿拉伯之春起義，社群媒體被譽為民主勝利的管道，現在則被譴責為放任國際權勢人物操弄邪惡地緣政治的工具。[43]不管參議院的調查結果為何，川普顯然是重塑社群媒體的天才。儘管他自私的造謠生事，但他也具備敏銳的社會意識。不然的話，他可沒辦法吸引一大群忠心耿耿的模仿者。[44]

大量任人取用的資訊，加劇人們對新聞的不信任及社群媒體好壞未定的影響力。活在彼此緊密聯繫、甚至過度連結的線上世界，來自各處、數量龐大的資訊迅速且毫不留情的轟炸

---

41 原注：'Donald Trump's File', PolitiFact. http://www.politifact.com/personalities/donald-trump/ (accessed 5 September 2017).

42 原注：'Hillary Clinton's File', PolitiFact. http://www.politifact.com/personalities/hillary-clinton/ (accessed 7 September 2017).

43 原注：'Social Media's Threat to Democracy', *The Economist*, 4 November 2017. 本文解析社群媒體的力量。

44 原注：Sunstein (2002).

我們。近來許多研究也顯示，當眼前出現眾多令人迷惑又彼此牴觸的資訊，人們根本搞不清楚哪些是真的、哪些又是捏造的。[45]我們如何分辨正確與不實的資訊？如何從眾人的鼓噪聲中分析有用的資訊？社群媒體雖有其優點，但也掩閉了資訊。Twitter上的潮流瞬息萬變，一分鐘之內就能看到幾十條包含不同新聞或意見的推文，使得我們愈來愈難分辨每一條推文的差異。此時，社群媒體勢力龐大，特別是當它們直接訴諸人的系統一快思時，常常讓我們在無意識之間處理大量資訊。

可想而知，選民無法完全根據客觀事實做決定，因為客觀事實不是無法取得就是不可靠。正如選擇餐廳的食客，在客觀資訊稀少的情況下，傾向加入想法相近的群體、追隨一名說服力強又容易帶來認同感的領袖，或兩者並行。或者，他們仰賴最容易取得的資訊，也就是迴聲室（echo chamber）。在這裡，想法相近的人彼此加強自己的想法。社群媒體加劇迴聲室效應。[46]在Facebook、Twitter或其他平台，我們習慣瀏覽親朋好友的發文，他們和我們有很多共同點，我們喜歡他們。驗證偏誤再度矇蔽我們的視線。我們按下「追蹤」鍵，追隨特定的人，因為我們早就同意他們的看法，於是大家一起在同溫層裡打轉。[47]同理，我們用自己偏好的媒體填滿螢幕，不管是BuzzFeed，Breitbart或Reddit論壇。它們和我們的世界觀相符，日日夜夜用龐大的資訊確認我們的成見。懷疑、驗證偏誤和社群媒體聯手，將我們推向危險的政治困境。

表面上，人們也許會說自己衷心希望政治領袖誠實以告，就像期待科學家、醫生、律師開誠布公，但我們心底其實可能希望政治人物代表我們，肯定我們的信念。在這種情況下，講求邏輯、評估事實的系統二慢想無用武之地。領袖激起的系統一情感快思和認同感，對我們的影響更大。人們的政治選擇不再取決於對客觀真相的渴求，而是受到主觀看法左右，這也代表人們不那麼在乎政治人物誠不誠實，比較在乎他們掛在嘴邊的理念合不合我們心意。[48]

今日的「後真相」（**post-truth**）政治時代，只要巧妙塑造政治人物的公眾形象，利用民眾的系統一情感快思直覺的選擇，就能有效操縱民眾對領導者的選擇。易消化的假新聞很適合

---

45 原注：Craig Silverman (2016), 'This Analysis Shows How Viral Fake Election News Stories Outperformed Real News on Facebook', BuzzFeed News, 17 November. https://www.buzzfeed.com/craigsilverman/viral-fake-election-news-outperformed-real-news-on-facebook?utm_term=.fqNdd13EE#.ljw4EBpp; Timothy B. Lee (2016), 'The Top 20 Fake News Stories Outperformed Real News at the End of the 2016 Campaign', *Vox*, 16 November. https://www.vox.com/new-money/2016/11/16/13659840/acebook-fake-news-chart (accessed 18 November 2016).

46 原注：Cass R. Sunstein (2017), *#Republic: Divided Democracy in the Age of Social Media*, Princeton University Press.

47 原注：相關例子可見Seth Flaxman, Sharad Goeal and Justin M. Rao (2016), 'Filter Bubbles, Echo Chambers, and Online News Consumption', *Public Opinion Quarterly* 80, pp. 298–320.

48 原注：亦可參考Fil Menzer (2016), 'The Spread of Misinformation in Social Media', Northwestern Institute on Complex Systems seminar. http://cnets.indiana.edu/blog/2016/10/10/spread-of-misinformation/ (accessed 7 September 2017).

系統一，因為它們屬於刻意簡化且情緒化的訊息，方便讀者使用省時的捷思法。當民眾欠缺可靠資訊，沒機會運用講求邏輯的系統二慢想，就能預見政客利用系統一掌握風向，主導民眾的選擇。民粹政客訴諸系統一情感本能來建立支持度，而社群媒體正是最佳管道。他們用激情言論攫住民眾的想像力，很快就激發認同感。相比之下，就算民眾藉由翻讀政治宣言、努力找出政治政策變化的細節來搜集資訊，也不會造成類似效果。

前幾章已經告訴我們，在日常生活中，人們多半是模仿者。雖然逆向操作者（顯然）是少數人，但模仿的跟隨群眾和逆向操作的領袖，兩者相輔相成，缺一不可。當模仿者聚結起來、形成群眾，逆向操作的領導人物必須挺身而出，帶領大家向同一個方向前進。但逆向操作的領袖也不能沒有跟隨者，就算這一點很容易被忽略。沒有群眾，就沒有領袖。正如此章所提，政治人物擅長鼓勵政治部落主義，而在建立派系的過程中，模仿者正是關鍵。今天，社群媒體平台讓政客能用更多方式鞏固派系。過去難以登上政治舞台的人，如今輕輕鬆鬆就能從社群媒體獲得強大力量。

整體來說，我們是否**總是**選擇當逆向操作領導者或模仿跟隨者？我們的選擇（若真有選擇的話）很可能取決於情境。人同時利用系統一情感本能和系統二邏輯深思，決定模仿追隨或起身領導，這正是貫穿本書的重點。系統一情感與系統二理性之間的微妙平衡，不只促使人模仿或反抗，也決定我們選擇扮演模仿者或逆向操作者的角色。

結論　模仿者對上逆向操作者

本書一路從經濟學、生態學走到演化生物學，用各種角度追溯模仿者和逆向操作者的動力。大部分的人都受到模仿天性的影響而群聚。有時人們聰明分析利害後，基於利益而群聚。有時群聚是種受到本能和情感控制的集體現象。有時，兩者同時影響人們的群聚選擇。

不過還有一個尚未解決的問題：那麼多的模仿者群聚追隨領導者，究竟是好是壞？模仿跟隨的強烈傾向在原始世界的確很好用。在嚴酷的自然環境中，人類古老的本能順勢變化，好讓我們生存下來。而且，不只確保個體存活，也必須應對演化壓力，保障團體和部族、基因和物種的生存。如今，群聚傾向是否依然適用是個難以回答的問題。我們可能認為，和以狩獵、採集維生的祖先比起來，我們過著更舒適便利的生活。資源比以前豐富得多，現代科技讓資訊流通快速，人與人之間更容易保持聯繫。彈指之間，我們就與從未見過的陌生人建立社會關係。然而，從眾本能也具備可怕的破壞力。

看似美好的現代發展也有黑暗的一面。科技看似大大提高人們的生活水準，同時也劫持了古老的生存策略。過去人們群居於較集中的社群時，小團體能夠也確實曾施行社會審查與限制。如今，科技已不受前述審查與限制影響，能夠更加快速的傳遞人類模仿彼此的本能，使得現代與演化的人類自我之間的衝突更具毀滅性。在電腦化、全球化、人的聯繫更加緊密的現代世界，金錢、資訊、憧憬都以迅雷不及掩耳的速度流通，群聚能產生難以監督和控制的強大動力。對比演化的時間表，科技革新的速度、人造環境的變化都發生得太快、太突然，人類來不及發展新的適應能力。聰明的人類發明了各種便利科技，但後者卻增強我們的群聚、從眾本能，我們真能在如此全球化的世界中生存下來嗎？答案可能令人失望。

如果嚴加檢視科技帶來的影響，就會發現有些科技不但沒讓生活變得更便利，反而帶來更多困難。的確，有些科技提供正面且重要的貢獻，特別是改善生活品質、延長人類壽命的醫學發展，而魯德式（Luddite）[1]的反應並不能解決問題。我們需要審慎思量的是，新科技如何打破個人與社會利益間的平衡。和文明初始之際相比，這兩者已不再齊頭並進，個體利益和經濟、社會的整體利益之間的分歧愈演愈烈。電腦、大數據、社群媒體掌控了世界，自由市場也變成模糊難解的議題。從人際往來單純且稀少的原始情境發展出來的群聚和模仿本能，卻在現代生活成了助長效率低落、帶來反作用的幫凶，甚至可能引發強大的破壞力。

本書不斷暗示社群媒體的破壞力特別強大，因為社群媒體正是散布假新聞、偽資訊的管道，它們打斷理性的社會學習過程，阻止系統二的自利群聚。社群媒體促使人們使用系統一思考，形成感情化、衝動的集體群聚，打破集體和自利群聚的平衡。

社群媒體在許多方面增廣了人的知識和理解力，但它們也剝奪了逆向操作者的空間，許多豐富多元的資訊和意見都悄然流失。Twitter、Facebook和其他新聞分享網站形成同溫層，現成的傳統意見不斷散布，形成龐大勢力。線上的「市鎮議會」論壇排擠有爭議性或相反的意見，就像大學辯論中遭到「封殺」（no-platforming）待遇的演講者。在傳統與爭議的言論間取得平衡，可是件棘手的事。我們有很多理由鏟除違反道德倫理的意見，但是，冒犯全民、違反公認道德，和冒犯特定團體、違反某些人眼中的道德，這兩者間的界線愈來愈曖昧不清。勇於發聲的逆向操作者常受到Twitter酸民的集體霸凌，最顯著的例子就是英國脫歐的激烈爭論。不管是支持留歐的「留派」還是支持退出的「離派」，只要發表意見，就會引來反對方的惡意攻訐。而且，社群媒體讓有助醫學、科學突破的專家意見無法有效傳播。這些平台上充斥太多令人眼花撩亂又彼此牴觸的資訊，人們愈來愈難分辨真假，就算有人有心保持客觀、以邏輯思考，也難免被牽著鼻子走。社群媒體成了領導者操縱控制跟隨者的新武器。只要訴諸跟隨者的群聚本能，就能左右他們的選擇，造成廣大的負面後果，比如前一章提到的政治部落主義的惡化。

對專家、菁英、移民抱持搖擺、非理性、易受影響的態度，以及新興的極端政治立場，

1 譯注：原指一八一一～一八一六年，英國抗議資本家壓低工資、解雇員工的團體，引申為反對機械自動化的人。

這些現象多少是忽略事實、情緒化且本能的追隨大眾意見所造成。社群媒體根本是為這些快速、直覺、非理性的行為量身打造。民眾的困惑、對資訊和新聞的懷疑都顯示了，在「後真相」的社群媒體時代，現代的資訊傳播管道不受傳統媒體的事實查核程序限制，且一躍成為主要新聞來源。當資訊來源不再可靠，模仿者很容易就會受到逆向操作的領袖左右，走上他們原先並不清楚或始料未及的局面。

而在社交網絡中，現代科技也扭轉了人們的從眾傾向。電腦與網路改變了人與人的社交網絡，形成過度連結的現象，但現代人多半不會深思這個問題。在網路誕生之前，人只跟身邊親近的對象，如親戚、同事、鄰居等，建立社交網絡。社會學家解釋在人際關係中，我們對他人的社會投資，累積成為社會資本。[2]社會常規隨社交網絡而演變，一步步加強人與人的羈絆。大部分的社會常規都很僵硬，流傳數代且遍及各地，難以改變。比方說，階級制度和社會層次就是最佳實例，而其中最鮮明的莫過於印度的種姓制度。社交網絡中，內團體的羈絆愈強，我們的認同感也愈強。[3]

在業界網絡與組織中，人們藉由LinkedIn、ResearchGate和Academia等線上社交平台建立疏遠的關係，搭建不同人和團體之間的橋梁；如果沒有這些平台，我們無法輕易交流。以大方向來說，這些線上網絡對個人和團體有益也有建設性，讓我們快速交換意見，建立專業人脈，找到新工作或事業機會。我們當然不想回到階級森嚴、帶有歧視的傳統社交網絡架構。有些人或社會學家認為，君子之交淡如水，小人之交甜如蜜，但當社交網絡遇上社群媒體，這種理想愈來愈難實現。強烈的羈絆與聯繫讓內團體的力量和權力更加強大。幫派就是一例，成員間的密切關係與忠誠度是幫派壯大的要件。正如第二章所提，這些強烈羈絆利用暴力和排擠歧視打壓外團體。在內團體和外團體的衝突中，為了欺負外人，自己人受點傷害也無妨。[4]

但在科技主導的世界裡，連淡如水的人際交集也讓人擔憂。網路上的萍水相逢也會推廣

---

2 原注：社會資本一開始是由社會學家和心理學家提出，相關文章可參考：Jane Jacobs (1961), *The Death and Life of Great American Cities*, New York: Random House; James S. Coleman (1988), 'Social Capital in the Creation of Human Capital', *American Journal of Sociology* 94, pp. 95–120; Robert D. Putnam (1993), 'What Makes Democracy Work?', *National Civic Review* 82(2), pp. 101–7; 及David Halpern (2005), *Social Capital*, Cambridge: Polity Press. 若想了解經濟學家對社會資本的分析，特別是發展中的經濟體，請見Partha Dasgupta and Ismail Serageldin (eds) (2010), *Social Capital: A Multifaceted Perspective*, Washington, DC: The International Bank for Reconstruction and Development/World Bank. 此外，Partha Dasgupta (2007), *Economics: A Very Short Introduction*, Oxford University Press本書為一般讀者提供了部分的相關文獻摘要。

3 原注：Mark S. Granovetter (1973), 'The Strength of Weak Ties', *American Journal of Sociology* 78(6), pp. 1360–80.

4 原注：羅伯特．普特南（Robert Putnam）比較了強弱連結形成的結合型社會資本（bonding social capital）和橋接式社會資本（bridging social capital）。強烈聯繫將人們緊密的結合，而疏遠的聯繫則像橋梁一樣，將人們溫和的連接起來。請參閱Robert D. Putnam (2000), *Bowling Alone: The Collapse and Revival of American Community*, New York/London: Simon and Schuster.

歧視、負面的態度與行為，Twitter酸民和網路暴凌就是實例。人們透過社群媒體建立難以計數的「弱連結」（weak ties），再加上過度連結，都會破壞我們的福祉。企業輕易就能侵犯我們的隱私，利用人們假分享、真炫耀的弱點。當手機嗶一聲就傳來工作相關的郵件，我們再也無法真正的「下班」。員工身上的壓力愈來愈沉重，無法放鬆休息，連帶影響工作表現，此時雇主也得承擔損失。線上的社交網絡促使模仿者沉浸於別人的思緒中，同時鼓勵人們建立虛幻而美好的線上檔案。當人們在Facebook或Instagram上，只看得到他人最完美、最精挑細選的一面，現在的年輕人當然比三十年前的人更難建立自信與自尊心。當線上世界的模仿者蔚然成風，最悲哀的後果之一，就是青少年的自殺率上升。

馴服模仿者和逆向操作者

那我們該怎麼辦？哪一種政策工具能馴服人們的群聚和反群聚傾向？如何在危險時刻有效防範，在有利時善加利用？我們在本書探討過，有時群聚本能鼓勵人們模仿鄰居，做出有建設性的事，比如能源使用、衛生習慣等例子。將從眾傾向當作落實政策工具的「推力」，已成為熱門話題。只要稍加改變資訊和選擇的呈現方式，就能誘導民眾做出更好的選擇。[5]行為決策人士現在廣泛運用社會推力，包括英國的行為洞察力團隊（Behavioural Insights Team）和其附屬團體。[6]然而，本書已解析過人的模仿天性容易失誤。一想到此，也許政策擬定者不該只關注利用群聚，更應思考如何控制群聚，甚或適時鼓勵特立獨行和逆向操作的人，讓他們引導我們走向更好的道路。

相反的，要用反群聚當作政策工具，可是場觀念與邏輯的大考驗。逆向操作者正如其名，很難被操縱，天生不喜歡受到勸誘。儘管如此，當我們需要冒險犯難的特立獨行人士時，可以透過政策鼓勵他們挺身而出。當專家根據可靠證據發表反主流的看法，我們能給予他們多點支持。美國哲學家魏斯柏格就研究過相關看法。他發現，當特立獨行的專家人數遠少於模仿前人的專家時，就會造成許多知識被忽略、新點子被漠視。模仿者太多，新點子就很少，社會停滯，不再進步。我們需要鼓勵更多人逆向思考。正如第七章提到，魏斯柏格認為我們應該找到更多辦法鼓勵勇於冒險的科學研究；也許，我們也該拓展到其他領域，包括新聞界和金融界。可能的解決方案包括更嚴格把關新聞報導和金融意見的真實性，以及嘉勉告發者，好在第一時間發現錯誤並改正。同時得確保專業的高標準、設立明確規範或兩者並

5 原注：Thaler and Sunstein (2008), 特別是第三章的〈從眾心理〉。

6 原注：英國行為洞察力團隊又稱為「推力小組」，由心理學家大衛・赫爾本（David Halpern）帶領。若想了解赫爾本對推力的分析，請見David Halpern (2015), *Inside the Nudge Unit: How Small Changes Can Make a Big Difference*, London: Ebury Press.

行，好讓容易被騙、資訊錯誤又沒有專業知識判斷的模仿者不受剝削，比如面對科學家的新研究，或記者、經濟學家、金融顧問提出晦澀艱深的看法時。

現代社會還有一個特點：各種委員會如雨後春筍般出現。但正如前面提到的，委員會可能成為從眾和團體迷思的溫床。要避免這些狀況，就要勉勵成員發表不同意見，不讓主席或資深成員占據發言權。為委員會設立明確透明的規範，為主席立下嚴謹的指導方針，也能改善同儕壓力、團體迷思、服從權威引發模仿傾向時造成的問題。促進委員會的多元化，仔細探討不同觀點也是個辦法。另一個方法則是，用制度保障唱反調的人，美國的國防與情報組織已經著手進行。

我們也需要政策來有效平衡從眾與異議。[7]為了阻止私人資訊在群聚天性中流失，有個解決方案，那就是透過優秀的資訊和教育，讓人們不那麼依賴別人的意見。舉例來說，中立機構落實健全的教育和資訊推廣活動，幫助選民了解各種經濟、政治和法律體系。這樣一來，政客就無法輕易矇蔽選民，讓他們相信不切實際的宣言、經濟聲明和政治支票。

本書解析人的模仿或反抗本能如何用各種方式影響日常生活。以個體而言，群聚是好事嗎？有利整體社會嗎？群聚到底好不好，取決於從個人或整體的角度來看。經濟理論顯示，對重視己利的模仿者來說，群聚很實用。一想到市場失靈、制度化的失誤，個體的確應該彼此合作、組成團體、模仿群聚，藉由觀察他人來學習，亦可加入俱樂部或團隊。但從團體和人類的角度來看，群聚不一定會帶來好處，全憑情況而定。以團隊利益來看，個人的存亡有時不值得一提。盲目加入團體、服從愚蠢指令甚至自我傷害，比如自殘、自殺炸彈攻擊或為戰爭犧牲性命，都是只在乎特定團體利益的行徑，加劇內、外團體的紛爭。

我們若能進一步了解，哪些複雜的社會互動影響了模仿者和逆向操作者，就更容易找出解決方案。在群聚與反群聚演變為問題行為時，適時緩衝；並在群聚和反群聚行為有益群眾時，出聲宣導。可嘆的是，足以引發毀滅性失衡的可能，已是今日世界的特點。人類演變而來的天性、現代體系、部落主義政治、全球化市場和先進科技，聯手讓模仿者和其領袖蓬勃發展，而逆向操作和特立獨行的人卻遭到排擠。要避免團體迷思、迴聲室效應、偏執、不平等和衝突滿滿的可怕未來，就得讚揚反傳統而行的優秀行為，重新平衡我們的世界，好讓模仿者和逆向操作者都能蓬勃發展，攜手迎向明天。

---

7 原注：Sunstein (2002).

致謝

我要感謝的人很多，特別是倫敦耶魯大學出版社的泰芭・芭度爾（Taiba Batool）和其團隊。我從幾年前開始隨手記下一些想法，後來泰芭偶然聯繫我，問我願不願意寫一本相關主題的書，於是之前的筆記就成為本書的骨架。提筆過程中，泰芭專業的引導我、鼓勵我，給我許多建議和點子。我也很感謝文字編輯瑞秋・朗斯黛爾（Rachael Lonsdale）及傑可伯・布蘭迪（Jacob Blandy）。我交給他們一份缺陷很多的原稿，但感謝他們的細心、恆心和努力，我才能將原稿修改得更順暢完善。若本書有任何筆誤、缺漏或不足，都是我的疏失。我也很感謝數名同事，以及出版社的匿名評論家，他們提供許多有益又有建設性的評論，幫助我聚焦在想表達的重點。我也很感謝我的論文共同作者伯克、托布勒和舒茲，我們一起做了精采的研究，謝謝他們同意我在第三章使用實驗圖片。誠摯感謝勒孚休姆基金會（Leverhulme Trust）資助我們的神經經濟學群聚研究計畫，本書的許多想法都源自這份研究。我也想感謝許多機構願意以無償與無廣告的方式提供新聞和資訊，包括維基百科、BBC新聞網和《衛報》網站。

由衷感謝我的父親和他豐富的智識與記憶力，我永遠對他心懷感恩。他仔細閱讀我的手稿，真心對我的寫作主題感興趣，也提供我珍貴的訣竅和建議，特別是腦部成像相關的專業段落，因為他曾是走在時代尖端的放射學家。也許下回我們會一起合寫新書。他不但建議我閱讀相關書目，也針對神經科學和演化生物學提出許多寶貴意見。他本身也有許多著作，有些以筆名約翰·貝茲（John Bates）發表。他的寫作主題很廣泛，從醫學、物理科學、神學到知識史，提供我豐富而獨特的資源。

我將終身感謝我的母親和父親，他們總是鼓勵我，為我帶來靈感，從不吝惜給予我讚美，完全不擔心我會太過自負。感謝他們賜與我好奇心。最後同樣重要的是，我的先生克里斯。我永遠感謝克里斯的支持，就算他覺得我好像永遠也寫不完這本書，仍盡責的當我的啦啦隊。老公的耐心、支持、幽默，讓我安心當個工作狂。像我如此幸福的人妻恐怕不多。

延伸閱讀

前言

Earls, Mark (2009). *Herd: How to Change Mass Behavior by Harnessing Our True Nature*, Chichester: John Wiley and Sons.

Surowiecki, James (2004). *The Wisdom of Crowds: Why the Many Are Smarter Than the Few*, London: Abacus Books.

第 1 章　機智的模仿

Akerlof, George A. and Rachel E. Kranton (2000). 'Economics and Identity', *Quarterly Journal of Economics* 115(3), pp. 715–53.

— (2011). *Identity Economics: How Our Identities Shape Our Work, Wages, and Well- Being*, Princeton University Press.

Anderson, Lisa R. and Charles A. Holt (1996). 'Classroom Games: Information Cascades', *Journal of Economic Perspectives* 10(4), pp. 187–93.

— (1997). 'Information Cascades in the Laboratory', *American Economic Review* 87(5), pp. 847–62.

Banerjee, Abhijit (1992). 'A Simple Model of Herd Behavior', *Quarterly Journal of Economics* 107(3), pp. 797–817.

Bernheim, B. Douglas (1994). 'A Theory of Conformity', *Journal of Political Economy* 102(5), pp. 841–77.

Bikhchandani, Sushil, David Hirshleifer and Ivo Welch (1992). 'A Theory of Fads, Fashion, Custom, and Cultural Change as Informational Cascades', *Journal of Political Economy* 100(5), pp. 992–1026.

— (1998). 'Learning from the Behavior of Others: Conformity, Fads, and Informational Cascades', *Journal of Economic Perspectives* 12(3), pp. 151–70.

Chamley, Christophe P. (2003). *Rational Herds: Economic Models of Social Learning*, Cambridge University Press.

Leibenstein, Harvey (1950). 'Bandwagon, Snob, and Veblen Effects in the Theory of Consumers' Demand', *Quarterly Journal of Economics* 64(2), pp. 183–207.

第11章　暴民心理學

Asch, Solomon (1952). *Social Psychology*, Englewood Cliff, NJ: Prentice- Hall.

— (1955), 'Opinions and Social Pressure', *Scientific American* 193(5), pp. 31–5.

Bond, Rod and Peter B. Smith (1996). 'Culture and Conformity: A Meta-Analysis of the Studies Using Asch's (1952b, 1956) Line Judgment Task', *Psychological Bulletin* 119(1), pp. 111–37.

Cialdini, Robert B. (2007). *Influence: The Psychology of Persuasion*, New York: HarperCollins.

Freud, Sigmund (1991). *Civilization, Society and Religions: 'Group Psychology and the Analysis of the Ego', 'Future of An Illusion' and 'Civilization and Its Discontents'*, Penguin Freud Library, London: Penguin Books.

— (2010). *Sigmund Freud Collected Works: The Psychopathology of Everyday Life, The Theory of Sexuality, Beyond the Pleasure Principle, The Ego and the Id, and The Future of an Illusion*, trans. A.A. Brill, Seattle, WA: Pacific Publishing Studio.

Le Bon, Gustave (1895). *The Crowd: A Study of the Popular Mind*, Lexington, KY: Maestro Reprints.

Mackay, Charles (1841). *Extraordinary Popular Delusions and the Madness of Crowds*, Lexington, KY: Maestro Reprints.

Reich, Wilhelm (1946). *The Mass Psychology of Fascism*, trans. Theodore P. Wolfe, New York:

Orgone Institute Press.

Shiller, Robert J. (1995). 'Conversation, Information and Herd Behavior', *American Economic Review* 85(2), pp. 181–5.

Tajfel, Henri (1970). 'Experiments in Intergroup Discrimination', *Scientific American* 223, pp. 96–102.

Tajfel, Henri, M.G. Billig, R.P. Bundy and Claude Flament (1971). 'Social Categorization and Intergroup Behaviour', *European Journal of Social Psychology* 1(2), pp. 149–78.

第三章　群聚之腦

Baddeley, Michelle (2010). 'Herding, Social Influence and Economic Decision- Making: Socio-Psychological and Neuroscientific Analyses', *Philosophical Transactions of the Royal Society B* 365(1538), pp. 281–90.

Burke, Christopher, Michelle Baddeley, Philippe Tobler and Wolfram Schultz (2010). 'Striatal BOLD Response Reflects the Impact of Herd Information on Financial Decisions', *Frontiers in Human Neuroscience* 4, article 48. https://doi.org/10.3389/fnhum.2010.00048 (accessed 5 September 2017).

Camerer, Colin F., George Loewenstein and Drazen Prelec (2005). 'Neuroeconomics: How

Neuroscience Can Inform Economics', *Journal of Economic Literature* 43(1), pp. 9–64.

Damasio, Antonio (1994/2006). *Descartes' Error: Emotion, Reason and the Human Brain*, London: Vintage.

Hurley, Susan and Nick Chater (eds) (2005). *Perspectives on Imitation: From Neuroscience to Social Science*, Cambridge, MA: MIT Press.

Iacoboni, Marco, Roger P. Woods, Marcel Brass, Harold Bekkering, John C. Mazziotta and Giacomo Rizzolatti (1999). 'Cortical Mechanisms of Human Imitation', *Science* 286, pp. 2526–8.

Kahneman, Daniel (2011). *Thinking, Fast and Slow*, New York: Farrar, Straus and Giroux.

Klucharev, Vasily, Kaisa Hytonen, Mark Rijpkema, Ale Smidts and Guillen Fernandez (2009). 'Reinforcement Learning Signal Predicts Social Conformity', *Neuron* 61(1), pp. 140–51.

第四章　動物群聚

Axelrod, Robert (1984). *The Evolution of Cooperation*, Cambridge, MA: Basic Books.

Blackmore, Susan (1999). *The Meme Machine*, Oxford University Press.

Cohen, Jonathan D. (2005). 'The Vulcanization of the Human Brain: A Neural Perspective on Interactions between Cognition and Emotion', *Journal of Economic Perspectives* 19(4), pp. 3–24.

Danchin, Etienne, L.- S. Giraldeau, T.J. Valone and R.H. Wagner (2004). 'Public Information: From Nosy Neighbours to Cultural Evolution', *Science* 305, pp. 487–91.

Darwin, Charles (1859/2011). *On the Origin of Species* (Collins Classics edn), New York: HarperCollins.

Davies, Nicholas B., John R. Krebs and Stuart A. West (2012). *An Introduction to Behavioural Ecology* (4th edn), Oxford: Wiley Blackwell.

Dawkins, Richard (1976). *The Selfish Gene*, Oxford University Press.

Gould, Stephen Jay (2001). *The Lying Stones of Marrakech: Penultimate Reflections in Natural History*, London: Vintage.

Kirman, Alan (1993). 'Ants, Rationality and Recruitment', *Quarterly Journal of Economics* 108(1), pp. 137–56.

Lynch, Aaron (1996). *Thought Contagion: How Belief Spreads Through Society*, New York: Basic Books.

Maynard Smith, John (1974). 'The Theory of Games and the Evolution of Animal Conflicts', *Journal of Theoretical Biology* 47, pp. 209–21.

Morris, Desmond (1967). *The Naked Ape: A Zoologist's Study of the Human Animal*, London: Jonathan Cape.

Raafat, Ramsey M., Nick Chater and Chris Frith (2009). 'Herding in Humans', *Trends in Cognitive Sciences* 13(10), pp. 420–8.

Rizzolatti, Giacomo and Laila Craighero (2004). 'The Mirror Neuron System', *Annual Review of Neuroscience* 27(1), pp. 169–92.

Safina, Carl (2015). *Beyond Words: What Animals Think and Feel*, New York: John Macrae/Henry Holt and Company.

Shermer, Michael (2009). *The Mind of the Market: How Biology and Psychology Shape Our Economic Lives*, New York: Henry Holt and Company.

Simon, Herbert (1990). 'A Mechanism for Social Selection and Successful Altruism', *Science* 250, pp. 1665–8.

Whitehead, Hal and Luke Rendell (2015). *The Cultural Lives of Whales and Dolphins*, University of Chicago Press.

Wilson, Edward O. (1975). *Sociobiology: The New Synthesis*, Cambridge, MA: Harvard University Press.

Wilson, Edward O. and Bert Holldobler (2005). 'Eusociality: Origin and Consequences', *Proceedings of the National Academy of Sciences* 102(38), pp. 13367–71.

第五章　標新立異人士

Bernheim, B. Douglas (1994). 'A Theory of Conformity', *Journal of Political Economy* 102(5), pp. 841–77.

Galeotti, Andrea and Sanjeev Goyal (2010). 'The Law of the Few', *American Economic Review* 100(4), pp. 1468–92.

Hirshleifer, David and Robert Noah (1998). 'Misfits and Social Progress', in Robert Noah (1998), *Essays in Learning and the Revelation of Private Information*, PhD Thesis, University of Michigan: ProQuest Dissertations Publishing.

Sunstein, Cass R. (2002). 'Conformity and Dissent', John M. Olin Law and Economics Working Paper No. 164, The Law School, University of Chicago. http://chicagounbound.uchicago.edu/public_law_and_legal_theory/68/ (accessed 5 September 2017).

Weightman, Gavin (2015). *Eureka: How Invention Happens*, New Haven and London: Yale University Press.

第六章　創業家與投機者

Acemoğlu, Daron (1992). 'Learning about Others' Actions and the Investment Accelerator', *Economic Journal* 103(417), pp. 318–28.

Akerlof, George and Robert Shiller (2009). *Animal Spirits: How Human Psychology Drives the Economy and Why It Matters for Global Capitalism*, Princeton University Press.

Avery, Christopher and Peter Zemsky (1998). 'Multidimensional Uncertainty and Herd Behavior in Financial Markets', *American Economic Review* 88(4), pp. 724–48.

Baddeley, Michelle (2018). 'Financial Instability and Speculative Bubbles: Behavioural Insights and Policy Implications', in *Alternative Approaches in Macroeconomics: Essays in Honour of John McCombie*, ed. Philip Arestis, London: Palgrave Macmillan, pp. 209–34.

Butler, Timothy (2017). 'Hiring an Entrepreneurial Leader', *Harvard Business Review*, March–April, pp. 84–93,

Chancellor, Edward (1998). *Devil Take the Hindmost: A History of Financial Speculation*, New York/London: Plume/Penguin Books.

Devenow, Andrea and Ivo Welch (1996). 'Rational Herding in Financial Economics', *European Economic Review* 40, pp. 603–15.

Drehmann, Mathias, Jorg Oechssler and Andreas Roider (2005). 'Herding and Contrarian Behavior in Financial Markets: An Internet Experiment', *American Economic Review* 95(5), pp. 1403–26.

Garber, Peter M. (2001). *Famous First Bubbles: The Fundamentals of Early Manias*, Cambridge, MA: MIT Press.

Ingham, Geoffrey (2013). *The Nature of Money*, Cambridge: Polity Press.

Keynes, John Maynard (1936). *The General Theory of Employment, Interest and Money*, London: Macmillan and the Royal Economic Society; see especially chapter 12.

— (1937). 'The General Theory of Employment', *Quarterly Journal of Economics* 51(2), pp. 209–23.

Kindleberger, Charles P. and Robin Aliber (2005). *Manias, Panics and Crashes: A History of Financial Crises* (5th edn), Hoboken, NJ: John Wiley and Sons.

Landes, David S., Joel Mokyr and William J. Baumol (eds) (2012). *The Invention of Enterprise: Entrepreneurship from Ancient Mesopotamia to Modern Times*, Princeton University Press.

Lo, Andrew W., Dmitry V. Repin and Brett N. Steenbarger (2005). 'Fear and Greed in Financial Markets: A Clinical Study of Day Traders', *American Economic Review* 95(2), pp. 352–9.

Loewenstein, George, Elke U. Weber, Christopher K. Hsee and Ned Welch (2001). 'Risk as Feelings', *Psychological Bulletin* 127(2), pp. 267–86.

Mackay, Charles (1841). *Extraordinary Popular Delusions and the Madness of Crowds*, Lexington, KY: Maestro Reprints.

Prechter, Robert (2016). *The Socionomic Theory of Finance*, Gainesville, GA: Socionomics Institute Press.

Scharfstein, D.S. and J.C. Stein (1990). 'Herd Behavior and Investment', *American Economic Review* 80(2), pp. 465–79.

Topol, Richard (1991). 'Bubbles and Volatility of Stock Prices: Effect of Mimetic Contagion', *Economic Journal* 101(407), pp. 786–800.

第七章　專家

Baddeley, Michelle (2013). 'Herding, Social Influence and Expert Opinion', *Journal of Economic Methodology* 20, pp. 37–45.

— (2015). 'Herding, Social Influences and Behavioural Bias in Scientific Research', *European Molecular Biology Organisation Reports* 16(8), pp. 902–5.

— (2017). 'Experts in Policy Land: Insights from Behavioral Economics on Improving Experts' Advice for Policy- Makers', *Journal of Behavioral Economics for Policy* 1(1), pp. 27–31.

Baddeley, Michelle, Andrew Curtis and Rachel Wood (2004). 'An Introduction to Prior Information Derived from Probabilistic Judgments; Elicitation of Knowledge, Cognitive Bias and Herding', in *Geological Prior Information: Informing Science and Engineering*, ed. A. Curtis and R. Wood, Geological Society, London, Special Publications 239, pp. 15–27.

Deer, Brian (2011). 'How the Case Against the MMR Vaccine was Fixed', *British Medical Journal*

342, pp. 77–82.

Kuhn, Thomas S. (1996). *The Structure of Scientific Revolutions* (3rd edn), University of Chicago Press.

Nichols, Tom (2017). *The Death of Expertise: The Campaign Against Established Knowledge and Why It Matters*, Oxford University Press.

Surowiecki, James (2004). *The Wisdom of Crowds: Why the Many Are Smarter Than the Few*, London: Abacus.

Weisberg, Michael (2013). 'Modeling Herding Behavior and Its Risks', *Journal of Economic Methodology* 20(1), pp. 6–18.

第八章　跟隨領袖

Alchian, Armen A. and Harold Demsetz (1972). 'Production, Information Costs, and Economic Organization', *American Economic Review* 62(5), pp. 777–95.

Bazalgette, Peter (2017). *The Empathy Instinct: How to Create a More Civil Society*, London: John Murray.

Milgram, Stanley (1963). 'Behavioral Study of Obedience', *Journal of Abnormal and Social*

Psychology 67, pp. 371–8.

— (1974). *Obedience to Authority*, New York: Harper and Row. Wallace, Danny (2004). *Join Me: The True Story of a Man Who Started a Cult by Accident*, London: Ebury Press.

Zimbardo, Philip (2008). *The Lucifer Effect: How Good People Turn Evil*, London: Rider/Random House.

結論　從眾者與特立者

Granovetter, Mark S. (1973). 'The Strength of Weak Ties', *American Journal of Sociology* 78(6), pp. 1360–80.

Halpern, David (2015). *Inside the Nudge Unit: How Small Changes Can Make a Big Difference*, London: Ebury Press.

Harari, Yuval Noah (2014). *Sapiens: A Brief History of Humankind*, London: Harvill Secker/Random House.

Maynard Smith, John (1982). *Evolution and the Theory of Games*, Cambridge University Press.

Morris, Desmond (1969/1994). *The Human Zoo*, London: Vintage.

Seabright, Paul (2004). *The Company of Strangers: A Natural History of Economic Life*, Princeton

University Press.

Thaler, Richard and Cass Sunstein (2008). *Nudge: Improving Decisions about Health, Wealth, and Happiness*, New Haven and London: Yale University Press.

圖片來源

圖一：Andy Last.

圖四：Burke, Baddeley, Tobler and Schultz (2010), 'Striatal BOLD response reflects the impact of herd information on financial decisions', *Frontiers in Human Neuroscience*, article 48, http://journal.frontiersin.org/article/10.3389/fnhum.2010.00048/full.

圖五：Dave Burns.

圖六：Heath Robinson Museum.

圖七：Frans Hals Museum, Haarlem, Netherlands.

圖八：Photograph by Jean-Pierre Dalbéra from Paris, France.

國家圖書館出版品預行編目資料

我們爲何從眾，何時又不？：從經濟學、社會心理學、神經科學、演化生物學、行爲生態學等角度剖析群聚與反群聚行爲 / 蜜雪兒.貝德利(Michelle Baddeley)著；洪夏天譯. -- 初版. -- 臺北市：商周出版：家庭傳媒城邦分公司發行, 2018.11
面； 公分. -- (科學新視野；148)
譯自：Copycats & contrarians : why we follow others...and when we don't
ISBN 978-986-477-551-4(平裝)

1.集體行爲 2.集體共識

541.78 107016576

科學新視野 148

我們為何從眾，何時又不？：從經濟學、社會心理學、神經科學、演化生物學、行為生態學等角度剖析群聚與反群聚行為

作　　者／蜜雪兒・貝德利（Michelle Baddeley）
譯　　者／洪夏天
企 畫 選 書／羅珮芳
責 任 編 輯／羅珮芳

版　　權／吳亭儀、江欣瑜
行 銷 業 務／周佑潔、黃崇華、賴玉嵐
總 編 輯／黃靖卉
總 經 理／彭之琬
事業群總經理／黃淑貞
發 行 人／何飛鵬
法 律 顧 問／元禾法律事務所王子文律師
出　　版／商周出版
台北市104民生東路二段141號9樓
電話：(02) 25007008　傳真：(02)25007759
E-mail：bwp.service@cite.com.tw
發　　行／英屬蓋曼群島商家庭傳媒股份有限公司城邦分公司
台北市中山區民生東路二段141號2樓
書虫客服服務專線：02-25007718；25007719
服務時間：週一至週五上午09:30-12:00；下午13:30-17:00
24小時傳眞專線：02-25001990；25001991
劃撥帳號：19863813；戶名：書虫股份有限公司
讀者服務信箱：service@readingclub.com.tw
城邦讀書花園 www.cite.com.tw
香港發行所／城邦（香港）出版集團
香港灣仔駱克道193號東超商業中心1F E-mail: hkcite@biznetvigator.com
電話：(852) 25086231　傳眞：(852) 25789337
馬新發行所／城邦（馬新）出版集團【Cite (M) Sdn Bhd】
41, Jalan Radin Anum, Bandar Baru Sri Petaling,
57000 Kuala Lumpur, Malaysia.
電話：(603) 90563833　傳眞：(603) 90576622
Email: services@cite.my

封 面 設 計／日央設計
內 頁 排 版／立全電腦印前排版有限公司
印　　刷／韋懋實業有限公司
經　　銷／聯合發行股份有限公司 電話：(02) 29178022 傳眞：(02)2911-0053
新北市231新店區寶橋路235巷6弄6號2樓

■2018年11月29日初版
■2022年 9 月23日初版4刷

Printed in Taiwan

定價420元

Copycats and Contrarians: Why We Follow Others... and When We Don't by Michelle Baddeley

城邦讀書花園
www.cite.com.tw

 ISBN 978-986-477-551-4

廣　告　回　函
北區郵政管理登記證
北臺字第000791號
郵資已付，免貼郵票

104　台北市民生東路二段141號2樓

英屬蓋曼群島商家庭傳媒股份有限公司城邦分公司　收

請沿虛線對摺，謝謝！

書號：BU0148　書名：我們為何從眾，何時又不？　編碼：

請於此處用膠水黏貼

讀者回函卡

不定期好禮相贈！
立即加入：商周出版
Facebook 粉絲團

感謝您購買我們出版的書籍！請費心填寫此回函卡，我們將不定期寄上城邦集團最新的出版訊息。

姓名：________________ 性別：☐男 ☐女

生日：西元________年________月________日

地址：________________

聯絡電話：________________ 傳真：________________

E-mail ：

學歷：☐ 1. 小學 ☐ 2. 國中 ☐ 3. 高中 ☐ 4. 大學 ☐ 5. 研究所以上

職業：☐ 1. 學生 ☐ 2. 軍公教 ☐ 3. 服務 ☐ 4. 金融 ☐ 5. 製造 ☐ 6. 資訊
☐ 7. 傳播 ☐ 8. 自由業 ☐ 9. 農漁牧 ☐ 10. 家管 ☐ 11. 退休
☐ 12. 其他________________

您從何種方式得知本書消息？

☐ 1. 書店 ☐ 2. 網路 ☐ 3. 報紙 ☐ 4. 雜誌 ☐ 5. 廣播 ☐ 6. 電視
☐ 7. 親友推薦 ☐ 8. 其他________________

您通常以何種方式購書？

☐ 1. 書店 ☐ 2. 網路 ☐ 3. 傳真訂購 ☐ 4. 郵局劃撥 ☐ 5. 其他______

您喜歡閱讀那些類別的書籍？

☐ 1. 財經商業 ☐ 2. 自然科學 ☐ 3. 歷史 ☐ 4. 法律 ☐ 5. 文學
☐ 6. 休閒旅遊 ☐ 7. 小說 ☐ 8. 人物傳記 ☐ 9. 生活、勵志 ☐ 10. 其他

對我們的建議：________________

____

____

請於此處用膠水黏貼